DELIUS KLASING

JAN-ERIK KRUSE

YACHT UNFÄLLE

GEFAHREN ERKENNEN. RISIKEN MINIMIEREN.

DELIUS KLASING VERLAG

EINFÜHRUNG

EINE NEUE SICHT AUF YACHTUNFÄLLE

EVERYBODY HAS SEEN PARTS OF SOMEONE ELSE'S ACCIDENT

Als am Abend des 29. November 2014 die Yacht VESTAS WIND beim zweiten Leg des *Volvo Ocean Race* in Folge eines Navigationsfehlers auf ein Korallenriff im Indischen Ozean läuft, dauert es nicht lange, bis die Bilder um die Welt gehen und sich die ersten Experten zu dem Unfall äußern. Einer der bekanntesten im deutschsprachigen Raum dürfte der Blauwassersegler Bobby Schenk gewesen sein, der sich in einer unterhaltsamen Kolumne mit diesem »abgrundtief dummen Fehler« und seinen Folgen auseinandergesetzt hat[1]. Die VESTAS habe sich »von der offenen See her kommend« ein »30 Seemeilen langes Riff nördlich von Mauritius« ausgesucht um dort »Mittriffs« mit 19 Knoten aufzulaufen. Die Schuldigen sind schnell identifiziert: der Navigator (»Er hat gepennt«) und natürlich der Schiffsführer, der sich nicht für die Navigation interessiert habe. Der »kleine Fahrtensegler« werde sich hier an die Stirn greifen. Der Autor selbst kenne unter den vielen tausend Blauwasserseglern in den letzten Jahren keinen einzigen (!) Fall, in dem ein »solcher kapitaler Navigationsfehler« vorgekommen sei. Er präsentiert uns mit seinem launigen Text allerdings nicht nur die Schuldigen auf dem Silbertablett, sondern gleichzeitig ein wunderschönes Beispiel dafür, was die alte von der **neuen Sicht auf menschliche Fehler** unterscheidet.

Seit über 100 Jahren werden in Deutschland Seeunfälle hoheitlich untersucht. Den Anstoß dazu gab im Jahr 1875 das Unglück der DEUTSCHLAND, einem Dampfsegler des *Norddeutschen Lloyd,* der – ebenfalls durch Navigationsfehler – während eines Sturms auf eine Sandbank in der Themsemündung auflief. Von den 234 Personen an Bord starben 57. Verstimmt durch den Seegerichtsprozess, dem sich der Kapitän daraufhin in Großbritannien stellen musste, obwohl sich der Unfall in internationalen Gewässern ereignete, gründete man im Deutschen Reich im Jahr 1878 die Seeämter Königsberg, Danzig, Stettin, Stralsund, Rostock, Lübeck, Flensburg, Tönning, Hamburg, Bremerhaven, Brake und Emden. Bis Juni 2002 war es Aufgabe dieser Seeämter beziehungsweise ihrer Nachfolger, in den Gebieten der BRD und DDR Unfallursachen zu ermitteln, um diese für die Verhütung künftiger Unfälle auszuwerten. Man hatte also bereits vor mehreren Jahrzehnten erkannt, dass es dafür sinnvoll ist, die Schuld- und Haftungsfragen von der Frage zu trennen, wie es zu dem Unfall gekommen ist. Allerdings konnte – und kann immer noch – im Rahmen der Untersuchung auch ein »ermitteltes Fehlverhalten« der Kapitäne und Schiffsoffiziere förmlich festgestellt und das Patent entzogen werden – auch im Sportbootbereich! Das Buch *Yachtunfälle – und wie man sie vermeiden kann* von Joachim Schult erschien zu Beginn der 1980er-Jahre und wurde in mehreren Auflagen bis Ende der 90er-Jahre bei Delius-Klasing verlegt. Die dort geschilderten Fälle – vorwiegend aus den 1970er-Jahren – basierten überwiegend auf den Erkenntnissen dieser Seeamtsverfahren.

Wie ein roter Faden zieht sich ein Faktor in mehr oder weniger zum Unfall beitragendem Ausmaß vom Unglück der DEUTSCHLAND über die von Joachim Schult geschilderten Fälle bis zur Strandung der VESTAS und vieler weiterer Fälle des vorliegenden Buches: menschliche Fehler.

Der Organisationspsychologe Sidney Dekker – Professor für Human Factors and Flight Saftey an der Luftfahrtschule der Universität von Lund – hat zahlreiche Untersuchungen zum Thema **Faktor Mensch** im Bereich der Zivilluftfahrt durchgeführt und bei der Betrachtung menschlicher Fehler zwei grundsätzliche Perspektiven gegenübergestellt: die anfangs bereits erwähnte alte Sichtweise, auch **Bad Apple Theory** genannt, und die neue Sichtweise. Das übergeordnete Ziel von Unfalluntersuchungen – ob in der See- oder Luftfahrt – ist es, aus den Fehlern zu lernen, worüber seit über 100 Jahren Einvernehmen besteht. Wir haben nun die Wahl, ob wir menschliche Fehler entweder nur als Unfallursache in einem ansonsten grundsätzlich sicheren System betrachten. In diesem Fall können Sie die

Untersuchung in dem Moment beenden, wo Sie einen passenden menschlichen Fehler gefunden haben, dem Sie die Schuld am Unfall zuschreiben können. Oder ob wir menschliche Fehler als Symptom einer Störung in einem System sehen, das grundsätzlich nicht sicher ist und nur durch die handelnden Menschen, also Skipper, Navigatoren, Crewmitglieder, Piloten, Lotsen usw., überhaupt erst sicher wird.

»WENN DER NAVIGATOR GROB FAHRLÄSSIG LEBENSWICHTIGE INFORMATIONEN AUSBLENDET, BILDLICH GESPROCHEN: UNBEACHTET IN DIE SCHUBLADE VERRÄUMT, KANN DIE ELEKTRONIK NICHTS DAFÜR.«

Aus Bobby Schenks Glosse zum VESTAS-Fall lassen sich die Lehren der Bad-Apple-Theorie hervorragend zeigen:

- *Es brauche nicht mehr als eines gesunden Menschenverstandes, das Einhalten der Regeln guter Seemannschaft sowie der Konsultation aktueller (Papier-)Seekarten und Seehandbücher, um im Revier des Indischen Ozeans sicher zu navigieren.*
- *Der Skipper und der Navigator halten sich aber nicht an diese gängigen Regeln.*
- *Diese »faulen Äpfel« haben offensichtlich eine laxe Einstellung gegenüber der Sicherheit der Yacht. Sich nicht um die Sicherheit der Yacht zu kümmern, ist ein individuelles Problem dieser Personen, Folge einer falschen oder mangelnden Motivation in dieser Hinsicht oder schlicht eine individuelle Entscheidung der beiden, sich fahrlässig zu verhalten.*
- *Die Ozeansegelei an sich ist sicher. Den vielen tausend (allesamt verantwortungsvollen) Blauwasserseglern, die dem Autor bekannt sind, ist so ein Fehler nie passiert.*
- *Die Lehre aus dem Unfall: sich immer an die Regeln der guten Seemannschaft halten. Oder in den Worten Schenks: »immer alle greifbaren Informationen bei der Navigation [...] nutzen« und die beiden Verantwortlichen aus dem System aussortieren, so wie man es mit dem ebenfalls verantwortungslosen Flugkapitän eines Airbus gemacht habe, der vor einigen Jahren in Wien aufgrund eines Denkfehlers eine Notlandung mit Sachschaden machen musste und deshalb »keine einzige Minute mehr an das Steuer eines Flugzeugs« durfte.*

Auf den ersten Blick sind Unfälle, zu denen menschliche Fehler beitragen, so einfach zu erklären: Jemand hat nicht genug aufgepasst. Wenn nur einer gemerkt hätte, dass diese oder jene Information bedeutend ist oder fehlt, dann wäre alles nicht passiert. Jemand hat geglaubt, dass eine Verletzung der Regeln nicht so schlimm sei. Mangelnde Aufmerksamkeit. Falsche Beurteilung der Situation.

Das Problem dieser Sichtweise ist nur, dass mit dem Wissen, was wir nach dem Unfall haben, fast jeder Fehler hätte vermieden werden können! Und dass wir aus solch einer Betrachtung leider so gut wie nichts lernen können.

Sidney Dekker und andere Human-Factors-Wissenschaftler sind zu der Überzeugung gekommen, menschliche Fehler stattdessen unter folgenden Grundsätzen zu betrachten[2]:

- ***Menschliche Fehler sind nicht zufällig. Sie sind systematisch mit den Aspekten der Aufgaben, die die Menschen bewältigen müssen, den Hilfsmitteln, die sie dafür zur Verfügung haben und dem Umfeld, in dem sie agieren, verknüpft.***
- ***Die Feststellung »menschlicher Fehler« sollte nie die Schlussfolgerung einer Unfalluntersuchung sein, sondern ihr Ausgangspunkt.***

Wir sollten Fehler als ein Fenster verstehen, durch dass wir Einblick in die normalen Abläufe eines Segeltörns oder einer Hochseeregatta nehmen können. Als eine Momentaufnahme der alltäglichen Herausforderungen, mit denen wir Segler immer wieder konfrontiert werden. Die Fragen, die wir uns stellen sollten, sind nicht, warum jemand dieses oder jenes nicht gesehen oder getan hat. Denn das ist eine Frage, die immer aus der rückblickenden Perspektive gestellt wird. Von der Position eines Betrachters, der das Ergebnis – also den Unfall – bereits kennt, wenn er die Fragen stellt. Viel aufschlussreicher ist es hingegen, zu versuchen zu verstehen, warum das, was jemand getan hat, für ihn oder sie in diesem Moment sinnvoll erschien.

Die neueren Erkenntnisse, wie Unfälle und gefährliche Zwischenfälle untersucht werden sollten, haben in den 0-er-Jahren mit der Verabschiedung des Seesicherheits-Untersuchungs-Gesetzes (SUG) und der Gründung der weisungsfreien Bundesstelle für Seeunfalluntersuchung (BSU) in Deutschland auch Einzug in die Organisationsstruktur staatlicher Institutionen gehalten. Der Leitgedanke einer Sicherheitspartnerschaft, die ausschließlich dem Ziel der Erhöhung der Sicherheit der Seefahrt insgesamt dienen soll, spiegelt sich in den Untersuchungsberichten der BSU aber auch der meisten anderen Seeunfalluntersuchungsbehörden anderer Länder wider, die, frei von Schuldzuweisungen an einzelne Beteiligte, sehr aufschlussreiche Einsichten in die Risiken und Sicherheitssysteme der modernen Seefahrt bieten. So basiert dieses Buch zu einem wesentlichen Teil auf der Auswertung der Untersuchungsberichte der BSU und seiner Pendants in Großbritannien, Neuseeland, Frankreich, Polen, den USA und weiterer Länder.

Versuchen Sie, sich in die Perspektive zu begeben, aus der die Segler ihre Entscheidungen getroffen haben. Sie werden sehen, dass sie fast alle bemüht waren, dass Beste aus den Umständen, die sich meist nicht eindeutig, sondern sehr vielschichtig für sie dargestellt haben, zu machen. Vielleicht werden Sie dann auch feststellen, dass das extrem anspruchsvolle *Volvo Ocean Race* mit seinem dichtgepackten Programm im Vorfeld der eigentlichen Rennen, in dem die Interessen der Sponsoren und Medien einen großen Raum einnehmen, mehr mit der Situation einer Chartercrew, die bis zum Start ihres einwöchigen Törns auf einem unbekannten Boot voll in Beruf und Familie eingebunden ist, gemeinsam haben könnte als mit den oben zitierten Blauwassersegler-Ehepaaren, die sich eine dreijährige Auszeit für ihre Weltumsegelung nehmen, bestens mit ihrer Yacht vertraut sind und für die es schlicht keine Rolle spielt, ob sie eine Woche früher oder später auf dem nächsten Pazifikatoll eintreffen.

01 PATENT-HALSEN

Größe der Yachten, auf denen Patenthalsen-Unfälle passiert sind

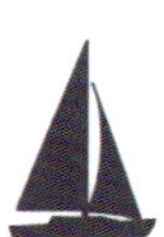
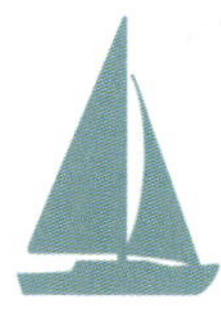
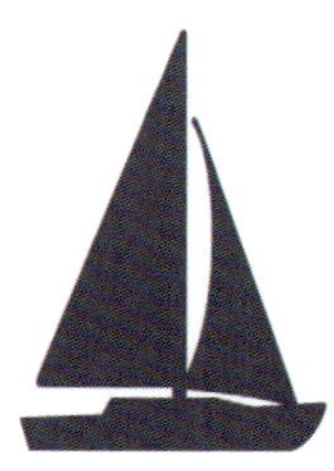

30' 38' 70'

Größe der Yachten: 30 - 70 Fuß
Mittlere Größe: 38 Fuß

Verunglückte & Verletzte

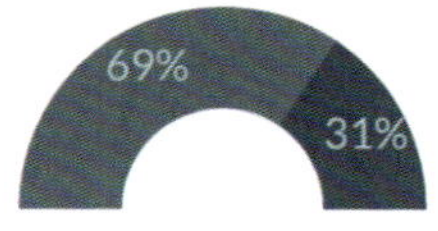

durch Baum / Schot
über Bord geschleudert

Gründe für eine Patenthalse

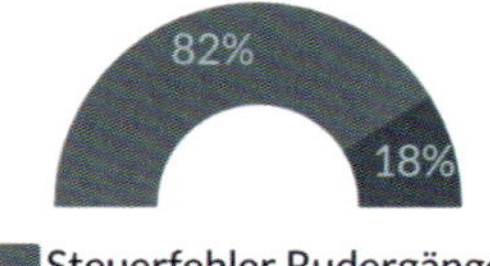

Steuerfehler Rudergänger
Steuerfehler Autopilot

Wie oft war ein Bullenstander gesetzt?

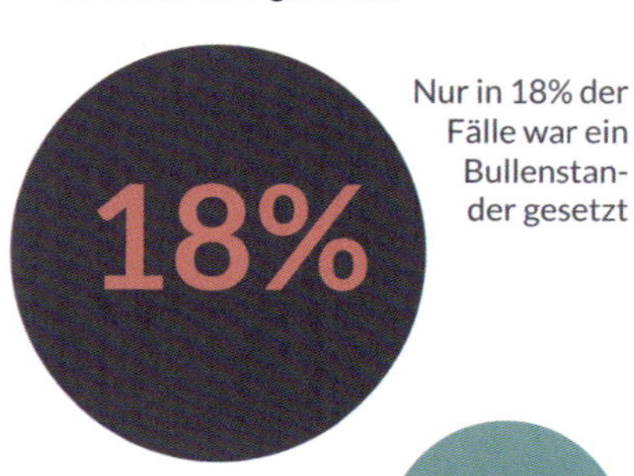

–

In elf untersuchten Fällen führten Patenthalsen – insbesondere auf größeren Yachten und bei starkem Wind – nicht nur zu fatalen Personenschäden, sondern teilweise auch zu erheblichen Schäden an der Yacht und infolgedessen in einem Fall *(PLATINO)* sogar zu einem fast vollständigen Kontrollverlust der Yacht. Zwei Mal trug eine Autopilotenfehlfunktion oder dessen fehlerhafte Bedienung zum Unfall bei *(PLATINO und SINFONIE SYLT)*, in den anderen Fällen setzten Steuerfehler durch den Rudergänger die Ereigniskaskade in Gang. Bullenstander waren in neun Fällen gar nicht gesetzt, in zwei Fällen hielten sie den enormen dynamischen Kräften in der Situation nicht stand *(PLATINO und CV 21)*.

—

PLATINO

PATENTHALSE AUF EINER 20-M-YACHT ZWISCHEN NEUSEELAND UND DEN FIDSCHI-INSELN [3]

Die Crew der PLATINO wähnte sich gut vorbereitet für ihren ersten langen Hochseetörn mit einer vollkommen generalüberholten *Ron Holland* 66-Fuß-Sloop.

DIE CREW UND DIE YACHT
HINTERGRUND ZUR GEPLANTEN REISE

Das Eignerpaar verfügt über langjährige Segelerfahrung, offizielle Segelscheine hält jedoch nur die Eignerin, weshalb sie später auch die Schiffsführerin sein wird: Sie ist im Besitz eines Yachtmaster Coastal und hat einen Kurs in Ocean Navigation absolviert. Darüber hinaus hat sie an einem Überleben-auf-See- und einem Erste-Hilfe-auf-See-Kurs teilgenommen. Sie hat in 30 Jahren etwa 60-70-tausend Seemeilen ersegelt und eine achtjährige Weltumsegelung auf dem Buckel. Der Eigner blickt auf 45 Seglerjahre mit zahlreichen Regattateilnahmen und Überführungstörns vom Küstenrevier bis zu Ozeanpassage zurück und ist qualifizierter Schiffselektriker.

Die Yacht mit Baujahr 1998 wurde zwischen Februar 2014 und Dezember 2015 in Gulf Harbour nördlich von Auckland umfangreich umgebaut und ausgerüstet. In Summe wurden mehr als $ 4.000.000 Neuseeland-Dollar (etwa 2,4 Mio €) investiert und die Yacht unter anderem ausgestattet mit

- *überarbeitetem Rumpf*
- *neuem Teakdeck*
- *Umbauten unter Deck*
- *einem kompletten Satz neuer Segel*
- *einer neuen hydraulischen Rollreffanlage für die Vorsegel und das Groß*
- *neuer Navigations- und Kommunikationsausrüstung*
- *neuer Sicherheitsausrüstung*
- *und rückblickend ein folgenschwerer Entschluss:*

– *Der Targabügel, auf dem die Großschot angeschlagen war, wird entfernt und durch einen Großschottraveller auf dem Süll zwischen den beiden Cockpits ersetzt.*

Nach Abschluss der Arbeiten verbringt das Eignerpaar drei Monate auf der Yacht, allerdings mehr wohnend als segelnd. Die PLATINO wird bei Flaute vom großstadtnahen Gulf Habour unter Motor in die etwa 100 sm nördlich gelegene und landschaftlich reizvolle Bay of Islands überführt, wo das Paar die Sommermonate verbringt. Während dieser Zeit wird nur an einem Tag einige Stunden gesegelt. Es ist ein Vorgeschmack auf das geplante Blauwassersegeln, und es ist kein Geheimnis, dass Blauwassersegler die meiste Zeit vor Anker oder im Hafen liegend verbringen. Es ist Leben auf dem Wasser, und man kann sich auch kaum eine passendere Yacht für solch ein Leben wünschen als die PLATINO mit ihren 20 m Gesamtlänge. Zum Ende des Sommers – also im März 2016 – segelt und motort die Zwei-Personen-Crew ihre Yacht wieder zurück nach Gulf Habour, wo einige, allesamt nicht sicherheitsrelevante, Nachbesserungen erledigt werden sollen. Zum Steuern wird fast immer der Autopilot verwendet, aber beide Eigner steuern von Zeit zu Zeit auch von Hand.

Was nun noch aussteht, damit die PLATINO auf große Fahrt gehen kann, ist eine neuseeländische Spezialität: Um mit einer Yacht unter neuseeländischer Flagge die neuseeländischen Hoheitsgewässer zu verlassen, müssen Sie sich einer Sicherheitsinspektion für Schiff und Besatzung durch einen *Yacht Inspector* unterziehen, damit dieser Ihnen ein Category 1 Safety Certificate ausstellt, welches Sie zur Genehmigung Ihrer Ausreise der zuständigen Aufsichtsbehörde vorlegen müssen.[4] Konkret bedeutet dies, dass ein Beauftragter von *Yachting New Zealand* an Bord kommt, die Konstruktion und Bauweise der Yacht beurteilt, überprüft, ob die Sicherheitsausrüstung und Kommunikationssysteme ausreichend und zugelassen sind und sicherstellt, dass sämtliche Sicherheitsausrüstung gewartet ist und sich das Wartungsintervall nicht kurz vor Ablauf befindet. Zuletzt muss er von der Fähigkeit der Crew überzeugt werden, der beabsichtigten Reise gewachsen zu sein, und dass sie auf Notsituationen vorbereitet ist.

Wer einmal an einer Hochseeregatta teilgenommen hat, dem dürften die Offshore Special Regulations (OSR) von *World Sailing* bekannt sein. Die neuseeländischen Vorschriften für ein Category 1 Certificate sind in Umfang und Inhalt vergleichbar mit den OSR für Kategorie-1-Regatten – Regatten über lange Distanzen und weitab der Küste, wo Boote für lange Zeit auf sich gestellt sind, schwerem Wetter standhalten und in Notsituationen ohne Hilfe von außen zurechtkommen müssen. D.h.: Sie sind sehr umfangreich!
Im Fall der PLATINO war der Inspector schon während der Umbauarbeiten mit einbezogen worden und hatte diese beratend begleitet, sodass die

eigentliche Abnahme eine reine Formalität ist: Die PLATINO und ihre Crew halten die Vorgaben nicht nur ein, sondern übertreffen sie in vielen Punkten sogar noch und werden für geeignet für die beabsichtigte Reise befunden. Für die Reise nach Fidschi wird das Eignerpaar von drei weiteren Seglern unterstützt. Mitsegler A verfügt über viel Segelerfahrung, ist Eigner eines eigenen Bootes und drüber hinaus als Crew Regatten und Langfahrten in Küsten- und Hochseerevieren gesegelt. Er hat keine offiziellen Segelscheine. B segelt seit klein auf, ist gelernter Bootsbauer und in der neuseeländischen Regattaszene involviert. Er ist Besitzer einer Yacht, die er selbst gebaut hat und mit der er regelmäßig an Regatten teilnimmt und hält ein Boatmaster Certificate. Der fünfte an Bord, C, ist Ingenieur und verfügt ebenfalls über langjährige Segelerfahrung. Er hat an solch klangvollen Regatten wie Sydney to Hobart, Sydney to Mooloolaba und dem Auckland Club Racing Circuit teilgenommen. Er ist im Besitz eines Boatmaster Certificate. Die gesamte Crew kommt zwei Wochen vor der geplanten Abfahrt nach Fidschi für einen Probeschlag an Bord zusammen. Drei bis vier Stunden wird bei leichter Brise in den Ausläufern des Hauraki Golfs gesegelt, dabei lernt sich die Crew, die in dieser Konstellation noch nicht zusammen gesegelt ist, kennen und macht sich mit den Besonderheiten des Handlings der Yacht vertraut. Beide Vorsegel und das Groß werden gesetzt und geborgen und technische Fragen beantwortet. Allerdings, so stellt der Bericht nüchtern fest, »eine Einweisung in die Handhabung der Sicherheitsausrüstung findet nicht statt. Notfallverfahren werden nicht geübt.«

DIE GESCHEITERTE REISE NACH FIDSCHI

Die Passage nach Fidschi hatten die Eigner ursprünglich im Rahmen einer Teilnahme in der Cruising-Division beim *Auckland to Denarau Yacht Race* für den 4. Juni geplant, die Teilnahme daran allerdings in Anbetracht einer ungünstigen Wettervorhersage abgesagt und die Abfahrt auf den 11. Juni verschoben. Es wurde im Vorfeld sogar ein professioneller Meteorologe mit einer Routenberatung beauftragt. Um 11 Uhr morgens klariert die PLATINO beim Zoll in Auckland aus und begibt sich sodann auf ihre knapp 1200 Seemeilen lange Passage zu den Fidschi-Inseln. Am ersten Tag weht nicht genug Wind zum Segeln, und es wird bis zum nächsten Morgen allein unter Motor gefahren. Um 8 Uhr abends wird mit einem Wachsystem begonnen, in dem, mit Ausnahme der Skipperin, die für Navigation und Kochen zuständig ist, jedes Crewmitglied eine 2-Stunden-Wache übernimmt. Am Morgen des 12. Juni kommt eine leichte Brise auf, und es werden Großsegel und das große Vorsegel gesetzt. Gegen Abend kann dann ganz auf die Maschinenunterstützung verzichtet werden, und es wird in Vorausschau auf die vorhergesagte Windzunahme bereits etwas Segelfläche reduziert. Zum Sonnenuntergang liegt bei südwestlichem Wind ein schöner Raumschotskurs an. Die Crew genießt einen Sundowner, während die PLATINO auf Steuerbordbug und mit eingeschaltetem Autopiloten ihrem tropischen Ziel entgegensegelt. Etwas später wird auch ein Bullenstander gesetzt, und die Crew achtet durch Kursanpassungen am Autopiloten darauf, dass der Wind nicht zu weit achterlich einfällt. Für eine Weile steuert einer der Mitsegler während seiner Wache die PLATINO von Hand, aktiviert dann aber den scheinbar einwandfrei arbeitenden Autopiloten wieder. Der Wind frischt im Laufe der Nacht auf, auch der Seegang nimmt kontinuierlich zu, doch auf der 66‘ langen Yacht reist es sich nach wie vor sehr komfortabel. Alles an Bord scheint in bester Ordnung.

Am Morgen des 13. Juni hat der Wind weiter zugelegt und bläst nun aus Süd mit strammen 30–35 Knoten, sogar eine Böe bis 48 Knoten wird von der Crew registriert. Die Windsee mit einer Wellenhöhe von etwa zwei Metern steht nun gegen eine langgezogene Dünung aus nördlicher Richtung, was insgesamt zu einer unruhigen und schwer abzuschätzenden See führt. Aber es ist noch nichts, was die 36 t schwere Yacht oder ihre erfahrene Crew aus der Ruhe bringen würde. Während des Frühstücks wird diskutiert, wann der Kurs, der infolge des süddrehenden Windes nun nicht mehr Nord, sondern Nordwest geworden ist, angepasst werden soll. Man beschließt, im Verlauf des Tages, wenn der Wind noch weiter auf Südost drehen soll, als sichere Option eine *»Granny Gybe«* anstatt einer Halse zu fahren. Nach dem Frühstück begeben sich drei der Crewmitglieder unter Deck und die Skipperin bleibt zusammen mit Segler B im Cockpit. Keiner der Segler ahnt, dass in den nächsten Minuten ein Unheil über die Yacht und ihre Crew hereinbrechen wird, das man sich in den schlimmsten Albträumen nicht ausmalen kann und das zwei Menschen an Bord nicht überleben werden.

Die PLATINO dreht vollkommen unerwartet und deutlich nach Steuerbord. Die Skipperin ist in diesem Moment durch den Eindruck der Bewegung der Yacht in dem Glauben, eine große Welle habe die PLATINO aus dem Ruder laufen lassen, kann sich jedoch im Rückblick nicht mehr daran erinnern, eine solche Welle auch gesehen zu haben. Das Großsegel kommt back, doch augenblicklich bricht der Bullenstander. Der über 500 kg schwere Baum schlägt nach Backbord über. Und wieder zurück auf die Steuerbordseite. Wahrscheinlich aus dem Impuls heraus, die Yacht wieder unter Kontrolle zu bekommen, macht sich B nun aus dem vorderen Cockpit auf den Weg nach achtern zum Steuercockpit. Dabei muss er jedoch den Bereich des Großschottravellers, der ja im Zuge der Umbauten vom Bügel auf das Süll zwischen den Cockpits verlegt worden ist, queren. Und genau dort wird er vom abermals nach Backbord umschlagenden Baum oder von der Großschot erwischt und mit Wucht auf das seitliche Deck geschlagen. Er erleidet dabei so schwerwiegende Kopfverletzungen, dass er – so vermuten die Unfallermittler – unmittelbar daran stirbt. Es ist das dritte Mal, dass der Baum mit voller Wucht umgeschlagen ist, und die auftretenden Kräfte sind so groß, dass der Travellerschlitten aus der Travellerschiene gerissen wird. Nun ist der Baum nicht mehr kontrollierbar, und sein Schwingkreis wird nur noch von den Wanten begrenzt. Innerhalb von Sekunden ist die Lage vollkommen eskaliert, und die 20 Meter lange Yacht außer Kontrolle geraten.

Sofort ruft die Skipperin die restliche Crew nach oben. Da sich A in dem Moment der Patenthalse auf der Toilette aufhält und sich der Miteigner zum Ausruhen in die Vorschiffskabine gelegt hat, ist C als Erstes im Cockpit. Auch er folgt wohl einem inneren Impuls, handeln zu wollen und begibt sich, ohne innezuhalten, aus dem sicheren vorderen Cockpitbereich heraus. Die Skipperin erinnert sich nur noch daran, dass C ihr zuruft, sich zu ducken, was sie auch tut, bevor sie im Augenwinkel an Backbord etwas über Bord gehen sieht. Als sie wieder aufblickt, sieht sie C im Kielwasser der Yacht noch mit einem Arm winken. Kurz darauf erreichen auch die beiden anderen das Cockpit. Obwohl sie erst an Deck kommen, nachdem C über Bord gegangen ist, können sich beide im Nachhinein daran erinnern, C zu späteren Zeitpunkten noch im Wasser gesehen zu haben.

Der Eigner ist der Erste, der es schafft, lebend den Steuerstand zu erreichen, um die Kontrolle über die Yacht zurückzubekommen. Kurz darauf schafft es auch A, sich auf das Achterdeck zu begeben. Der Eigner versucht die Yacht nun von Hand zu steuern, während A sich vergewissert, dass keine Leinen ins Wasser hängen, um den Motor ohne die Gefahr, eine Leine um den Propeller zu wickeln, starten zu können. Obwohl der Eigner extrem viel Kraft aufbringen muss, um das Ruder zu bewegen, gelingt es den beiden, die Yacht für kurze Zeit in den Wind zu drehen und das Groß weitestgehend in den Baum zu rollen.

Versuchen Sie, sich diese Situation einmal bildlich vorzustellen: Der Baum der PLATINO hat eine Länge von 8,6 m und wiegt mit eingerolltem Großsegel 678 kg. Als wäre ein solcher außer Kontrolle geratener Großbaum nicht schon gefährlich genug, müssen Sie sich bewusst machen, dass an seinem Ende noch die Großschot mit dem abgerissenen Travellerschlitten – auch immerhin 35 cm lang und 2 kg schwer – befestigt ist. Mit jeder Bootsbewegung schlägt er wie eine Abrissbirne über das Deck. Die Auswirkungen auf dem Deck sind dementsprechend.

In den ersten Minuten zerstört dieses Arrangement

- *die Steuerkonsole, auf der auch die Kontrollen für die hydraulische Rollreffanlage installiert sind; sie wird aus der Verankerung gerissen, während der Eigner am Steuer steht und noch bevor die beiden in der Lage sind, das Groß komplett aufzurollen;*
- *das Hard-Top-Bimini wird weggerissen, während sich der Eigner und A darunter aufhalten;*
- *der Cockpittisch wird aus seiner Verankerung gehebelt und über Bord geschleudert;*
- *das Steuerrad wird verbogen und eine der Speichen herausgebrochen.*

Kurzum, die beiden Männer schaffen es nicht, die Yacht oder den Baum wieder unter Kontrolle zu bekommen und der Aufenthalt auf dem Achterschiff ist absolut lebensgefährlich.

Währenddessen begibt sich die Skipperin unter Deck, um einen Notruf abzusetzen. Dies versucht sie zunächst über UKW- und Grenzwellen-/Kurzwellen-Sprechfunk, jedoch ohne eine Empfangsbestätigung zu bekommen. Daraufhin holt sie eine der beiden EPIRBs aus dem *Grab Bag,* um diese zu aktivieren, was ihr aber nicht gelingt. Erst Crewmitglied A aktiviert diese erfolgreich einige Minuten später. Das EPIRB-Signal wird erstmals um 11:15 Uhr empfangen – etwa eine knappe Viertelstunde nach der ersten Patenthalse.

Der nun naheliegende letzte Kommunikationsweg ist das Satellitentelefon, das sich selbstverständlich auch an Bord dieser gut ausgerüsteten Yacht befindet. Die Skipperin versucht zunächst, ihre beiden Brüder zu erreichen, aber keiner der beiden ist erreichbar. Als Nächstes ruft sie die Nummer des Yachtdesigners, der die retrofit-Arbeiten geplant hat, an. Dieser nimmt den Anruf entgegen und nimmt seinerseits um 11:24 Uhr Kontakt mit dem MRCC Neuseeland auf. Die Kommunikation zwischen der Yacht und dem MRCC läuft nun bis zur Bergung der Crew über den Yachtdesigner und einen Cousin der Skipperin.

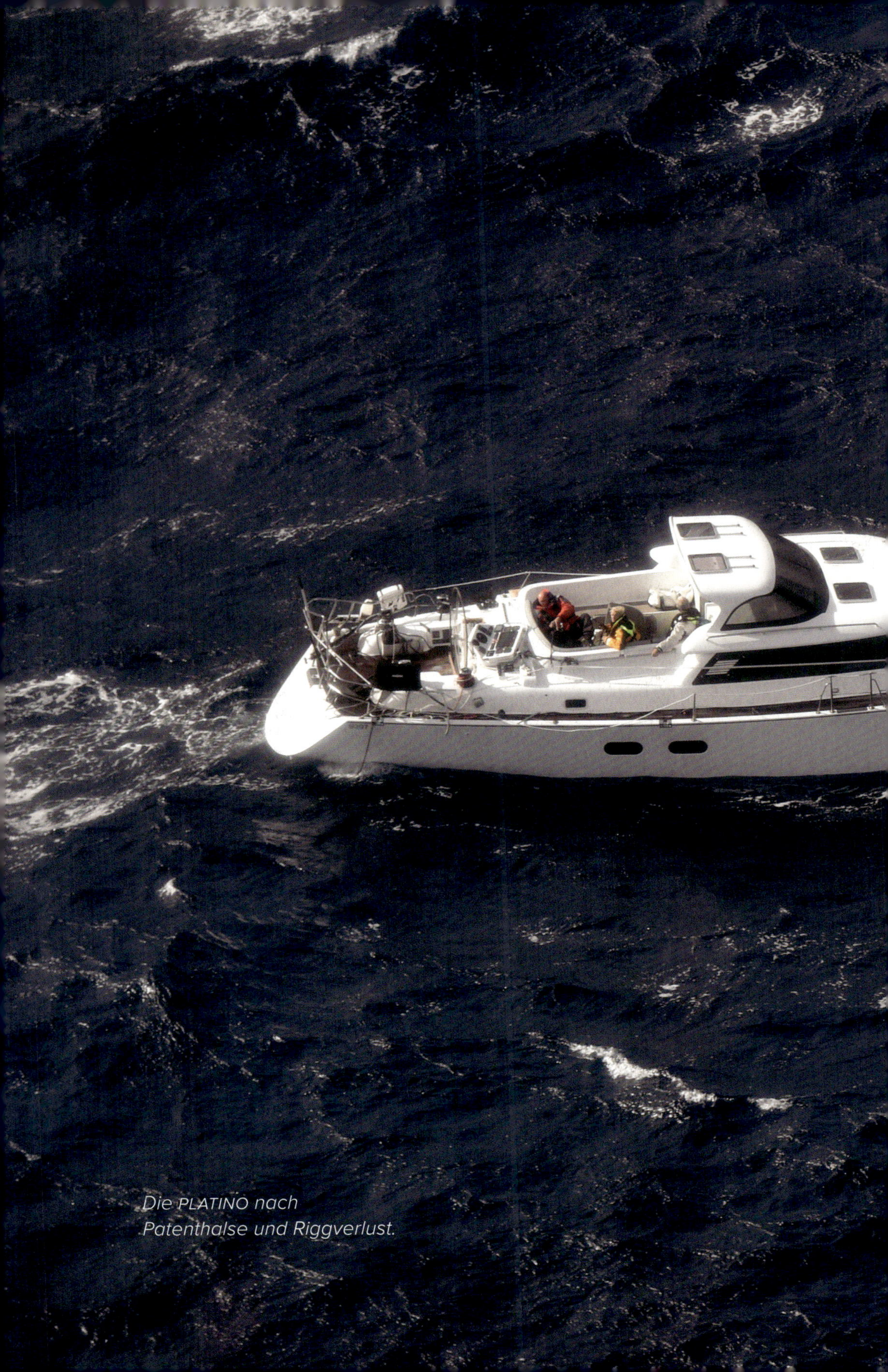

Die PLATINO nach Patenthalse und Riggverlust.

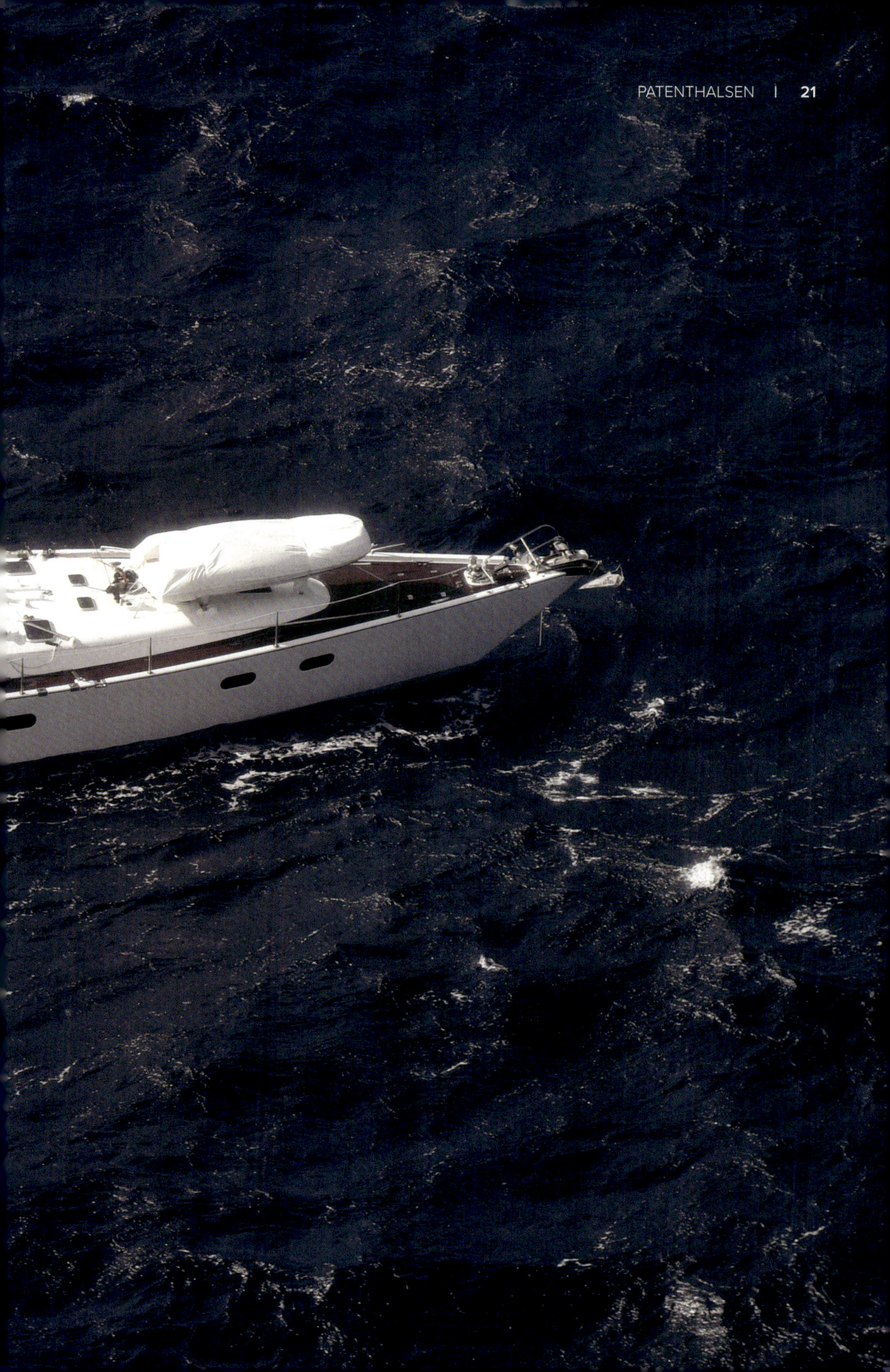

Obwohl die Skipperin sich rückblickend sicher war, die MOB-Taste am Kartenplotter gedrückt zu haben, kann sie auf die Positionskoordinaten, nachdem ein Kontakt mit dem MRCC Neuseeland zustande kommt, nicht zugreifen und somit diese essenzielle Information nicht übermitteln.

Die Situation an Deck ist nach wie vor gefährlich und kaum unter Kontrolle. Crewmitglied A versucht einige Male, den Baum mit einer Art Lasso-Konstruktion einzufangen, hat aber im Grunde auch keine Idee, wo er denn die »Lasso-Leine« festmachen soll, falls ihm das Kunststück gelingen sollte. Deshalb wird der Versuch bald aufgegeben. Die Crew schafft es nicht, die Rollbewegung der Yacht zu verhindern, sodass der Baum bis zum Abend weiter von einer Seite auf die andere schlägt, wobei das ganze Boot jedes Mal erzittert, wenn der Baum an die Wanten schlägt. Die Segler haben den Eindruck, das Rigg würde diesen Belastungen nicht mehr lange standhalten können. Sie hoffen, dass der Mast noch bei Tageslicht kollabieren würde. Doch die Takelage ist zäher als vermutet. Es dauert noch bis in die frühen Abendstunden, bis als Erstes das Achterstag bricht. Selbst dieses Ereignis führt allerdings noch nicht zum sofortigen Verlust des Mastes, doch nach einer Weile kippt dieser schließlich nach Backbord über Bord. Jetzt stellt zumindest der Baum keine Gefahr mehr für die drei Überlebenden dar. Sie begeben sich unter Deck, um das weitere Vorgehen zu besprechen. Während der Besprechung hören die Segler, wie das Rigg gegen die Bordwand schlägt. Ein Leckschlagen des Rumpfes ist nicht unwahrscheinlich, wenn sie nichts unternehmen, und so wird beschlossen, als Vorsichtsmaßnahme zum einen die Rettungsinsel vom Vorschiff nach achtern ins Cockpit zu verbringen und zum anderen das Rigg loszuschneiden. An ihrem Stauort direkt hinter dem Mast unter dem Großbaum ist die Rettungsinsel während der vergangenen Stunden nicht erreichbar gewesen, ohne sich in Lebensgefahr zu begeben. Auch jetzt erweist sich der Transport der 46 kg schweren 8-Personen-Insel in einem Container ohne Tragegriffe als herausfordernde Kraft- und Geschicklichkeitsübung.

Mit Taschenlampe und Akku-Flex ausgestattet begeben sich die beiden Männer aufs Vorschiff und zertrennen stehendes und laufendes Gut zwischen Rumpf und Rigg. Nachdem alle Wanten gekappt sind, sinkt der Mast, nur noch am Vorstag hängend, in die Tiefe. Die Gefahr, dass der Rumpf weiter beschädigt wird, ist schließlich gebannt. Da das Rigg nun wie ein Treibanker wirkt, wird beschlossen, das Vorstag nicht zu zerschneiden, das Ruder festzustellen und in der bestehenden Konfiguration auf Rettung zu warten.

Die Suchaktion des Orion-Aufklärungsflugzeugs, das etwa 90 Minuten nach der Alarmierung des MRCC am Unfallort eintrifft, bleibt erfolglos. Der überbordgefallene Mitsegler wird nicht gefunden. Die Rettung für die Überlebenden trifft am folgenden Tag gegen Mittag ein. Die drei Segler werden von einem Containerschiff geborgen. Die Yacht wird einige Tage später im Meer treibend geortet und für eine eingehende Untersuchung nach Neuseeland geschleppt.

ERKENNTNISSE AUS DEM VORFALL

Die im Nachgang dieses schweren Unfalls von der neuseeländischen Behörde *maritimeNZ* verantwortete Untersuchung, bei der wirklich jeder Stein umgedreht wird, und der daraus resultierende Bericht liefern nicht nur zahlreiche wertvolle Erkenntnisse, sondern sind auch ein hervorragendes Beispiel dafür, wie eine Unfallbewertung ohne Polemik, ohne in die alten Muster der Bad-Apple-Theorie zu verfallen, aussehen kann. Für die Untersuchung wurden nicht nur die technischen Komponenten untersucht, sondern auch umfangreiche Interviews mit den Überlebenden geführt. Aus diesen Puzzleteilen lässt sich schließlich eine Ereignisabfolge rekonstruieren, die dieses Unglück erklären kann. Was also ist passiert? Haben Sie schon eine Vermutung, weshalb die Yacht vom Kurs abgekommen ist oder weshalb der Bullenstander versagt hat?

DER AUTOPILOT
TÜCKEN DER AUTOMATISIERUNG

Zunächst einmal hat die Befragung der Beteiligten widerspruchsfrei ergeben, dass zum Zeitpunkt der Patenthalse die Selbststeueranlage die Yacht gesteuert hat. Dieses System wurde nun genauer untersucht. Der elektronische Autopilot der PLATINO besteht, wie im Grunde alle diese Systeme, aus verschiedenen Komponenten:

- *einem Rechner,*
- *einer oder mehreren Kontrollkonsolen, über die die Crew Inputs wie Vorgabe des Kurses oder des Betriebsmodus eingeben kann und die der Crew Informationen über den Systemzustand des Autopiloten liefert z.B. »Standby« oder »HDG 350°« usw. Diese Konsolen bezeichnet man auch als Mensch-Maschine-*

Schnittstelle – eine Schnittstelle, an der es gern einmal hapert, wie Sie in den noch folgenden Fällen sehen werden,

- *Sensoren, die dem Computer z. B. den aktuellen Magnetkompasskurs oder den Ausschlag des Ruderblatts liefern, in manchen Systemen gibt es noch zusätzliche Sensoren, die Informationen über die Krängung der Yacht liefern – so auch auf der PLATINO,*
- *einem Antrieb, der das Ruder entsprechend den Berechnungen des Computers bewegt.*

Ein moderner elektronischer Autopilot kann über einen im Prinzip unbegrenzt langen Zeitraum schnell auf Kursablagen reagieren und mit hoher Genauigkeit einen Kurs steuern. Dabei haben die meisten Geräte drei Steuermodi: Im *Heading-Modus* wird ein konstanter Magnetkompasskurs gehalten, im Track-Modus wird ein konstanter Kurs zwischen zwei Wegpunkten gefahren und im Wind-Modus die Yacht so gefahren, dass der Windeinfallswinkel konstant bleibt. Ein Autopilot kann jedoch nicht z. B. vorrausschauend Wellen sehen und aussteuern oder, wenn er im HDG- oder Track-Modus ist, erkennen, wann die Gefahr einer Patenthalse besteht. Dennoch steuert ein solcher Autopilot über lange Zeiträume oft genauer als die meisten Segler von Hand und reduziert die Belastung für die Crewmitglieder gerade bei kleinen Crews erheblich.

Die Selbststeueranlage der PLATINO wurde vor der Umrüstung der Yacht eingebaut und im Zuge der Umrüstung teilweise ausgetauscht – »professionally and to industry standards« –, wie es im Untersuchungsbericht heißt. Der Antrieb für den Steuerarm ist, was üblich bei Yachten dieser Größe ist, nicht elektrisch, sondern hydraulisch. D.h. eine Hydraulikpumpe erzeugt Druck in hydraulischen Leitungen, die an einen – im Fall der PLATINO sogar an zwei – Zylinderarm angeschlossen sind, der wiederum das Ruderblatt je nach Pumprichtung in die eine oder andere Richtung bewegt. Dieses System aus Pumpen, Zylindern und Leitungen ist komplett geschlossen, aber um Temperaturschwankungen und Volumenänderungen durch die Zylinder auszugleichen und nicht zuletzt, um das System zu befüllen und die Menge des Hydrauliköls kontrollieren zu können, gibt es außerdem noch ein Reservoir. Als die Yacht untersucht wird, fällt den Untersuchern auf, dass dieses Hydraulikreservoir beinahe leer ist. Zwar war der Tank ursprünglich korrekt befüllt, was sich an den Spuren der roten Flüssigkeit im Plastiktank erkennen lässt, aber die Menge der verbliebenen Flüssigkeit kann nicht mehr ausgereicht haben, damit die Hydraulikpumpe Druck im System aufbauen kann. Spuren von ausgelaufener Hydraulikflüssigkeit lassen sich aber nicht finden. Wahrscheinlich aber nur deshalb nicht, weil diese später von eingedrungenem Seewasser[1] weggewaschen wurden. Nach eingehender Untersuchung kann tatsächlich eine Undichtigkeit in einem der Hydraulikzylinder gefunden werden. Hat ein solches System ein Leck und verliert stetig Hydraulikflüssigkeit, dringt irgendwann Luft ein. Es bilden sich Luftblasen in den Leitungen. Weil Luft jedoch im Gegensatz zu Flüssigkeiten zusammenpressbar ist, führen schon kleine Mengen Luft in einem Hydrauliksystem zu einer Reduzierung der Leistungsfähigkeit. Das mag zunächst gar nicht auffallen. Wenn die Luftblasen aber mehr und größer werden, käme es zu temporären Systemausfällen (je nachdem, wo die Blasen hinwandern), und schließlich würde die Hydraulikpumpe komplett ausfallen. Als aufmerksamer Segler würden Sie also nicht einen plötzlichen Ausfall des Autopiloten bemerken und auch nicht einen schleichend immer schlechter steuernden. Sondern was Sie wahrnehmen könnten, wäre ein Autopilot, der immer mal wieder und immer öfter komische Sachen macht und dazwischen scheinbar normal funktioniert. Bei der Auswertung der GPS-Tracks der PLATINO konnten genau solche Aussetzer identifiziert werden: ein erster 3:12 Stunden und ein zweiter 46 Minuten vor der Patenthalse, die sich beide in Kursabweichungen von 40°–50° über einen Zeitraum von etwa 15 Sekunden gezeigt haben, aber von der Crew unbemerkt geblieben sind.

Doch zunächst haben die Unfalluntersucher die Steuerung genauer unter die Lupe genommen. Es wird getestet, ob sich die Yacht noch von Hand steuern lässt. Obwohl eine der Speichen des Steuerrades gebrochen und das Rad verbogen ist und dadurch an einigen Teilen der Steuersäule und des Cockpits reibt, kann das Steuerrad immer noch relativ mühelos von Anschlag bis Anschlag gedreht werden. Das Ruderblatt bewegt sich entsprechend mit. Erinnern Sie sich noch, wie die Crew die Steuerfähigkeit ihrer Yacht nach den Patenthalsen beschrieben hat? Das Steuerrad sei nur mit »extrem viel Kraft« zu bewegen gewesen. In den Interviews vermuteten die beiden überlebenden Männer interessanterweise, dies hätte an dem Ausfall der Hydraulik gelegen. Die Steuerung dieser Yacht funktioniert jedoch bei ausgeschaltetem Autopiloten rein mechanisch. Die rückblickend naheliegendste Erklärung für die Schwierigkeiten beim Steuern ist die, dass der Autopilot nie ausgeschaltet worden ist! Zwar hat der Eigner im Zuge der Gespräche gesagt, der Autopilot sei »ausgegangen«, aber weder er noch sein Mitsegler konnten sich daran erinnern, dass sie explizit den Autopiloten in *Stand-by* geschaltet hätten oder dass sie bewusst auf dem Display überprüft hätten, dass er sich im *Stand-by*-Modus befindet. Bevor Sie nun

[1] Die Untersuchung geht davon aus, dass die Yacht beim Abbergen der Crew auf das Containerschiff so stark von diesem beschädigt worden ist, dass nicht unerhebliche Mengen Wasser im Zeitraum bis zur Bergung der Yacht eingedrungen sind.

allzu schnell urteilen, der Eigner hätte sich hier die Wahrheit zurechtgebogen, seien kurz einige Worte zu den Umständen gesagt, die bei der Befragung von an Unfallgeschehen Beteiligten berücksichtigt werden müssen: Wenn die Beteiligten ihre Eindrücke schildern, sorgt das nicht selten für Unordnung bei der Untersuchung, weil die Schilderungen zu dem, was sich aus anderen Quellen rekonstruieren lässt, im Widerspruch stehen. Das ist jedoch selten der vorsätzlichen Absicht der Beteiligten geschuldet, sondern vielmehr schlicht der naturgegebenen Funktionsweise des menschlichen Gehirns. Das menschliche Gedächtnis ist keine Videodatei, die sich beliebig abrufen sowie vor- und zurückspulen lässt. Seine Funktionsweise ist äußerst komplex. Es kann schnell nicht mehr auseinanderhalten, welche Informationen es aus eigenem Beobachten und Erleben und welche es aus nachträglichen Hinweisen dazu generiert hat. Außerdem hat es eine ausgeprägte Tendenz, Ereignisse zu ordnen und zu strukturieren, um Erlebnisse linearer und plausibler zu machen, als sie es tatsächlich gewesen sind. Jedenfalls dürfte der Umstand, dass die Crew in ihrer Situation auch noch – ohne sich dessen bewusst zu sein – gegen den erratischen Autopiloten ankämpfen musste, der Möglichkeit, die Kontrolle über die Yacht zurückzugewinnen, nicht zuträglich gewesen sein.

Zum Thema Autopilot schließt der Untersuchungsbericht mit folgenden Empfehlungen: Wenn ein Autopilot an Bord einer Segelyacht unter Bedingungen zum Einsatz kommt, bei dem ein Verlust der Kurskontrolle zu Schäden führen kann, sollten Maßnahmen gegen dieses Risiko ergriffen werden. Der Umfang dieser Vorsichtsmaßnahmen sollte der Schwere und Wahrscheinlichkeit des potenziellen Schadens – also dem Risiko – angemessen sein. Wenn die Vorsichtsmaßnahmen nicht implementiert werden können, sollte entweder das Risiko reduziert (z. B. durch Bergen des Großsegels) oder der Autopilot nicht genutzt werden.

Eigner und Skipper sollten

- *sicherstellen, dass der Skipper (und andere Crewmitglieder) mit der korrekten Handhabung und der notwendigen Wartung der Selbststeueranlage vor Abfahrt vertraut sind;*
- *vor Abfahrt und in regelmäßigen Intervallen – z. B. alle 24 Stunden – während der Fahrt eine Sichtkontrolle des Autopilotenantriebs vornehmen;*
- *in Erwägung ziehen, in Phasen erhöhten Risikos von Hand zu steuern;*
- *eine Person der Wache anweisen, sich in Zeiten erhöhten Risikos neben dem Steuer aufzuhalten, um im Falle des Falles umgehend das Ruder übernehmen zu können.*

Ich möchte diese Empfehlungen um einen Einblick in die Welt der professionellen Fliegerei ergänzen und Ihnen schildern, wie dort mit der Herausforderung Autopilot umgegangen wird. Der Umgang mit den komplexen Flugführungssystemen ist dort ein eigener Themenblock in der Ausbildung, dem entsprechend viel Raum gewidmet wird. Im Vergleich zu den bescheidenen drei bzw. vier Betriebsmodi – Magnetkompasskurs fahren, Kartenplotter-Route fahren, Windwinkel fahren, Standby – auf ihrer Segelyacht, kommt der Autopilot an Bord eines modernen Airbus mit über 20 verschiedenen Steuermodi daher. Eines der ersten Dinge, die ein Pilot im Umgang mit diesem System lernt, ist, die Kontrolle zu behalten! In dem Moment, wo sie sich fragen: »Was macht der denn jetzt schon wieder?«, schalten sie den Automaten aus. Sie sind die Skipperin oder der Steuermann, und Sie bestimmen, wo es langgeht!

Dennoch gab es in der Vergangenheit mit dem Aufkommen immer komplexerer Systeme in der Luftfahrt einige Unfälle und Zwischenfälle, bei denen eine sogenannte ***mode-confusion*** ein wesentlicher Unfallfaktor gewesen ist. Darauf wurde schließlich seitens der Luftfahrtunternehmen mit speziellen Trainings für die Piloten reagiert, die darauf abzielten, ein besseres Bewusstsein für die Modi, denen der Autopilot gerade folgt, zu schaffen. Der Standard, der sich mittlerweile durchgesetzt hat, ist der, dass der Pilot nun bei jeder Änderung des Modus oder der vorgegebenen Flughöhe, diese laut vom Display abliest. So kann eine bewusste Wahrnehmung für das, was der Autopilot gerade tut oder gleich tun wird, aufrechterhalten werden. Dass ein Mangel dieses Bewusstseins auch auf Segelyachten lebensbedrohlich werden kann, zeigt nicht nur der Fall der Platino, sondern auch der Fall der SY SINFONIE SYLT. Leider wird dem Thema Autopilot in der deutschen Segelscheinausbildung so gut wie kein Platz eingeräumt.

DER BULLENSTANDER
GESETZE DER MECHANIK UND IHRE FOLGEN

Der nächste Punkt, mit dem sich die Unfalluntersucher der PLATINO akribisch auseinandersetzten, ist das Versagen des Bullenstanders. Ein funktionierender Bullenstander ist eine sehr effektive Möglichkeit, das Risiko einer Patenthalse zu reduzieren. Dafür muss nicht nur die Leine des Bullenstanders entsprechend dimensioniert sein, sondern auch die Beschläge an Deck und Baum. Der Geometrie, in der Bullenstander, Baum und Befestigungspunkte zueinanderstehen, kommt ebenfalls eine essenzielle Bedeutung zu. Es gibt nicht den einen richtigen Weg, wie ein

Bullenstander gesetzt werden sollte, aber dennoch einige allgemeingültige Grundsätze.

Er sollte

- *so weit wie möglich Richtung äußerer Baumnock angeschlagen werden. Das reduziert den Hebelarm und damit die Kraft, die auf den Bullenstander wirkt.*
- *so weit wie möglich Richtung Bug der Yacht angeschlagen werden.*
- *möglichst rechtwinklig zur Line, die der Baum bildet, geriggt werden. Das kann in der Praxis natürlich nicht erreicht werden, dennoch: je spitzer der Winkel, desto mehr vergrößert sich die Kraft, die auf den Bullenstander einwirkt.*
- *Die verwendete Leine und sämtliche Befestigungspunkte müssen so ausgelegt sein, dass sie den maximal auftretenden Kräften standhalten.*

Außerdem sollten Beachtung finden:

- *Der Zustand des Tauwerks und der Teile, die die Kräfte des Bullenstanders aufnehmen*
- *Das Ausmaß, in dem Knoten oder Spleiße die Leinen schwächen (s. der Fall CV21)*
- *Das Last-Kraft-Verhältnis, das sich ergibt, wenn der Bullenstander als »Bullentalje« um einen Block zurück auf eine Winsch geführt wird. Dieses praktische Arrangement hat das Potenzial, die Kräfte, die auf den Block einwirken, zu verdoppeln.*

Ein Bullenstander kann auch mit einer Verlängerung am Baum gesetzt werden. Hierfür wird bereits im Hafen eine Leine an oder in der Nähe der Baumnock angeschlagen und am Baum entlang bis kurz vor den Lümmelbeschlag geführt und so mit einem oder zwei Stropps fixiert.

Wird auf See ein Bullenstander benötigt, muss nur noch eine Leine mit dieser Verlängerung verbunden und die Stropps gelöst werden, und schon kann ein Bullenstander gesetzt werden, der bereits optimal am Baum angeschlagen ist. Eine solche Konstruktion wird so auch ab dem Abend des zweiten Tages auf der Platino verwendet. Die Verlängerung wird durch einen Snatch-Block geführt, der an einem Püttingauge auf der Fußreling angeschlagen ist. Dahinter ist die zweite Leine – Palstekauge in Palstekauge – angeknotet, die zum Cockpit zurück auf eine Winsch geführt und durchgesetzt wird. Als das Großsegel das erste Mal back kommt, bricht diese zweite Leine am Verbindungsknoten. Der Baum bewegt sich mittschiffs

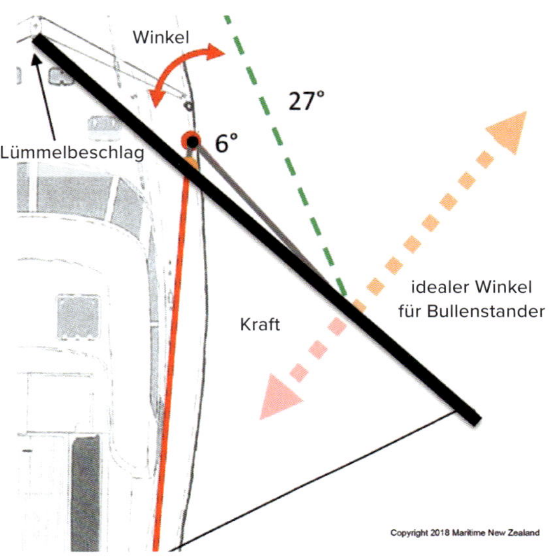

Der theoretisch beste Winkel für einen Bullenstander wäre der gelb-gestrichelte Pfeil. Der praktisch bestmögliche Winkel zum Großbaum wäre 27°, der von der Crew gewählte 6°.

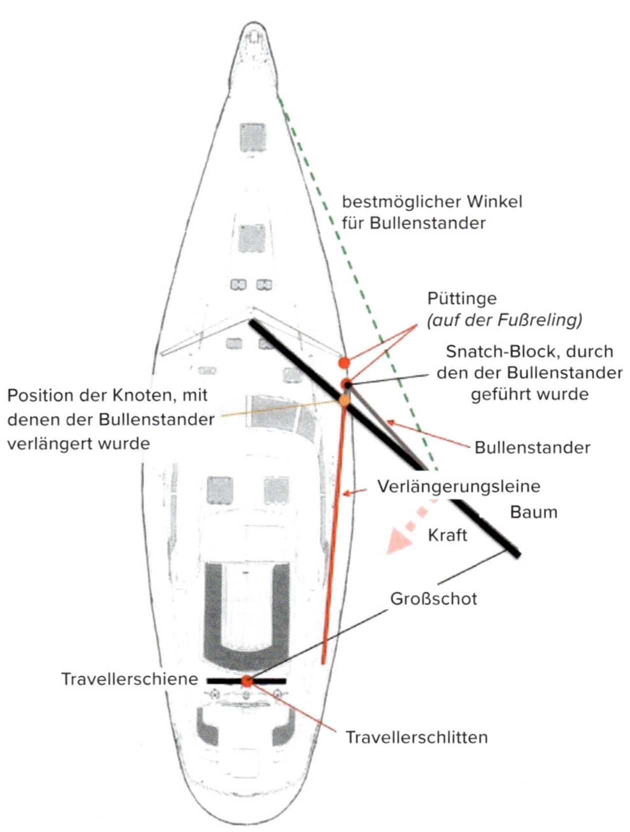

Decksplan der ***PLATINO***
Zwischen dem vorderen Aufenthalts-Cockpit und dem hinteren Steuer-Cockpit ist der Großschottraveller angebracht. Der Großbaum wird mit einer Bullentalje, die nach achtern umgelenkt ist, gesichert. Die graue und rote Line zeigen den Verlauf von Bullenstander und Verlängerung, wie sie vor dem Unfall gefahren wurden. Die grün-gestrichelte Linie zeigt die mögliche bessere Alternative zum Setzen des Bullenstanders.

und zieht dadurch die Verlängerungsleine durch den Snatch-Block bis zum Palstek, der nicht durch den Block durch passt, woraufhin das Püttingauge, an dem der Block befestigt ist, abschert. »An diesem Punkt hat der Bullenstander komplett versagt«, stellt der Untersuchungsbericht nüchtern fest. Der Schwingkreis des Baumes wird nur noch durch die Großschot begrenzt. Jetzt stellen Sie sich einmal vor, der Bullenstander würde rechtwinklig zum Großbaum gesetzt werden können. Dann entspräche die Kraft, die auf dem Bullenstander lastet, genau der Kraft, die der Baum bei backstehendem Groß auf den Bullenstander an dem Punkt, wo dieser befestigt ist, ausübt. Wenn der Winkel zwischen Bullenstander und Baum jedoch kleiner wird, dann erhöht sich durch die Hebelwirkung die Kraft, die auf den Bullenstander wirkt. Und was würden Sie beim Betrachten der Skizze schätzen: Um wievielmal größer im Vergleich zu einer (theoretischen) 90°-Konstruktion ist die Kraft, die auf den Bullenstander wirkt, im Fall der grün gestrichelten Konstruktion (bester Winkel)? Und um wie viel im Fall der auf der PLATINO gewählten Variante? Die Antwort: Im Fall grün-gestrichelt um den Faktor 2,37. Im Fall, wie auf der PLATINO gesetzt, um das sage und schreibe 11,5-Fache!

Zunahme der Zugkraft in Abhängigkeit vom Winkel zwischen Bullenstander und Großbaum

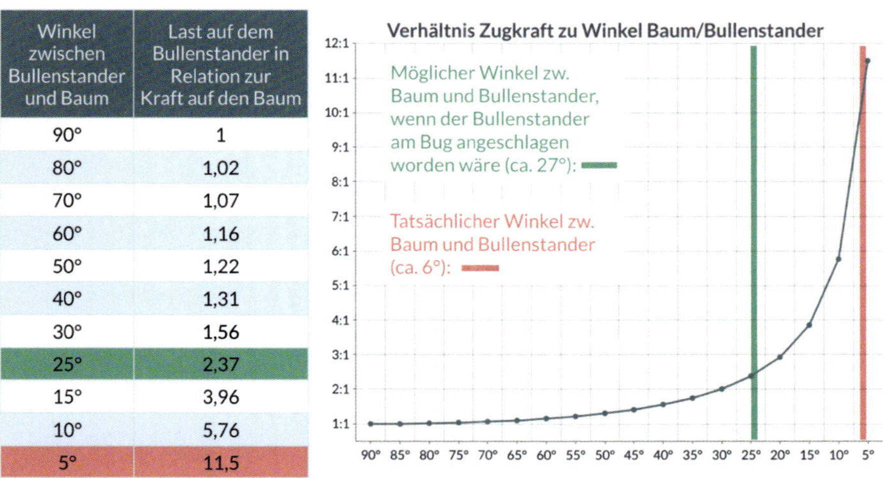

Winkel zwischen Bullenstander und Baum	Last auf dem Bullenstander in Relation zur Kraft auf den Baum
90°	1
80°	1,02
70°	1,07
60°	1,16
50°	1,22
40°	1,31
30°	1,56
25°	2,37
15°	3,96
10°	5,76
5°	11,5

Relative Zunahme der Zugkraft in Abhängigkeit vom Winkel zwischen Bullenstander und Großbaum.

Die Erklärung dafür ist, dass die Kraft mit kleiner werdendem Winkel exponentiell zunimmt. Bis zu einem Winkel von 25° ist der Effekt noch minimal, aber darunter wirkt er sich so extrem aus, dass von solchen Winkelkonstruktionen nur abgeraten werden kann!

Was das konkret in Zahlen bedeutet, ist ebenfalls berechnet worden. Unter der Annahme von zwei Reffs im Groß und 35-45 kt Windgeschwindigkeit ergibt sich eine statische[II] Belastung von 4,6–7 t für das Bullenstander-Arrangement der PLATINO. Die verwendete Leine hätte selbst im Neuzustand nur eine Bruchlast von maximal 4200 kg gehabt. Durch das Stecken eines Palsteks zur Verbindung mit der Verlängerungsleine muss mit einer weiteren Verringerung der Bruchlast um mindestens 40 % gerechnet werden, sodass angenommen werden kann, dass diese Leine allerspätestens bei einer Belastung von 2520 kg gebrochen wäre.

Berechnung der statischen Kräfte auf den Bullenstander

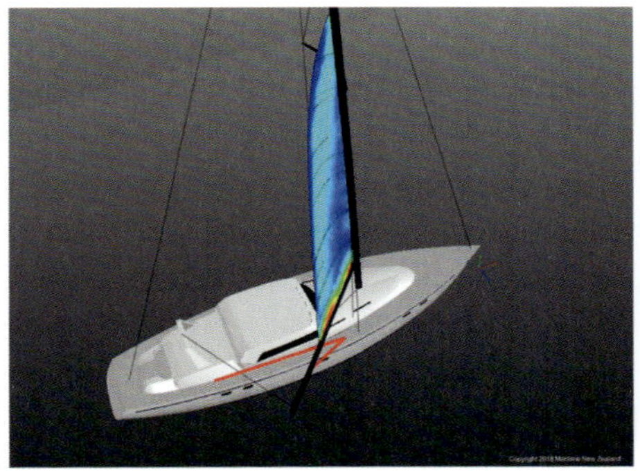

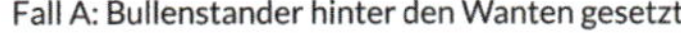

Fall A: Bullenstander hinter den Wanten gesetzt

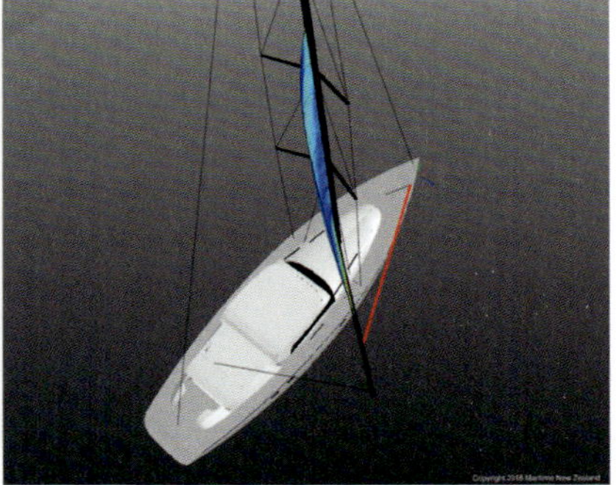

Fall B: Bullenstander am Bug gesetzt

Wind	Belastung Bullenstander Fall A	Belastung Bullenstander Fall B
35kn	4.500kg	1.100kg
40kn	6.000kg	1.400kg
45kn	7.000kg	1.700kg

Die resultierende Kraft auf die Bullenstander-Varianten »wie gesetzt« (links) und »bestmöglich« (rechts) im Vergleich.

[II] Statisch bedeutet hier, dass keine Bewegung in den Großbaum kommt, er also noch nicht beschleunigt hat, sondern allein die aus dem backstehenden Großsegel resultierende Kraft betrachtet wird.

Der nächste Schwachpunkt im System ist das Püttingeisen mit einem Durchmesser von 57 mm. Eigentlich als Befestigung für einen Schotholepunkt konzipiert und mit vier 6-mm-Edelstahlschrauben in die Fußreling geschraubt, hat dieses eine Bruchlast von 4080 kg – und wäre damit schon als Schotholepunkt auf einer 66‘-Yacht unterdimensioniert. Eigentlich waren stattdessen Beschläge mit einem Durchmesser von 76 mm (mit doppelt so hoher Festigkeit) vorgesehen und der Handwerker, der die Beschläge montiert hat, hat sogar noch seine Bedenken geäußert. Aber durch ein Missverständnis zwischen den Beteiligten wurden die kleineren Püttingeisen fälschlicherweise als die Richtigen bestätigt. Die Kräfte, die auf dieses Teil wirken, sind ebenfalls abhängig von der Geometrie der Leinenführung.

Bei einem Umlenkwinkel von etwa 130° sind die auf den Block einwirkenden Kräfte um Faktor 1,8 gestiegen. Dies wäre wahrscheinlich selbst für die größeren Beschläge zu viel gewesen.

Zugbelastung vs. Umlenkwinkel

Die Kraft auf einem Block ist eine Kombination aus der Kraft auf der Leine, die durch den Block geführt wird, und dem Winkel, in dem die Leine vom Block umgelenkt wird.
Beispiel: Auf dem Fußblock eines Flaschenzuges, der die Schot um 180° umlenkt, lastet eine Kraft, die doppelt so groß ist wie diejenige, die auf der Schot lastet. Auf einer Umlenkrolle an Deck, die ein Fall um 30° umlenkt, lastet 52 % der Kraft, die auf dem Fall anliegt.

Winkel	Lastfaktor	Winkel	Lastfaktor
30°	52 %	120°	173 %
45°	76 %	135°	185 %
60°	100 %	150°	193 %
75°	122 %	165°	197 %
90°	141 %	180°	200 %
105°	159 %		

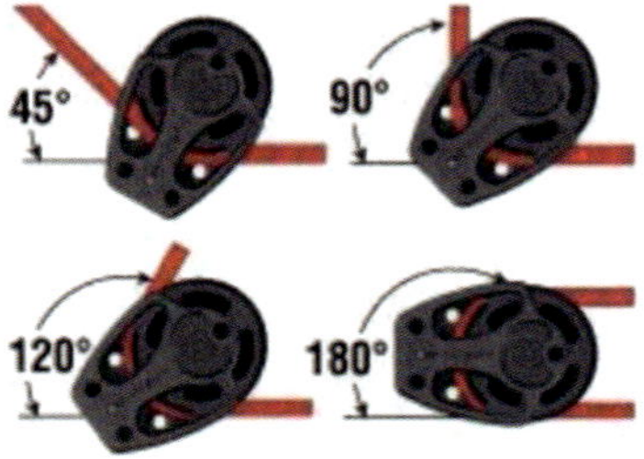

Belastung des Blocks in Abhängigkeit vom Winkel der Leine.

Welches Wissen und welches Verständnis über die mechanischen Zusammenhänge, die Belastbarkeit der verwendeten Materialien und die maximal auftretenden Kräfte hatte die Crew der PLATINO? Während des ersten Interviews durch die Unfalluntersucher äußerte keiner der beiden Eigner irgendwelche Zweifel an der Angemessenheit des Bullenstander-Arrangements. Der Eigner sagte, das Setup sei unter den vier Männern diskutiert worden und »everybody was happy with the setup«. Der dritte Überlebende gab hingegen Folgendes zu Protokoll: »we weren't happy with the angle of the preventer on the boom.« Aber dies sei eben das vorgegebene Setup gewesen, die Verlängerungsleine am Baum sei nun mal so kurz gewesen. Der Eigner sagte über diesen Umstand ebenfalls, man hätte den Bullenstander nicht anders setzen können, da die Verlängerungsleine so kurz gewesen sei. Die Crew hat die beiden Leinen des Bullenstanders hinter dem Umlenkblock verbunden, offenbar kam niemand auf die Idee, dass man die beiden Enden auch vor dem Umlenkblock hätte verbinden können. Dann hätte man den Block an nahezu jedem geeigneten Punkt auf dem Vorschiff anschlagen können. Die Verlängerungsleine ist eben schlicht genauso lang wie der Baum, an dem sie geparkt wird, aber sollte keinesfalls die Länge des Bullenstanders insgesamt limitieren.

Ich möchte an dieser Stelle einmal die Frage stellen, was eine gute Skipperin aber genauso auch ein gutes Crewmitglied ausmacht? Ich sehe dabei drei Kompetenzbereiche, von denen in diesem Fall auch alle drei berührt werden: (technisches & regulatorisches) ***Wissen,*** den Bereich ***Manöver und Verfahren*** und das, was ich unter dem Oberbegriff ***Teamwork und Führung*** zusammenfassen möchte. Was das technische Verständnis der Skipperin, aber auch des Eigners anbelangt, muss man leider feststellen, dass es lückenhaft gewesen ist. Ich möchte das keinesfalls als Vorwurf verstanden wissen. Denn zum einen vermute ich, dass vielleicht eine Mehrheit der Leser dieses Textes den Bullenstander intuitiv anders gesetzt hätte. Aber ich unterstelle auch, dass vermutlich nur ein sehr kleiner Teil der Leserschaft über ein genaues Verständnis der Zusammenhänge der Faktoren, die die Kräfte beeinflussen, verfügt. Man findet sogar in aktuellen Lehrbüchern zum SKS Skizzen, in denen ein mittschiffs gefahrener Bullenstander (wie auf der PLATINO) empfohlen wird. Es ist also noch nicht einmal ausgewiesenen Experten immer bewusst, wie grenzwertig so eine Konstruktion ist. Aber eines ist auch klar: Hätte die Skipperin über die technischen Zusammenhänge richtig Bescheid gewusst, hätte sie sich wohl für ein anderes Setup entschieden. ***Fehlerhaftes*** oder ***lückenhaftes*** technisches ***Wissen*** findet sich aber auch an anderen Stellen des Untersuchungsberichts. Sei es bei der Funktionsweise der Ruderanlage, der MOB-Funktion des Kartenplotters, der Aktivierung der EPIRB und bei dem, was noch folgt in der Untersuchung: der Handhabung des aufblasbaren Rettungskragens. Zu Teamwork und Führung gehört maßgeblich das Thema Kommunikation innerhalb der Crew. Wenigstens ein Crewmitglied war eben nicht »happy« mit der Bullenstanderkonstruktion. Ich gehe sogar so weit, die Behauptung aufzustellen, dass bei der Mehrzahl der in diesem Buch geschilderten Fälle mindestens eine Person mit an Bord gewesen ist, die schon weit vor dem Unfall ein ungutes Bauchgefühl gehabt hat. Und damit meine ich nicht Seekrankheit. Neben der Aufgabe, als Skipper klare Anweisungen an die Crew zu geben, ist es auch essenziell, ein Klima an Bord zu schaffen, in dem Crewmitglieder ihre Bedenken äußern können und wo diese Bedenken auch ernst genommen werden. Ich kenne die Einwände vieler Skipper, die nun – und das nicht völlig zu Unrecht – behaupten, eine solche Atmosphäre in der Crew berge das Risiko, ihre Autorität zu gefährden. Aber dem möchte ich entgegenhalten: Wer als Skipper Bedenken der Crew ignoriert oder die Crew so sehr dominiert, dass sich niemand traut, Bedenken zu äußern, der beraubt sich selbst der einzigen Möglichkeit an Bord, vor eigenen Fehlentscheidungen rechtzeitig gewarnt zu werden. Unter dem Aspekt Manöver und Verfahren, unter den ich das grundlegende Handling der Yacht, aber auch Maßnahmen im Seenotfall und bei Person-über Bord-Situationen einordne, möchte ich den Umgang der Skipperin und der Crew mit dem außer Kontrolle geratenen Baum und der Mensch-über-Bord-Situation im weiteren Verlauf dieses Kapitels beleuchten.

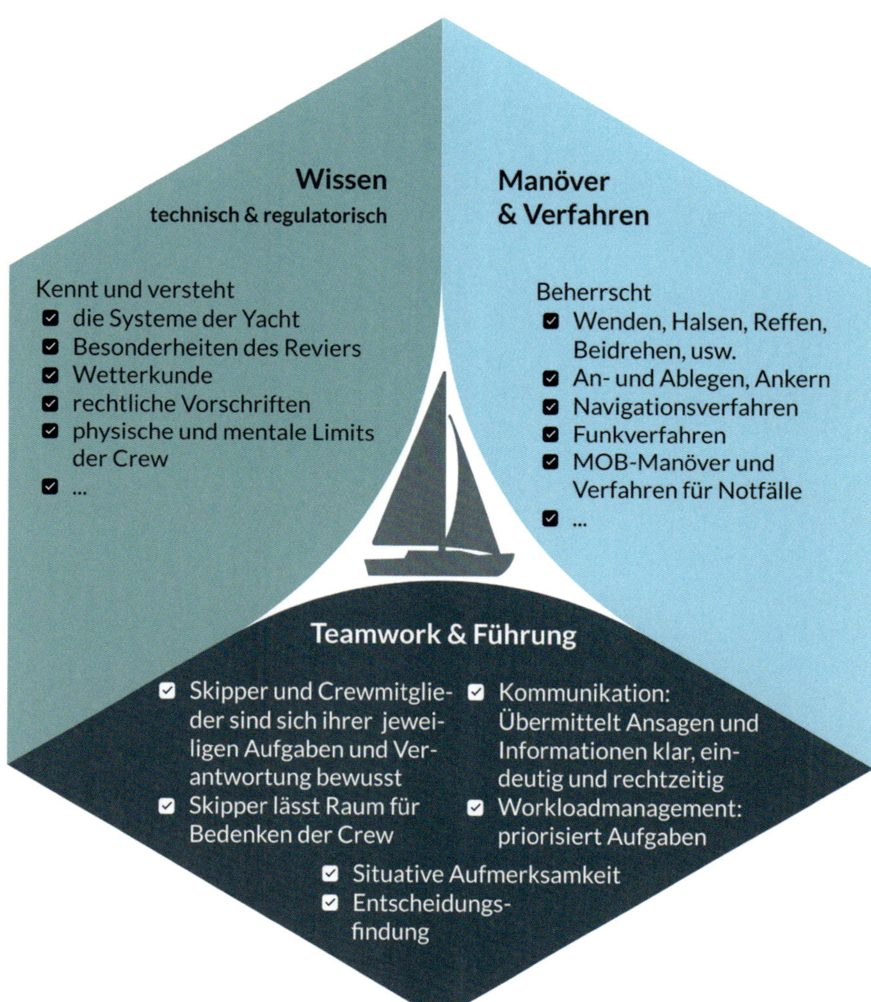

Die kompetente Crew.

Der Untersuchungsbericht schließt das Kapitel »Versagen des Bullenstanders« wieder mit einigen Empfehlungen ab:

- *Crews sollten das Setzen des Bullenstanders als Teil der routinemäßigen Schiffs- und Sicherheitseinweisung durchgehen – also bevor der Bullenstander tatsächlich benötigt wird; dabei sollten das bestmögliche Arrangement und die Eignung der verwendeten Teile bedacht werden.*
- *Wenn ein zuverlässiger Bullenstander nicht geriggt werden kann und außerdem das Schadens- und Eintrittspotenzial einer Patenthalse hoch ist, sollten andere Optionen der Risikominimierung bedacht werden, darunter Kursänderungen (Anluven) oder Bergen des Großsegels, um nur unter Vorsegel und/oder Motor weiterzufahren oder, wenn nötig, beizudrehen.*

Die Art und Weise, wie ein Bullenstander an Bord gesetzt wird, liegt klar im Verantwortungsbereich der Crew bzw. des Skippers. An der Konzeptionierung und Auslegung des Traveller-Systems an Bord der PLATINO, aber wohl ebenso auf den meisten gängigen Yachten, sind i.d.R. Experten beteiligt. Hätte der Traveller den auftretenden Kräften nicht standhalten müssen?

Wie bereits am Anfang des Kapitels erwähnt, war die PLATINO ursprünglich mit einem Schotbügel über dem Deck mit einem fixen Beschlag für den Fußblock der Großschot konzipiert worden. Im Zuge der Umbauten wurde jedoch der Bügel entfernt und sich unter Performance-Aspekten für ein System mit Travellerschiene entschieden, dass auf dem Zwischendeck zwischen Cockpit und Steuerstand eingebaut wurde. Für die Dimensionierung der Beschläge wird die größte Belastung, die die Großschot auf den Traveller ausübt, zugrunde gelegt. Dies ist unter normalen Bedingungen der vertikale Zug bei dichtgeholtem Groß auf Am-Wind-Kurs. Die Beschläge entsprachen dem gängigen Standard, waren für diese Belastungen ausreichend dimensioniert und die Bruchlast – also die Belastung, bei der die Beschläge dann tatsächlich kaputtgehen – lag noch einmal um das Doppelte über den maximal auftretenden statischen Kräften. Damit ist jedoch noch nicht berücksichtigt, was unter *dynamischen Kräften* verstanden wird, also z. B. das plötzliche Einrucken eines bei einer Patenthalse beschleunigten Großbaums. Solche dynamischen Kräfte zu berechnen, ist so aufwendig, dass sogar die neuseeländischen Untersucher diesen Aufwand gescheut haben. Vereinfacht muss dafür Folgendes berücksichtigt werden:

- *Das Gewicht des Objektes, das sich bewegt:*
  im Fall der PLATINO ein 558 kg schwerer Großbaum und weitere 120 kg für das Großsegel.
- *Die Geschwindigkeit, mit der sich das Objekt bewegt:*
  Schätzungen für die PLATINO ergeben für die Großbaumnock eine Geschwindigkeit von etwa 37 km/h in dem Moment, wo der Großbaum in die Großschot einruckt.
- *Wie schnell das Objekt gestoppt wird:*
  Die verwendete Großschot ist sehr reckarm, sodass der Baum entsprechend schnell gestoppt wird.

Für solche dynamischen Belastungen werden die Beschläge auf Yachten in den allermeisten Fällen nicht ausgelegt.

Die Skipperin und die Crew der PLATINO sehen sich also mit einem losgerissenen, hin und her schlagenden Großbaum konfrontiert, der auch im Rückblick eine äußerst unübersichtliche und objektiv lebensbedrohliche Situation an Bord schafft. Die Versuche der Crew, die Lage wieder unter Kontrolle zu bekommen, wird durch mehre Faktoren erschwert. Da ist natürlich an erster Stelle der Großbaum mit den Traveller-Resten, der allein den Versuch, den Steuerstand zu erreichen, für zwei Crewmitglieder tödlich enden lässt. Das Steuern der Yacht fällt der Crew extrem schwer, weil der Autopilot noch eingeschaltet ist. Ein Mitsegler ist tot, ein weiterer über Bord gegangen. Das bedeutet nicht nur zusätzlichen Stress für die drei Verbliebenden, weil sie wissen, dass zumindest der Überbordgegangene durch sie gerettet werden müsste. Sondern Stress entsteht auch dadurch, dass die Crewstärke reduziert ist und damit auch die Hände, die Körperkraft, die Erfahrung und das Wissen der beiden Mitsegler nicht mehr zur Verfügung stehen. Die Umweltfaktoren sind herausfordernd. 35–40 kt Wind sind schon nicht ohne. Hinzukommt, dass Windsee gegen Dünung steht und die Bewegungen der Yacht dadurch unangenehm und weniger vorhersehbar sind. Beides erschwert die Versuche der Crew, den Baum mit einer Leine einzufangen. Das Großsegel wird geborgen. Dadurch fällt die Möglichkeit weg, den Baum mit Winddruck zu kontrollieren. Zuletzt weist der Untersuchungsbericht auf einen Faktor hin, der vielleicht etwas sonderbar daherkommt: »Es wurde kein Verfahren dafür entwickelt oder geübt, wie mit einem Versagen der Großschot umzugehen ist«. Haben Sie ein Verfahren parat, wie Sie mit »einem Versagen der Großschot« umzugehen gedenken? Und wenn ja, haben Sie das jemals mit ihrer Crew geübt? Vielleicht ist dieser Gedanke gar nicht so sonderbar, wie er zunächst erscheinen mag. Eine Großschot könnte schließlich auch ausrauschen, und auch dann müsste der Baum irgendwie wieder unter Kontrolle gebracht werden.

Die Unfalluntersucher machen sich im Folgenden einige Gedanken, was man in der Situation auf der PLATINO hätte besser oder anders machen können. Hätte die Crew sich dafür entschieden, das Großsegel nicht komplett zu bergen, sondern zumindest teilweise gesetzt zu lassen, hätte nicht nur der Baum, sondern auch der Kurs der Yacht durch den Winddruck im Segel stabilisiert werden können. Das wiederum hätte deutlich die Schäden reduzieren können, die der Travellerschlitten an Deck angerichtet hat und die Chancen verbessert, den Baum mit einer Leine einzufangen. Die Entscheidung das Großsegel zu bergen sei, obwohl nachvollziehbar, nicht ideal gewesen. Auf der anderen Seite müsse aber bedacht werden, dass, wenn durch diese Maßnahmen nicht der gedachte Effekt eintreten würde, die Schäden bei möglichen weiteren Patenthalsen mit gesetztem Groß noch größer ausgefallen wären. Eine andere Möglichkeit, den Baum einzufangen, sei auf Yachten, die wie die PLATINO mit einem hydraulischen Baumniederholer ausgestattet sind, der den Baum nicht nur am Steigen hindert, sondern ihn auch nach unten stützt, der Versuch, die Dirk durch den Mast ausrauschen zu lassen. Sollte dieser Versuch gelingen, müsste nur die Dirk eingesammelt und an geeigneter Stelle dichtgeholt werden, und der Baum wäre (halbwegs) fixiert.

Die Crew hat bis zu dem Ereignis nicht damit gerechnet, dass eine Patenthalse zu derart katastrophalen Zuständen an Bord führen könnte. Gerade Crews, die mit sehr großen Yachten unterwegs sind oder die eben mit einem besonders schweren Großbaum ausgestattet sind, sollten sich unbedingt der Kräfte bewusst sein, die insbesondere bei viel Wind auf stehendem und laufendem Gut der Yacht lasten. So angenehm und entlastend für die Crew das »Segeln auf Knopfdruck«, mit dem eine namhafte schwedische Werft ihre Yachten bewirbt, unter normalen Umständen auf einer großen Yacht mit kleiner Crew auch sein mag – die Kehrseite ist eine besonders herausfordernde Handhabung, wenn einmal etwas nicht mehr normal läuft.

MENSCH ÜBER BORD

Der Fall *Mensch über Bord* gehört leider zu den häufigsten Notfällen auf Segelyachten. Es gibt dazu so viele Unfallberichte, dass ich bei Weitem nicht alle im Kapitel *Mensch über Bord* beschrieben habe. Gleichzeitig ist dieses Ereignis mit einem Notverfahren verknüpft (und im Grunde das einzige Notverfahren), dass während der gängigen DSV-Segelscheinausbildung massiv geübt und im Rahmen der Segelscheinprüfungen getestet wird. Zumindest, bis die Yacht oder Jolle neben der Boje wieder zum Stehen kommt. Das Verfahren ist dadurch relativ standardisiert und wenn zu Beginn eines Törns überhaupt ein Notverfahren trainiert wird, dann ist es wohl gängige Praxis – oder gute Seemannschaft – genau dieses zu trainieren. Oft genug wird aber gar nichts trainiert. Sei es, weil der Wind so gut ist, dass man keine Zeit verlieren möchte, oder weil zu viel oder zu wenig Wind herrscht. Oder weil man das Manöver eh schon etliche Male gefahren ist, weil die Kinder quengeln, oder weil man sich im Urlaub einfach nicht mit so unangenehmen Dingen wie Notfällen befassen möchte. Neben dem Manövrieren der Yacht kommt dabei dem Einsatz der Rettungsmittel eine wichtige Bedeutung zu. Davon gab es an Bord der PLATINO folgende, deren Einsatz bei einem POB-Fall sinnvoll in Betracht kommen könnte:

- *Rettungswesten (Einsatz muss natürlich vor dem »Fall« erfolgen), ausgestattet mit GPS-AIS-Notsendern*
- *Ein aufblasbares Recovery Module, ebenfalls ausgestattet mit einer AIS-Barke, verstaut in einer Box am Heckkorb, das bei Auslösen automatisch über Bord fällt, sich aufbläst, dem Über-Bord-Gefallenen als Schwimmhilfe und der Rettungscrew als gut sichtbare Markierung dienen soll*
- *Eine aufblasbare Bergeschlaufe, gleichfalls in einer Box am Heckkorb verstaut, bleibt bei Einsatz über eine Leine mit der Yacht verbunden und soll helfen, den Überbordgefallenen aus dem Wasser zu ziehen*
- *Ein Kartenplotter mit MOB-Funktion und AIS-Darstellung*
- *Zwei EPIRBs*

Das beste Rettungsmittel nützt allerdings nicht viel, wenn man nicht weiß, wann und wie man es korrekt einsetzen muss.

Es ist unmöglich, im Nachhinein exakt festzustellen, wann und an welcher Position der Mitsegler auf der PLATINO über Bord gefallen ist. Aber eine Auswertung des GPS-Tracks der Yacht legt nahe, dass die Yacht sich in den dem Unfall folgenden acht Minuten der Position des Überbordgefallenen zwei bis drei Mal auf wenige Bootslängen genährt haben müsste.

Rekonstruktion des Tracks der PLATINO

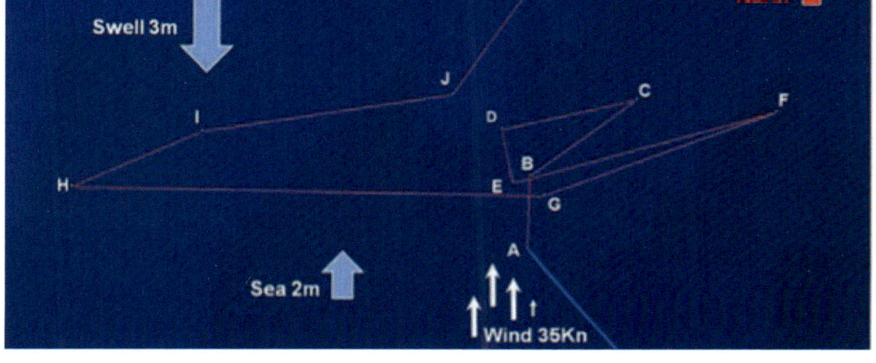

Zwischen A und B: erste Patenthalse.
Zwischen B und C: Person über Bord.

Dies deckt sich auch mit den Aussagen der beiden Männer, ihren Kameraden zu unterschiedlichen Zeitpunkten in einigen Yards Entfernung im Wasser winkend gesichtet zu haben. Dennoch hat keiner der beiden Männer an Bord eines der Rettungsmittel, die am Heckkorb befestigt sind, eingesetzt. Warum nicht? Auch auf diese Frage versuchen die Unfalluntersucher von *maritime New Zealand* ehrliche Antworten zu finden und greifen dabei zurück auf die Fragen:

- ***Was wurde vor Törnbeginn geübt und trainiert?***
- ***Welches Verständnis hatten Crew und Skipperin von der Funktionsweise der Rettungsmittel an Bord?***
- ***Welche Anweisungen gab es von der Skipperin in Bezug auf die Bedingungen, unter denen Rettungswesten getragen oder die Rettungsmittel eingesetzt werden sollen?***
- ***Hat die Art der Rettungsmittel (aufblasbar und in Boxen verstaut) einen Einfluss darauf, wie sie von der Crew eingesetzt wurden bzw. in diesem Fall eben nicht eingesetzt wurden?***

Wie Sie sich erinnern, unternahm die Crew der PLATINO etwa zwei Wochen vor der Abreise nach Fidschi einen Törn von Gulf Harbour nach Auckland, um die Mitsegler in die Yacht einzuweisen. Dabei wurde für etwa 3–4 Stunden gesegelt. Während der verbleibenden Zeit wurde wegen schwachen Windes motort. Der Fokus lag darauf, die Crew in die Handhabung der Segel einzuweisen. Das Großsegel und die Vorsegel wurden gesetzt, Manöver gefahren und die Segel wieder geborgen. Der Crew wurde gezeigt, wo sich die Rettungsmittel an Bord befinden. Allerdings wurde kein MOB-Manöver geübt und auch nicht erklärt, wie genau die aufblasbaren Rettungsmittel am Heckkorb funktionieren. Die Untersucher konnten bei ihren Interviews feststellen, dass keiner der Überlebenden das Recovery Module oder die Bergeschlaufe genau beschreiben konnte und niemand wusste, wie sie korrekt hätten ausgelöst werden müssen. Rückblickend berichtet der Eigner, das Recovery Module wäre vom schlagenden Großbaum zerstört worden, was jedoch nicht der Fall gewesen ist. Der überlebende Mitsegler hatte zwar kurz überlegt, das Recovery Module auszuwerfen, was ihn aber davon abhielt, war seine Vorstellung, dass das Modul an einer Leine mit der Yacht verbunden wäre (was nicht der Fall war) und der Mitsegler im Wasser schon viel zu weit weg sei. Außerdem dachte er, wenn er das Modul zu früh ausbringen würde, gäbe es kein weiteres Rettungsmittel, das man dem Überbordgefallenen zuwerfen könne, wenn die Yacht schließlich wieder in seine Nähe gebracht werden könnte. Er war sich also unsicher über den richtigen Zeitpunkt, das Modul zu benutzen. Und zuletzt musste er auch für sich das Risiko abwägen, beim Versuch, das Rettungsmittel auszubringen, selbst vom Großbaum schwer verletzt zu werden.

Tatsächlich wäre das Recovery Module das geeignetste Rettungsmittel in dieser Situation für den Überbordgefallenen gewesen, um seine Überlebenschancen zu verbessern. Zugelassen als Ausrüstungsgegenstand anstelle eines konventionellen Rettungsrings oder Rettungskragens nach den neuseeländischen Ausrüstungsvorschriften hätte es, wenn unmittelbar ausgebracht und unter der Voraussetzung, dass es sich fehlerfrei aufgeblasen hätte, dem Überbordgefallenen als Auftriebshilfe dienen und seine Sichtbarkeit für Retter deutlich erhöhen können. Sogar deutlich besser als ein konventioneller Rettungskragen. Allerdings zeigt der Vorfall auch eindeutig die Schwachstellen eines solchen Designs: Die Handhabung ist weniger eindeutig und intuitiv als bei nicht-aufblasbaren Rettungsmitteln. Die Hemmschwelle, damit zu Beginn eines Törns zu trainieren – und möglicherweise sogar es im Notfall einzusetzen – ist außerdem sehr hoch, weil es nur einmal verwendet werden kann und danach von einem Wartungsbetrieb wieder in Betriebsbereitschaft versetzt werden muss. Obwohl es gerade bei diesem Rettungsmittel erst recht nötig wäre, seinen Einsatz zu trainieren.

Bleibt noch die Frage zu klären, welchen positiven Beitrag Anweisungen der Skipperin zu diesem Punkt hätten liefern können. Selbstverständlich hätte die Skipperin umgehend einen ihrer Mitsegler anweisen können, dass Recovery Module auszubringen. Die Unfalluntersucher haben ihren Fokus jedoch auf einen deutlich früheren Zeitpunkt des Segeltörns gelegt und haben versucht herauszufinden, ob es sogenannte ***Standing Orders*** gegeben hat, und wenn ja, welche. Haben Sie schon einmal etwas von solchen Standing Orders gehört? Dieses Konzept, das im angelsächsischen Yachtsport zur guten Seemannschaft gehört und für das es im Deutschen leider keine passende Übersetzung gibt[III], könnte man am ehesten als *grundsätzliche Anweisungen* bezeichnen. Solche Anweisungen beziehen sich auf sicherheitsrelevante Themen oder regeln, welche Aufgaben die aktive Wache zu erledigen hat oder wann der Skipper an Deck gerufen werden soll. Hier drei Beispiele: »Der Wachführer muss mindestens einmal pro Stunde die Position in der Seekarte vermerken und einen Logbucheintrag machen.« oder »Die Skipperin muss geweckt werden, wenn: 1. ..., 2. ... oder 3. ... eintritt.« oder »Bevor irgendjemand irgendwelche Notmaßnahmen ergreift, muss er/sie sich zuerst seine/ihre Rettungsweste anlegen.«

Für den Fall MOB wäre auch ein Standing Order denkbar, der festlegt, unter welchen Umständen welche Rettungsmittel – oder konkret im Fall der Platino: das Recovery Module – eingesetzt werden müssen. Die Standig Orders werden vor Törnbeginn festgelegt und mit der Crew besprochen. Auf manchen Yachten werden diese Anweisungen sogar schriftlich vom Skipper verfasst und die Liste mit den Standing Orders für jedermann sichtbar neben dem Niedergang oder in der Navi-Ecke aufgehängt. Aber zurück zur PLATINO, deren Crew und die Skipperin sie ja inzwischen recht gut kennengelernt haben. Sie werden ahnen wie viele Standing Orders es auf dem Törn gab: keine.

An Bord der PLATINO wurden auf dem Törn nach Fidschi bis zum Unfallzeitpunkt auch von niemandem Rettungswesten getragen, selbst bei nächtlichen Solowachen nicht. Nun ist es zweifelsfrei am sichersten, jederzeit an Deck Rettungswesten zu tragen und Sicherheitsleinen einzusetzen, aber dass dies an Bord derartig großer Yachten wie der PLATINO nicht unbedingt so gehandhabt wird, dürfte kaum jemanden überraschen. Aber vollkom-

[III] Im militärischen Bereich gibt es den Begriff ständiger Befehl, was mir aber für die Situation auf einer Freizeityacht etwas zu drastisch erscheint.

men unabhängig von der Größe ihrer Yacht sollten Sie sich als Skipper vor dem Törn überlegen, wo für Sie das ***Limit*** ist, bis zu dem Sie Ihre Crew nur mit Flipflops und Badehose bekleidet auf dem Vorschiff herumspringen lassen und ab wann spätestens jeder nur noch eingepickt das Cockpit verlassen darf. Und wenn sie Mitsegler auf einem Törn sind, bei dem Ihr Skipper Ihnen diese Aufgabe nicht abnimmt, sollten Sie für sich persönlich ein Limit setzten.

Die Untersuchung widmet sich im Zusammenhang mit dem MOB-Fall auch der Nutzung der MOB-Funktion des Kartenplotters. Die MOB-Funktion des Kartenplotters auf der PLATINO macht bei Aktivierung das, was sie vermutlich bei allen marktüblichen Kartenplottern tut: Sie speichert die Position der Yacht in dem Moment, in dem die MOB-Taste gedrückt wird und zeigt danach Richtung und Distanz zu dieser Position an und die verstrichene Zeit seit Aktivierung der Funktion. Je eher die Funktion aktiviert wird, desto sinnvoller sind diese Angaben. Bei vielen Geräten muss die MOB-Taste für mehrere Sekunden gedrückt werden, damit die MOB-Funktion aktiv wird. Die Skipperin ist sich sicher, die Funktion aktiviert zu haben. Allerdings kann sie später in der Kommunikation mit der Seenotleitstelle die MOB-Position nicht aus dem Gerät abrufen. Im Interview fällt den Untersuchern außerdem auf, dass sich die Skipperin nicht bewusst ist, dass die Taste für mehrere Sekunden – für 3 Sekunden, um genau zu sein – gedrückt werden muss. Beim Auslesen des Gerätespeichers im Rahmen der Untersuchung stellt sich heraus, dass die MOB-Funktion nie aktiviert wurde. Der Bericht merkt hierzu an, dass sich in diesem konkreten Fall die Rettungschancen bei korrekter Bedienung zwar auch nicht erhöht hätten, aber vorheriges Üben des MOB-Falls mit Aktivierung der MOB-Funktion könne die Wahrscheinlichkeit einer Fehlbedienung im Ernstfall vermindern.

Das Kapitel MOB schließt der Bericht mit folgenden Empfehlungen ab:

- ***An Bord sollte sich ein** schriftliches Verfahren **für den Umgang mit** Notsituationen **befinden.***
- ***Wenigstens alle Erwachsenen an Bord sollten mit Stauort und Handhabung der Rettungswesten, Sicherheitsleinen, Rettungsmittel, Feuerlöschmittel, Pumpen und der Ausrüstung für Notfallkommunikation vertraut sein.***
- ***Die** Notverfahren für MOB, Feuer, Wassereinbruch **und** Verlassen des Schiffes **sollen geübt werden. Wo die praktische Anwendung von Rettungsmitteln nicht geübt werden kann, sollte deren Handhabung simuliert oder im Detail erörtert werden.***

- *Wenn komplexe Alternativen anstelle traditioneller Rettungsmittel vorgesehen sind, sollte besonders darauf geachtet werden, dass die Crew versteht, wie diese funktionieren und eingesetzt werden.*

NOTFALLKOMMUNIKATION

Als Vorletztes bedarf die Art und Weise der Notfallkommunikation einer kurzen Analyse. An Bord der PLATINO stehen für die Kommunikation mehrere Wege und Geräte zur Verfügung:

1 SSB-Kurz-und-Grenzwellenfunkgerät
1 Satellitentelefon
1 fest installiertes UKW-Funkgerät
1 wasserdichtes UKW-Handfunkgerät
2 EPIRBs, eine am Heckkorb,
die andere unter Deck im Grab Bag

Nach dem Unfall begibt sich die Skipperin unter Deck und setzt zunächst je einen Notruf per UKW- und KW-Funkgerät ab. Auf beide bekommt sie keine Antwort. In Anbetracht der Reichweite von UKW-Funk zwischen Schiffen hätte sich ein anderes Schiff nicht mehr als ca. 30 sm entfernt von der PLATINO befinden müssen, um den Notruf zu empfangen. Ein unwahrscheinlicher Fall in diesem Seegebiet 400 sm nördlich von Neuseeland. Für die effektive Nutzung der Kurzwellenanlage ist die Auswahl einer für die angestrebte Funkdistanz und Tageszeit geeigneten Frequenz notwendig. Meist muss auf mehreren verschiedenen Frequenzen ausprobiert werden, wie der Empfang ist bzw. ob überhaupt jemand einen Funkspruch empfängt. Ein aufwendiges Verfahren. Am ehesten hätte auf der Grenzwellennotfrequenz 2182 kHz mit einer Reichweite von ca. 150 sm noch eine andere Seefunkstelle erreicht werden können.

Nachdem die Skipperin ebenfalls vergeblich versucht hat, eine der EPIRBs zu aktivieren, hat sie über die Satellitentelefonanlage ihre Brüder angerufen. Da beide nicht zu erreichen sind, hat sie als Nächstes beim Yachtdesigner, der den Umbau der PLATINO geleitet hat, angerufen. Auf die Frage, wieso sie gerade diese Person kontaktiert habe, sagt die Skipperin später, dass der Kontakt des Yachtdesigners als Nächstes auf dem Handydisplay erschienen sei und deshalb habe sie seine Nummer gewählt. Dieser Versuch ist erfolgreich, und der besagte Mann ist so geistesgegenwärtig, sofort die neuseeländische Seenotrettungsleitstelle zu kontaktieren. Vom ersten Versuch, per Satellitentelefon ihren Bruder zu erreichen, bis zum Zeitpunkt, an dem die Notmeldung das MRCC erreicht, vergehen so nicht weniger als 19 Minuten! In der Zwischenzeit ist es dem überlebenden Crewmitglied zum Glück gelungen, die EPIRB zu aktivieren. Deren Signal wird erstmals um 11:15 Uhr – also etwa 9 Minuten nach dem ersten Telefonversuch – empfangen. Unterm Strich kann man sagen, dass die Kommunikation sicherlich nicht optimal abgelaufen ist, aber am Ende ihren Zweck erfüllt hat: das MRCC zu alarmieren und Hilfe herbeizuholen. Auch in diesem Punkt hätte es der Skipperin bestimmt geholfen, wenn sie sich vorher einmal Gedanken gemacht hätte, wie und auf welchem Wege außerhalb der UKW-Seefunkreichweite der Küste am effizientesten Hilfe gerufen werden kann. Wozu etliche KW-Frequenzen ausprobieren oder auf UKW ins Leere funken, wenn man in zehn Sekunden eine EPIRB aktivieren und in einer halben Minute die Telefonnummer der Seenotleitstelle direkt anrufen kann? All das erfordert jedoch, dass man sich vorher darauf vorbereitet hat – am besten mit den oben schon erwähnten schriftlichen Notverfahren – und weiß, wie die EPIRB aktiviert wird und wo die Nummer des heimischen MRCC im Satellitentelefon gespeichert ist.

DIE ROLLE DER SKIPPERIN

Der letzte Abschnitt des Untersuchungsberichtes steht unter der Überschrift »Command and control«. Wir haben bereits an mehreren Aspekten festgestellt, dass die Sicherheits- und Führungskultur an Bord der PLATINO recht entspannt gehandhabt wird. Obwohl die Yacht mehr als angemessen für die Fahrt nach Fidschi ausgestattet ist, mangelt es an der Bereitschaft, sich auch aktiv mit möglichen Notfällen auseinanderzusetzen. Die Skipperin verfügt zwar über viel praktische Segelerfahrung und hat auch an Yachtmaster-Kursen und anderen Lehrgängen inkl. eines Überleben-auf-See-Trainings teilgenommen. Dennoch, so scheint es, hat sie weder aktiv die Schiffsführung übernommen noch den Überblick über die zu erledigenden Aufgaben behalten. So hat sie sich z. B. nicht am erstmaligen Setzen des Bullenstanders auf der Yacht beteiligt und auch nicht kontrolliert, wie dieser von ihrer Crew gesetzt wurde. Die Entscheidungen an Bord wurden in Diskussionen mit der gesamten Crew getroffen. Die Hierarchie ist nicht nur flach, sondern kann sogar teilweise als invers bezeichnet werden, sodass am Ende die Qualität der Entscheidungen gelitten hat.

So sehr ich auch die Sichtweise unterstütze, die hier auch von den Unfalluntersuchern explizit geteilt wird, das Wissen, die Erfahrung und die Fähigkeiten der gesamten Crew als Ressource für die nautische Entscheidungsfindung zu nutzen, muss am Ende jedem Skipper und jedem Mitsegler klar sein, dass die Gesamtverantwortung für die sichere Handhabung der Yacht, die Sicherheit der Crew und des Umfeldes ***allein*** beim Schiffsführer liegt. Eigner und Skipper sollten laut *maritimeNZ* deshalb sicherstellen, dass der Schiffsführer

- ***sich des Umfangs seiner Verantwortung, die mit seiner Position verbunden ist, bewusst ist;***
- ***sich persönlich einen Wissensstand aneignet, der seiner Rolle angemessen ist und ihn in die Lage versetzt, die Führung der Yacht und der Crew zu übernehmen;***
- ***die an Crewmitglieder delegierten Aufgaben genügend überblickt, um seiner Gesamtverantwortung gerecht zu werden.***

Hilfreich dafür, wie gut Sie Ihre Rolle in der Crew oder als Skipper ausfüllen können, ist auch das Wissen um die eigene Persönlichkeit und Ihre persönlichen Einstellungen, also Ihrer Neigung, Ereignisse, Dinge, Institutionen oder Personen aufgrund der eigenen Überzeugungen positiv oder negativ zu bewerten. Einige Persönlichkeitszüge prädestinieren zu spezifischen Risikoeinstellungen, und jeder Segler sollte sich bewusst sein, dass auch er in eine Situation kommen kann, in der sein Verhalten von einer oder mehrerer dieser Einstellungen beeinflusst wird. Wie Sie negative Auswirkungen auf Ihr Entscheidungsverhalten verhindern können, erfahren Sie im Kapitel Faktor Mensch: Welcher Risikotyp bin ich?

Zum Schluss möchte ich zu bedenken geben, dass es sehr schwierig ist, zuverlässig vorherzusagen, wie man selbst oder irgendeine andere Person reagieren würde, wenn sie einer Situation wie der, die auf der PLATINO eingetreten ist, ausgesetzt wäre.

–

SINFONIE SYLT

MODE CONFUSION AUF DER FLENSBURGER FÖRDE[5]

Als die dreiköpfige segelerfahrene Crew – der Skipper, seine Freundin und ein Freund des Skippers – der SINFONIE SYLT am Morgen des 5. Mai 2005 in Hörup Hav in der Flensburger Förde den Anker lichtet, um ihre 21 m lange *Grand Soleil 70* nach Hamburg zu überführen, ahnt sie nicht, dass diese Reise 1,5 sm südöstlich vom Leuchtturm Kalkgrund eine tragische Wendung nehmen würde. Bei frischer Brise (Bft. 5–6, in Böen 6–7) aus NNW-licher Richtung segelt die SINFONIE SYLT unter vollem Groß und Genua III mit Wind von Steuerbord raumschots Kurs 140° und erreicht dabei Geschwindigkeiten von über 10 kn. Die Sicht ist klar, es ist sonnig, und die Temperatur von Luft und Wasser liegen um die 9 °C. Ein Bullenstander ist nicht gesetzt. Die drei Segler sind ein eingespieltes Team und alle bestens mit der Yacht vertraut, sodass der Skipper um 08:45 Uhr das Steuer an den Mitsegler übergibt.

Er geht kurze Zeit später unter Deck, um seiner Crew und sich ein Frühstück zuzubereiten. Am Steuerstand äußert der Mitsegler nach einiger Zeit gegenüber der Seglerin, die oben im Cockpit geblieben ist, die Yacht könne vom Autopiloten übernommen werden und er würde derweil eine der Cockpitscheiben reinigen. Er betätigt die Kontrollkonsole des *Raymarine ST6000+* am Backbordsteuerstand und macht sich auf den Weg nach vorn. Da die SINFONIE SYLT aber aus dem Ruder läuft und abfällt, macht er kehrt, um am Steuer der Yacht einzugreifen. Als er über den Großschottraveller steigen will, bemerkt die Mitseglerin, wie in diesem Moment der Großbaum mit Wucht von Backbord nach Steuerbord hinüberschwenkt. Sie ruft ihrem Mitsegler noch zu, er solle aufpassen, aber die Warnung kommt zu spät: In einer Position etwa mittig zwischen den beiden Steuerrädern stehend wird er von der Großschot erfasst und in den steuerbordseitigen Cockpitbereich zwischen Sitzbank und Steuerbereich geschleudert. Der Skipper kommt sofort an Deck und sieht, wie sein Mitsegler aus Nase und Ohren blutend bewusstlos mit dem Oberkörper an der Cockpitinnenwand lehnt. Er gibt der Mitseglerin Anweisung, die Genua zu bergen und das Steuer zu übernehmen, eilt abermals unter Deck, um einen Notruf über UKW abzusetzen und versucht anschließend, seinen Freund wiederzubeleben. Eine gute halbe Stunde später trifft ein Boot der Bundespolizei ein, auf das der Schwerverletzte auf den dort bereits vorbereiteten Behandlungsplatz übernommen wird. Für den Segler gibt es keine Überlebenschance mehr. Er erliegt um 10:01 Uhr einem Schädelhirntrauma mit Hirnblutung.

ANALYSE UND EMPFEHLUNGEN

In ihrer Analyse kommen die Experten der BSU – in Übereinstimmung mit dem Skipper – zu dem Schluss, dass die plausibelste Erklärung für das Abfallen der Yacht die nur vermeintliche Aktivierung des Autopiloten durch den Steuermann ist. Das Risiko einer solchen Fehlbedienung könne durch technische Maßnahmen, wie z. B. ein lauteres und deutlicheres Quittierungssignal und/oder optische Indikatoren deutlich gesenkt werden. Aber auch bei der haptischen Gestaltung der Bedientasten gibt es Verbesserungspotenzial: Anstatt diese in Form und Oberfläche allesamt identisch zu designen, könnten unterschiedliche Formen und beispielsweise geriffelte und glatte, gewölbte oder plane Knöpfe verbaut werden, was eine Unterscheidbarkeit gerade im Dunkeln oder unter Stress verbessern würde.

Des Weiteren empfiehlt die BSU Skippern und Besatzungen

- ***sich beim Einschalten des Autopiloten sorgfältig davon zu überzeugen, dass dieser tatsächlich aktiviert ist und nach dem Zuschalten des Automaten das Steuerverhalten noch einige Zeit zu beobachten, bevor der Steuerstand verlassen wird;***
- ***den Aufenthalt im Schwenkbereich von Bäumen und Schoten auf ein Minimum zu reduzieren;***
- ***und beim Segeln mit achterlichen Winden, die Verwendung eines Bullenstanders »ernsthaft in Erwägung zu ziehen«.***

An Segelschulen und ausbildende Segelvereine richtet sich die Empfehlung, im Rahmen der Ausbildung den Umgang mit Steuerautomaten zu erläutern und dabei über die technischen Grenzen der entsprechenden Systeme und das bestehende Gefahrenpotenzial zu informieren.

Mein persönlicher Merksatz zum Thema Autopilot:

*»IF YOU WANT TO MAKE YOUR DAY,
CHECK YOUR AUTOPILOT-DISPLAY!«*

Dass Patenthalsen allerdings auch – und sogar noch häufiger – stattfinden, wenn von Hand gesteuert wird, belegen andere Unfallberichte.

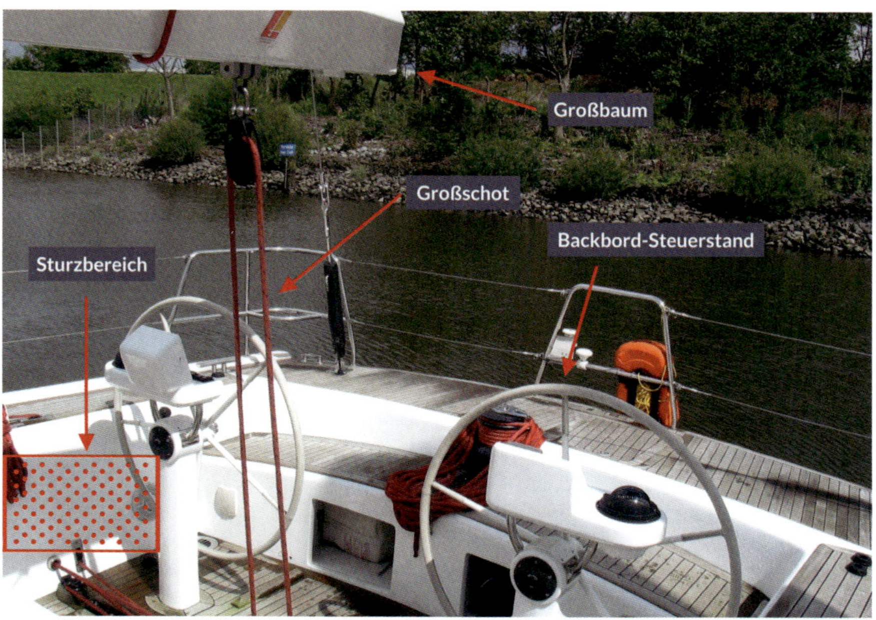

Cockpit der SY SINFONIE SYLT mit Sturzposition des Mitseglers.

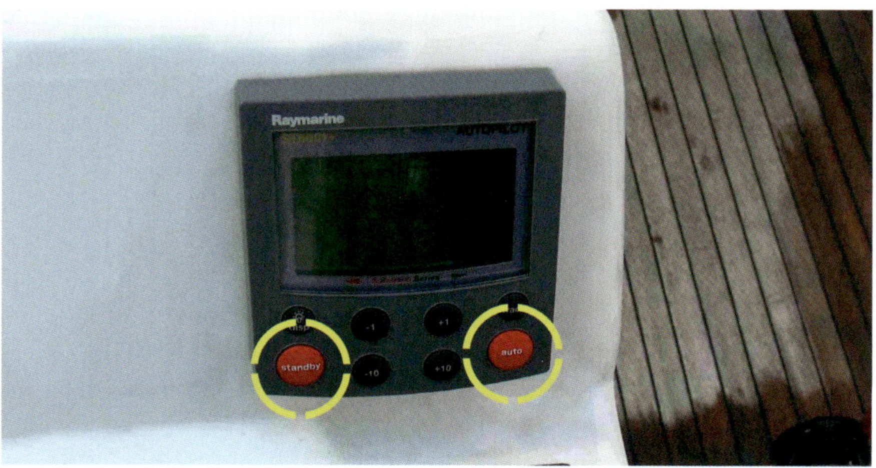

Design mit Verbesserungspotenzial an der Bedienungskonsole des Autopiloten: Die Tasten »Standby« und »Auto« sind beide rot, rund, gleich groß und haben dieselbe Oberflächenbeschaffenheit.

—

CV 21

STEUERFEHLER UND MATERIALVERSAGEN IM NORDATLANTIK[6]

DAS *CLIPPER ROUND THE WORLD YACHT RACE*

Sir Robin Knox-Johnston ist Ihnen vermutlich ein Begriff. Als der Brite am 22. April 1969 mit seiner 32-Fuß-Yacht SUHAILI im Hafen von Falmouth eintrifft, ist er der Gewinner des *Sunday Times Golden Globe Race* und der erste Mensch, der einhand und nonstop die Welt umsegelt hat. Knox-Johnston hat im Laufe seines Lebens noch zahlreiche beeindruckende Segelerfolge erreicht und Abenteuer bestanden. In den 90er-Jahren hat er das *Clipper Round the World Race* ins Leben gerufen, dessen erstes Rennen im Jahr 1996 stattgefunden hat. Hier können Segler und solche, die es noch nicht sind, den Traum einer Weltumsegelung (oder Teiletappen davon) auf einer 70-Fuß-Rennyacht verwirklichen, sofern sie die Auswahlkriterien erfüllen und ein vierwöchiges Vorbereitungstraining erfolgreich absolvieren.

Über 5000 Menschen haben bis heute am *Clipper Round the World Yacht Race* teilgenommen. Seit dem ersten Rennen haben sich sowohl die Größe und Komplexität der Yachten und der Veranstaltung allgemein, aber auch die technische Ausstattung, das Crew-Training und die Sicherheitsverfahren deutlich weiterentwickelt. Gemessen an den Gefahren, denen eine Regatta in den abgelegensten und unwirtlichsten Meeresregionen der Welt ausgesetzt ist, muss gleich vorweggesagt werden, dass die Unfallrate beachtlich gut aussieht: 3 Tote und 2 havarierte Yachten innerhalb von 26 Jahren bei mehr als 5 Mio. gesegelten Seemeilen. Die Todesrate pro Personenkilometer ist damit vergleichbar mit der Todesrate im Straßenverkehr entwickelter Länder.

Dennoch ereignen sich während des Rennens 2015/16 gleich zwei tödliche Unfälle – die ersten beiden überhaupt in der Geschichte des Rennens.

Die CV21 ist eine von 12 baugleichen, 21,15 m langen Yachten, die seit 2013 mit einer Besatzung von bis zu 21 zahlenden Teilnehmern und einem professionellen Skipper an Bord für das Rennen eingesetzt werden. Betreiber und Eigner der Yachten ist die *Clipper Ventures plc* mit Sitz in England. Innerhalb der Crews werden je nach Fähigkeiten und Kenntnissen bestimmte Funktionen zugeteilt, die im *Clipper Race Crew Manual* definiert sind. Andrew Ashman war einer der beiden *Watch Leader* auf der CV21 und über diese Position ist Folgendes im *Race Crew Manual* zu lesen: »The watch leader is the skipper's right hand man. He or she is responsible for running the yacht when the skipper is sleeping. They must maintain a cohesive functioning team, coordinate sail changes and trimming as well as ensuring a steady course and standard of helming.«

Das gesamte Rennen ist professionell organisiert und unterliegt darüber hinaus den recht strengen britischen gesetzlichen Vorgaben für die kommerzielle Kleinschifffahrt. Auch darüber, wie Segelmanöver durchgeführt werden müssen, gibt es auf den Yachten umfangreiche Dokumentationen in Form von Standard Operating Procedures.

DER UNFALL VON ANDREW ASHMAN

Die Yacht befindet sich an diesem Septemberabend den vierten Tag auf See auf dem ersten Teilstück der Regatta von Großbritannien (London) nach Südamerika (Rio de Janeiro), westlich von Portugal auf Raumschotskurs mit Wind von Steuerbord unter Groß (123 m^2) und Yankee-1-Vorsegel (116,6 m^2). Der Bullenstander ist wie im Deckslayout dargestellt und so wie für die CV-Yachten vorgesehen gesetzt.

Bei 20 kn, in Böen 30kt, Windgeschwindigkeit mit zunehmender Tendenz und moderatem Seegang macht die CV21 gut 11 kn Fahrt. Kurz vor Mitternacht übernimmt ein recht unerfahrener Steuermann das Ruder am Steuerbord-Ruderstand. Der Wachführer Andrew Ashman stellt sich zu ihm zwischen die Steuerräder, um ihn bei seiner Aufgabe zu überwachen, da Wind und Seegang weiter zunehmen. Dabei kommt es wegen des zunehmenden Windes zu Kursabweichungen von bis zu 50°. Andrew beschließt deshalb, das Großsegel zu reffen. Um die Crew zu briefen, steigt er vom Steuerstand über den Großschottraveller, bleibt dabei aber mit seinem Lifebelt im D-Ring zwischen den Steuerständen eingehakt. Er steht jetzt in dem Bereich, der jedem an Bord als die *»Todesbahn«* bekannt ist. In diesem Moment fällt die Yacht ab, und das Groß fängt Wind von Backbord. Der Stropp auf dem Vorschiff, der den Ring hält, durch den die Bullentalje geführt wird, bricht und das Groß schlägt über nach Steuerbord und kurz darauf wieder zurück nach Backbord, bevor der Steuermann die Yacht wieder unter Kontrolle bringt. Der Wachführer liegt jetzt regungslos auf dem Cockpitboden vor dem Traveller. Der Skipper, der bereits dabei gewesen ist, sich sein Ölzeug anzuziehen, um die Crew an Deck beim Reffmanöver zu unterstützen, kommt ins

Cockpit und untersucht im Schein seiner Stirnlampe den schwerverletzten Mitsegler. Eine Seglerin schlägt vor, die medizinische Beratung der *Praxes Medical Group* über das Satellitentelefon zu kontaktieren und mit einer Herzdruckmassage zu beginnen. Aber das ist so ohne Weiteres gar nicht möglich, da Andrew halb unter dem Traveller liegt und noch mit seinem Lifebelt unter Zug am D-Ring zwischen den Steuerständen hängt. Nach einigen erfolglosen Versuchen, den Lifebelt zu lösen, schneidet ein Segler diesen schließlich durch, und der Körper von Andrew kann in eine Position gebracht werden, in der die Wiederbelebungsmaßnahmen begonnen werden können. Ganze 50 Minuten wechseln sich die Segler beim Kampf um das Leben ihres Kameraden ab, bis der Rettungsversuch nach Rücksprache mit dem Arzt aufgegeben wird. Andrew, das ergibt die spätere Untersuchung, hat sich durch »Kontakt mit einem harten Objekt« das Genick gebrochen.

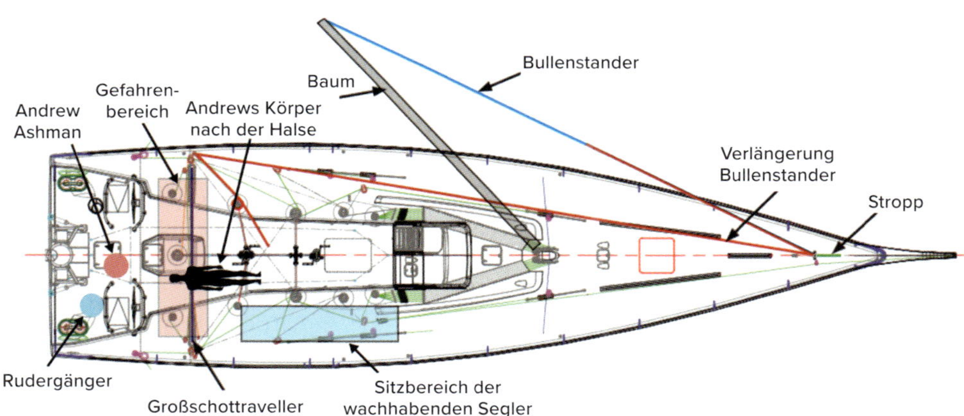

Deckslayout der CV-Yachten sowie Position der Crew vor dem Unfall und von Andrew nach dem Unfall. Der Bullenstander wird als Bullentalje über einen Block auf dem Vorschiff zurück ins Cockpit geführt.

ANALYSE DES UNFALLS UND EMPFEHLUNGEN DES MARINE ACCIDENT INVESTIGATION BRANCH (MAIB)

In der Analyse richtet der Untersuchungsbericht sein Augenmerk darauf, zu klären, weshalb der Stropp gebrochen ist, an dem der Low Friction Ring, der als Block für die Bullentalje fungiert, befestigt war.

Verwendet wurde hierfür eine 14-mm-Dyneema-Leine der Firma *Marlow* mit einer Bruchlast von ca. 8500 kg, in deren Mitte ein Auge und an deren Enden je ein Low Friction Ring eingespleißt wurden. Dieses Setup hat es ermöglicht, dass sowohl an Backbord als auch an Steuerbord jeweils eine Bullentalje permanent verfügbar ist und je nach Bug, auf dem gesegelt wird, die eine durchgesetzt werden kann, während die andere in Bereitschaft liegt. Bei der Patenthalse ist der Stropp am Augspleiß in der Mitte gebrochen.

Knoten und Augspleiße reduzieren die Bruchlast jeder Leine – je nach verwendetem Material, Knoten oder Spleiß – signifikant. Ein Palstek z. B. kann die Bruchlast einer Dyneema-Leine um bis zu 80 % reduzieren! Das MAIB empfiehlt am Ende seines Untersuchungsberichts der Firma *Marlow Rope,* ihre Produktinformationen künftig so aufzubereiten, dass die Nutzer über die Festigkeitsverluste der Leinen durch Knoten und Spleiße aufgeklärt werden. Da zumindest in einem Ende einer Dyneema-Leine fast immer ein Auge eingespleißt wird, ist die Firma *Marlow* dazu übergegangen, dies bei der Angabe der Bruchlast für ihre Dyneema-Produkte gleich mit zu berücksichtigen. Eine gute Maßnahme als Konsequenz aus diesem Unfall.

Der zweite wichtige Punkt in der Unfallanalyse ist der Versuch, die Frage zu klären, weshalb sich Andrew Ashman in der von den Crews als »Todesbahn« bezeichneten Zone um den Großschottraveller aufgehalten hat.

In den *Race Supplementary Standard Operating Procedures* von *Clipper Ventures* heißt es über diesen Bereich: »Großschottraveller – sitze niemals in Verlängerung des Travellers, gehe niemals in Lee um den Traveller, gehe niemals über den Traveller, und greife niemals in die Großschot zwischen Traveller und Baum oder setze dich zwischen die Travellerwinschen und den achterlichen ›Coffee Grinder‹, wenn Ihr auf Raumschotskurs fahrt.«

Besser kann man die Verhaltensregeln für Crews auf Yachten mit durch das Cockpit verlaufenden Travellern eigentlich gar nicht definieren. Dennoch ist Andrew Ashman über den Traveller gestiegen und hat sich zwischen den

Travellerwinschen und dem achterlichen Coffee Grinder aufgehalten, ohne dass er darauf von einem der Mitsegler hingewiesen worden wäre. Es kann natürlich nicht mehr herausgefunden werden, was ihn dazu motivierte, sich in diese verhängnisvolle Position zu begeben, aber es ist vorstellbar, dass er mit seinen Gedanken beim geplanten Reffmanöver und dem Briefing gewesen ist und deshalb die Gefahrenzone vergessen hat. Als Konsequenzen aus diesem Unfall hat *Clipper Ventures* die Bullenstandersysteme verbessert und die »Todesbahn« um den Großschottraveller auf allen Yachten mit Warnaufklebern markiert. Das MAIB empfiehlt darüber hinaus, die CV-Yachten grundsätzlich mit einem zweiten professionellen Segler zu bemannen. Auch diese Empfehlung ist inzwischen umgesetzt worden.

Nach einem kurzen Aufenthalt in Porto setzt die Crew der CV21 ihre Reise rund um den Globus fort. Sieben Monate und ca. 35.000 Seemeilen später im Nordpazifik kommt es ausgerechnet auf dieser Yacht zu einem zweiten fatalen Unfall: Mitseglerin Sarah Young – diejenige, die die Erste-Hilfe-Maßnahmen für Andrew eingeleitet hat – geht nachts bei schwerer See über Bord.

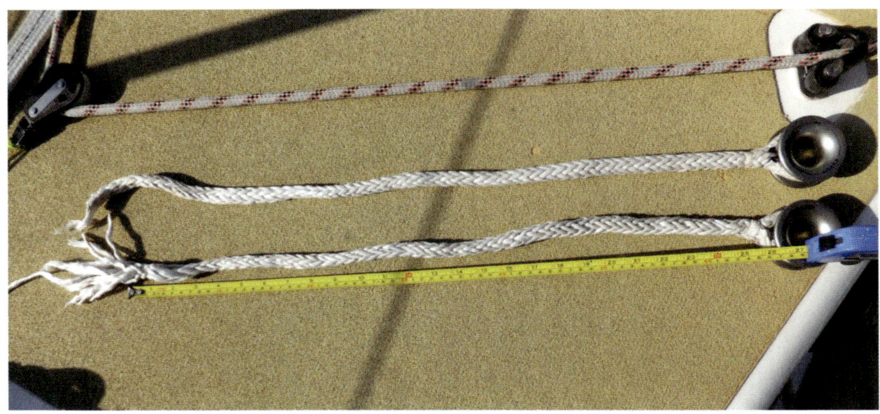

Der Stropp nach dem Unfall. Rechts die Low Friction Ringe als Umlenkpunkte für die Bullentaljen, links die Stelle, an der das Auge eingespleißt gewesen ist.

–

FAZIT
PATENTHALSEN

Was können wir nun mitnehmen aus diesen Unfällen? Wenn wir uns zunächst die Empfehlungen der Untersuchungsbehörden zu den Steuerfehlern vornehmen, die zu den Patenthalsen geführt haben, ist selbst in diesen fortschrittlichen Untersuchungsberichten die Tendenz zu der Empfehlung zu erkennen, jemand anderes als die Person oder der Autopilot, der den Fehler gemacht hat, hätte Rudergehen sollen: Hat der Autopilot versagt, hätte ein Mensch steuern sollen, hat der Mensch den Steuerfehler verursacht, hätte ein erfahrenerer Mensch steuern sollen. Das ist eine Logik, die ebenso schwerlich zu widerlegen wie trivial ist. Ich gebe zu bedenken: Steuerfehler werden immer passieren – dem erfahrenen Rudergänger seltener als dem unerfahrenen, dem Autopiloten vollkommen andere als dem Menschen –, aber es wird – wenn Sie nur lange genug segeln – der Tag kommen, an dem auch auf Ihrer Yacht ein solcher Steuerfehler passieren wird! Die entscheidende Rolle kommt bei der Prävention von Patenthalsen dem Bullenstander zu. Obwohl selbst das denkbar ist, ist kein einziger Fall dokumentiert, in dem ein ausreichend dimensionierter Bullenstander gesetzt gewesen und es trotzdem zu einer schweren Verletzung an Bord gekommen wäre. Die Art, wie auf der CV21 die Bullentaljen geriggt werden können, ist – sofern richtig dimensioniert – vielleicht für den ein oder anderen Regattayachteigner eine interessante Option, um mit möglichst geringem Aufwand und Einschränkungen beim Segeln einen großen Sicherheitsgewinn zu erzielen. Darüber hinaus ist aber meines Erachtens ein Gefahrenbewusstsein in der Crew und bei Ihnen als Skipper oder Skipperin und als Crewmitglied über die Gefahr der Patenthalse an sich und der besonderen Gefahrenbereiche auf Ihrer Yacht zur Vermeidung von Verletzungen essenziell. Nur wenn Sie sich die Gefahr durch eine Patenthalse immer wieder bewusst machen, werden Sie die Motivation haben, auch bei ungemütlichen Bedingungen oder nur für kurze Zeit einen Bullenstander zu setzen. Nur, wenn Ihre Mitsegler ein Gefahrenbewusstsein haben, werden Sie selbst daran denken, sich nicht über dem Traveller aufzuhalten oder Ihre Mitsegler zu warnen, wenn diese es sich dort bequem machen.

Für beachtenswert halte ich außerdem die Empfehlung von *maritimeNZ*, unter bestimmten Bedingungen nur unter Vorsegel zu fahren. Ein dichtgeholter Großbaum, auf dem kein Großsegel gesetzt ist, kann auch niemanden bei einer Patenthalse verletzen.

SEGELN
EINE GEFÄHRLICHE FREIZEITBESCHÄFTIGUNG

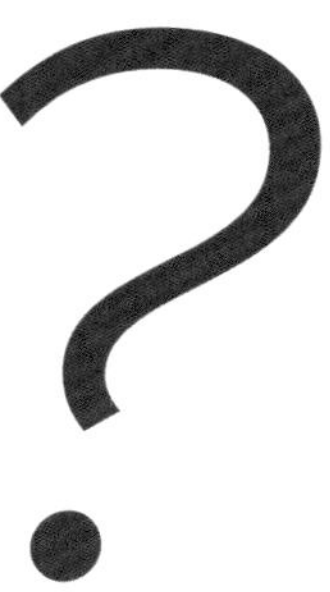

Die Datenlage zu Unfällen und Verletzungen auf Segelyachten ist sehr uneinheitlich und unvollständig. Allein schon eine Aussage darüber zu treffen, ob Yachtsport auf Segelyachten besonders gefährlich oder besonders sicher ist, liegt im Auge des Betrachters: Eine aus medizinischer Sicht geschriebene Studie zu Risiken und Unfällen beim Segeln kommt zu der Feststellung, dass die Verletzungsrate beim Segeln im Vergleich zu anderen Sportarten statistisch mit einer Verletzung pro 8900 Stunden eher niedrig sei.[7] Schaut man in die Jahresberichte der BSU, so ergibt sich ein anderes Bild: Im Jahr 2019 übertraf die Zahl der tödlich verunglückten Freizeitseefahrer auf Charteryachten und gewerblichen Sportbooten – die Fälle auf privaten Sportbooten sind noch nicht einmal mitgezählt – sogar die Zahl der tödlich verunglückten Berufsseefahrer. Sie liegt im Mittel der vergangenen Jahre bei den von der BSU erfassten Unfällen bei 4,7 pro Jahr.

Blicken wir in die Veröffentlichungen der amerikanischen Küstenwache[8], können wir außerdem feststellen, dass 79 % der Todesopfer bei Bootsunfällen ertrinken und von diesen Ertrunkenen 86 % keine Rettungsweste trugen, dass knapp die Hälfte der Unfälle mit offenen Motorbooten passiert und in knapp einem Viertel aller Unfälle die Beteiligten alkoholisiert gewesen sind. Sie haben sich also schon für eine eher sichere Art des Wassersports entschieden, wenn Sie offene Motorboote und Kajaks meiden, denn bei Bootsunfällen mit Todesfolge haben Segelyachten nur einen Anteil von 2 %. Wenn Sie außerdem noch weiblich sind, eine Rettungsweste tragen und das erste Bier erst im Hafen öffnen, haben Sie weitere gravierende Risikofaktoren auf das Einfachste eliminiert!

Vermutlich haben die meisten von Ihnen bereits ihre Erfahrungen beim Segeln gesammelt, also was meinen Sie: An welchen Körperteilen verletzen sich Segler am häufigsten? Und an welchen Teilen des Bootes?

Die häufigsten Körperteile sind Hände (offene Wunden, Quetschungen, Verbrennungen und Knochenbrüche), Kopf (Wunden und Prellungen) und Knie (Zerrungen, Meniskusverletzungen). An Bord des Segelbootes ist der Großbaum mit Abstand die Gefahrenquelle Nummer eins, und dieser trifft mit großer Wahrscheinlichkeit gegen den Kopf von Seglern. Aber auch das An-Land-Springen missglückt gelegentlich und endet mit Verletzungen oder Stürzen ins Wasser. Unfälle auf dem Bootsdeck durch Stolpern über Tauwerk und Beschläge oder durch starke Krängung und Schiffsbewegungen führen häufig zu Rippenbrüchen, Hand- und Sprunggelenksverletzungen oder Bänderrissen. Und sie sind oft die initiale Ursache für das Überbordfallen. Viele Überbordgefallene sind bereits verletzt, bevor sie im Wasser ankommen! In Schoten, Leinen und Blöcken werden Hände und Finger gequetscht; Großschoten können bei Patenthalsen Segler mit einer solchen Wucht aufs Deck oder über Bord schleudern, dass in Folge schwerste Verletzungen entstehen.

Wie können Sie sich gegen solche Unfälle schützen? Diese Frage lässt sich nicht pauschal beantworten. Ziel dieses Buches ist es ja gerade, komplexe Sachverhalte zu betrachten. Dennoch möchte ich schon an dieser Stelle zwei scheinbar triviale Gegenmittel in Erinnerung rufen, deren kontinuierliche Umsetzung aber alles andere als trivial ist. Dies ist zum einen die altbekannte Seefahrerregel »Eine Hand für dich, eine Hand fürs Schiff!« – halten Sie sich an geeigneter Stelle fest, wenn Sie an Bord unterwegs sind, und Sie reduzieren die Gefahr des Stürzens an und über Bord drastisch.

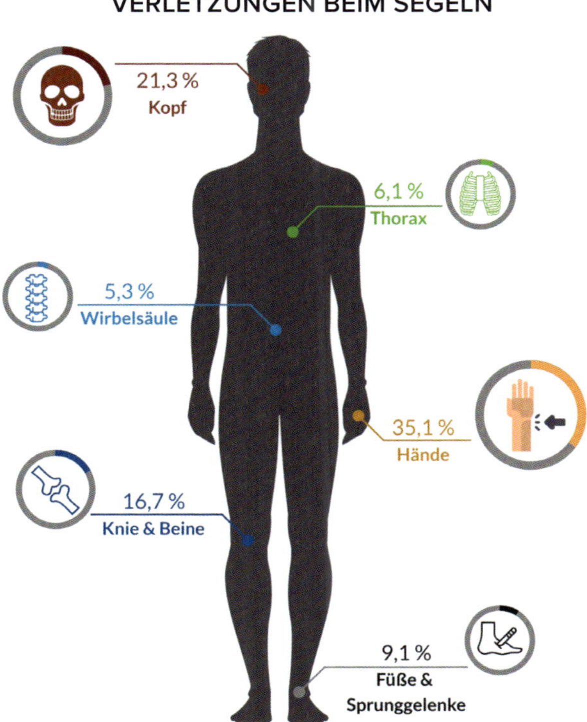

Prozentuale Verteilung von Verletzungen, die beim Segeln entstanden sind.

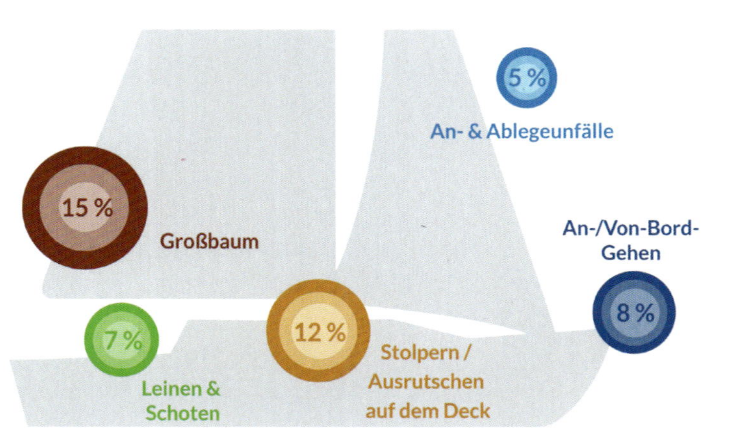

Unfallorte auf dem Segelboot und ihre prozentuale Häufigkeit. Nach C. Schönle.

Und es lohnt sich, wie so oft in Belangen der Seefahrt, ein Blick hinüber zu unseren segelnden Freunden auf den westlich Europas vorgelagerten Inseln. Dort gibt es das schöne Sprichwort »haste makes waste«. Es wird sich nur schwer hieb- und stichfest belegen lassen, aber kaum ein erfahrener Segler wird wohl widersprechen, wenn ich behaupte, dass den meisten Verletzungssituationen an Bord eine gewisse Hektik vorausgeht. In der Ruhe liegt die Kraft.

02
MENSCH ÜBER BORD

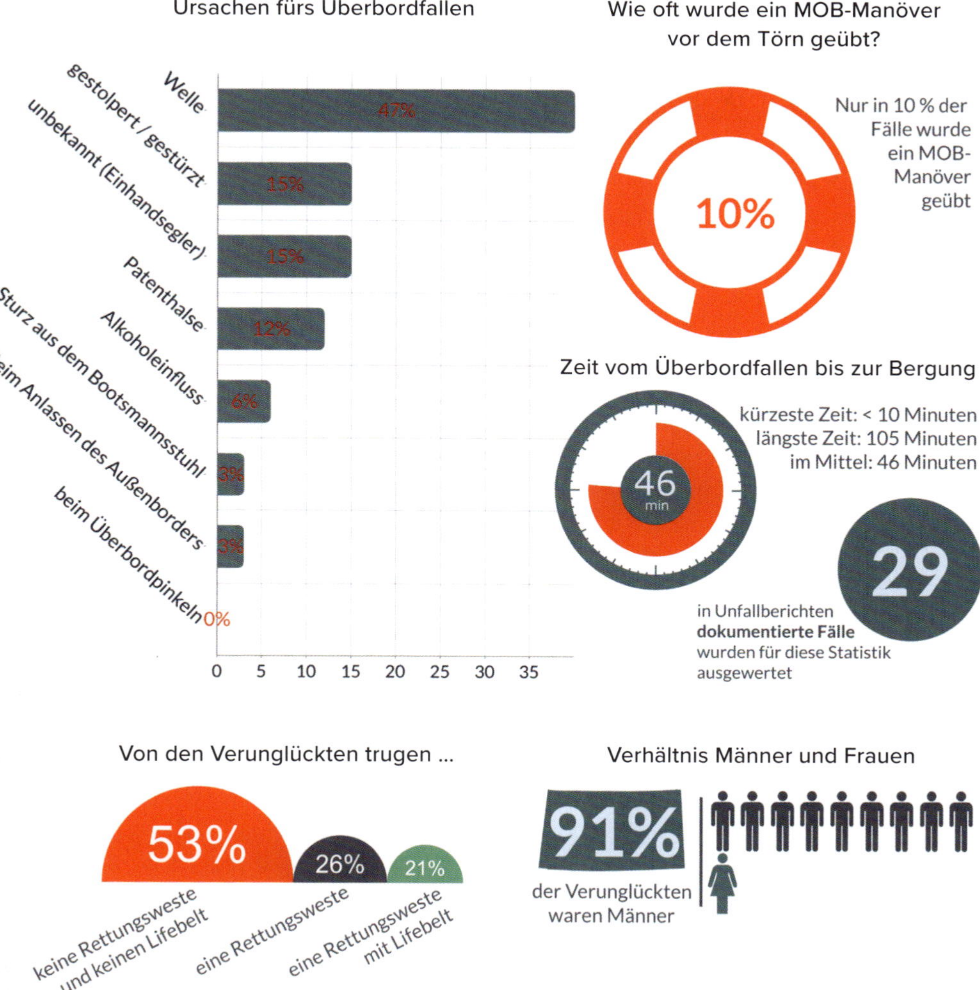

–

Das Thema »Mensch über Bord« nimmt leider in mehrfacher Hinsicht eine besondere Rolle ein: Über kaum ein anderes Unfallthema wird unter Seglern derart leidenschaftlich diskutiert, zu kaum einer anderen Gefahrensituation an Bord existieren so viele Manöver- und Verfahrensvarianten, und bei keiner anderen Unfallart halten sich unbelegte, anekdotenhafte Glaubenssätze wie »Die meisten Männer gehen beim Pinkeln über Bord" so hartnäckig wie bei diesem Thema. Die hohe Anzahl an Unfallberichten und mit diesen Berichten belegte Anzahl an verunglückten Seglern – 30 Unfallberichte mit 30 Toten und 5 Schwerverletzten – sticht auch in diesem Buch heraus. Ertrinkungstode sind im Wassersport die mit

Abstand häufigste Todesursache, und sie treten im Zusammenhang mit Über-Bord-Fallen so oft auf, dass keine der elf Untersuchungsbehörden, deren Berichte ich ausgewertet habe, dieses Thema noch weiter systematisch vollumfänglich untersucht. Denn im Grunde ist dazu schon alles Wesentliche bekannt und fast alles gesagt, was sinnvollerweise dazu gesagt werden kann. Im Zeitraum von 2004 bis 2011 hat die BSU noch jeden bekannt gewordenen MOB-Fall auf Yachten in deutschen Gewässern untersucht. Im ersten von ihr veröffentlichten Bericht zu einem MOB hieß es schon: »Die BSU weist alle Fahrzeugführer von Sportbooten daher nochmals eindringlich auf die Einhaltung der Regel 7 – Mensch-über-Bord – der zehn Sicherheitsregeln für Wassersportler hin [...]. Diese sind veröffentlicht in der Broschüre *Sicherheit auf dem Wasser* des BSH.«[9] Jetzt schauen Sie bei Gelegenheit einmal in diese Broschüre – die ich Ihnen uneingeschränkt empfehlen kann –, und blättern Sie auf Seite 6. Dort finden Sie besagte »Regel 7", in der es heißt: »Treffen Sie Maßnahmen gegen das Überbordfallen, und prüfen Sie Möglichkeiten, über Bord Gefallene zu bergen. Lassen Sie rechtzeitig Rettungswesten und Sicherheitsgurte anlegen. Weisen sie auf geeignete Befestigungspunkte für Sicherheitsgurte hin. Üben sie regelmäßig Mensch-über-Bord-Manöver. Prüfen sie Möglichkeiten, und üben Sie das An-Bord-Holen insbesondere von geschwächten Personen."

Vor allem Letzteres, das An-Bord-Holen geschwächter Personen, ist es, woran gerade kleine (aber nicht nur diese!) Crews häufig scheitern. In keiner anderen Unfallkategorie ist die mittlere Crewgröße mit drei Personen so gering wie beim Thema Mensch über Bord. Das ist ein Hinweis darauf, dass die Möglichkeiten, einen einmal Überbordgefallenen rechtzeitig wieder zu bergen, bei kleinen Crews schnell im wahrsten Sinne des Wortes erschöpft sind. Die zahlreichen unterschiedlichen Bergehilfsmittel, die der Fachhandel uns für diese Fälle anbietet, mögen bei ruhigem Wetter auch mit kleiner Besatzung bessere Rettungschancen bieten. Ihr Einsatz dürfte bei schwerer See die meisten Crews allerdings schlicht überfordern. Die nüchterne Konsequenz daraus kann deshalb nur heißen: Fallen Sie nicht über Bord! Nach acht weiteren untersuchten Fällen im Zeitraum von 2004 bis 2008 scheint selbst bei der BSU eine gewisse Ratlosigkeit eingetreten zu sein, wie Segler zu Verhaltensänderungen bewegt werden könnten, weshalb für das Vorwort zu zwei weiteren Mensch-über-Bord-Berichten kein geringerer als Bobby Schenk um einen Beitrag zu diesem Thema gebeten wurde. Diesen möchte ich hier in Auszügen wiedergeben:

»FALL NICHT ÜBER BORD.

Dieser Grundsatz klingt banal, ist aber von größter Brisanz. [...] Die einfache und preiswerte Lösung – wir kennen sie alle – heißt »Sicherheitsgurt«, mit dem man sich an die Yacht sichern muss. Es ist mir ein echtes Anliegen, darauf hinzuweisen, dass gerade die in der Öffentlichkeit häufig geführten Diskussionen um die Rettungsweste und die etwaige Tragepflicht den Blick auf die simple Wahrheit verstellt haben, dass die Weste erst dann »zum Tragen" kommt, wenn das Unglück schon passiert ist. [...] Hier in erster Linie auf die Rettungsweste statt auf den Sicherheitsgurt hinzuweisen ist, als rate man einem Fensterputzer am Wolkenkratzer zu einem Fallschirm statt zu einem Sicherheitsgurt. Sie werden einwenden, das hieße ja, man sollte sich immer an die Yacht sichern, den Karabinerhaken immer möglichst mittschiffs einpicken? Auch bei gutem Wetter? Ja, genau das heißt es. [...] Das heißt nicht, dass das Tragen einer Weste überflüssig ist. Sie schadet nicht. Am meisten aber nützt sie, wenn wir gleichzeitig mit der Weste den integrierten Sicherheitsgurt anlegen – und einpicken!«[10]

Ist also alles gesagt zum Thema? Nicht ganz. Ich möchte Ihnen im Folgenden zwei Fälle schildern, aus denen vor allem hervorgeht, was im Fall Mensch-über-Bord funktionieren kann und was nicht und wie selbst umsichtige Seglerinnen ihr Leben auf See gelassen haben.

CV 21

DER ZWEITE UNFALL IM NORDPAZIFIK

Begeben wir uns also in unserer Vorstellung zurück an Bord der CV21 auf die Etappe Quingdoa–Seattle. Die 70-Fuß-Yacht segelt an diesem 1. April durch den nächtlichen Nordpazifik auf 39° N der nur noch 20 Längengerade entfernten Datumsgrenze entgegen. Bei zunehmend anspruchsvollen Wetterverhältnissen: 40, in Böen 60 kn Wind. Daher ist die Crew mit dem Reffen des Großsegels beschäftigt und muss kurz darauf auch die Vorsegel in der Dunkelheit bergen.

Dafür geht Sarah Young, die vorher in voller Ölzeugmontur und Rettungsweste beim Reffen am Mast geholfen hat, unter Deck, um zwei weitere Mitsegler aus der Freiwache für das unter diesen Bedingungen anspruchsvolle Manöver zu wecken. Als sie aus dem Niedergang ins Cockpit steigt, sieht sie, dass ein Mitsegler Probleme damit hat, eine lose Tasche zum Verstauen der Winschkurbel wieder zu befestigen und hilft ihm, ohne sich vorher einzupicken. Eine brechende Welle, deren Wassermassen sich bis ins Cockpit ergießen und die die Yacht zusätzlich stark nach Lee krängt, spült Sarah aus dem Cockpit bis sie, mit der Winschkurbel in der Hand, neben der Leereling liegend von dieser vorerst gestoppt wird. Der Wachführer, der an der Leeseite im Cockpit sitzt, versucht sie sofort wieder ins Cockpit zu ziehen. Aber da steigt bereits der nächste Brecher ein und reißt Sarah über Bord.

Sofort wird »Mann über Bord!«[IV] gerufen, woraufhin unter Deck zwei Segler die Navigationsstation besetzen und die MOB-Taste drücken. Der Motor wird gestartet. Ein Segler im hinteren Cockpitbereich schafft es nicht, zur Markierungsboje zu gelangen, weil ihn sein eingepickter Lifebelt im Bewegungsradius einschränkt. Daraufhin pickt sich der Wachführer aus und eilt zur Boje mit dem daran angebrachten AIS-Sender. Diesen aktiviert er und wirft der Überbordgefallenen die Markierungsboje, den Hufeisenring und das daran befestigte Rettungslicht hinterher. Der Wachführer, der auch der nach den Clipper-Venture-Verfahren designierte Rettungsschwimmer der Wache ist und deshalb schon einen Trockenanzug trägt, begibt sich danach unter Deck, um Klettergurt und Schutzhelm anzulegen.

Der Skipper, nun am Ruder, versucht die Yacht zu wenden, um beizuliegen, schafft es aber nicht, den Bug gegen die vier Meter hohen Wellen durch den Wind zu drehen. Er gibt Order, die beiden Vorsegel zu bergen – ohne Rollanlage ein unter diesen Bedingungen zeitintensives und kräftezehren-

[IV] Laut Zeugenaussagen wurde in diesem Fall nicht gegendert

des Unterfangen. Währenddessen bereitet der Arzt der Crew zusammen mit zwei Helfern die Erste-Hilfe-Station unter Deck vor. Auf dem Kartenplotter in der Navigationsstation erscheint erstmals ein AIS-Notsymbol, das die Position eines AIS-Notsenders anzeigt. Eine halbe Stunde, nachdem Sarah über Bord gespült wurde, sind schließlich die Vorsegel geborgen, und die Yacht wird mit dichtgeholtem Großsegel unter Motor zurück in Richtung des mittlerweile zwei Seemeilen entfernten AIS-Signals gesteuert. Der Rettungsschwimmer bereitet sich an den Steuerbordwanten auf seinen Einsatz vor, indem er ein Fall an seinem Klettergurt befestigt. Das Fall wird mit einem Lifebelt an den Wanten fixiert, damit es nicht zu weit auswehen kann. Der Segler im Bug, der inzwischen als Ausguck eingeteilt wurde, kann schließlich zwei weiße Lichter ausmachen. Er weist dem Skipper am Ruder den Weg in Richtung desjenigen, von dem er meint, es sei am nächsten – es ist das Licht, das am Hufeisenring befestigt ist. Also wird Kurs auf das zweite Licht genommen, das dasjenige sein muss, welches an Sarahs Rettungsweste befestigt ist. Um 00:13 Uhr, also 50 Minuten, nachdem Sarah über Bord gegangen ist, nährt sich die Yacht der Verunglückten an. Sie ist zu diesem Zeitpunkt offensichtlich noch bei Bewusstsein, hat jedoch das Spraycap ihrer Rettungsweste nicht übergezogen. Der Rettungsschwimmer lässt sich ins Wasser abwinschen, es braucht aber insgesamt vier Versuche, bis Sarah schließlich um 00:44 Uhr an Deck geholt werden kann. Beim ersten Anlauf ist die Yacht nicht nahe genug an der Verunglückten. Beim zweiten erreicht sie der Schwimmer, die Seglerin kann auch noch aktiv mithelfen, rutscht aber aus dem Kontakt mit dem Rettungsschimmer. Sie schafft es darauf hin sogar noch, sich kurzzeitig an der Reling festzuhalten, bevor die Kräfte sie verlassen und sie wieder zurück ins Wasser fällt. Beim dritten Versuch ist sie nicht mehr bei Bewusstsein, und der Rettungsschwimmer gerät außerdem in eine lebensgefährliche Situation, weil die Yacht unerwartet Fahrt aufnimmt und ihn mehrere Sekunden unter Wasser zieht, bevor ihn seine Mitsegler wieder hochwinschen können. Beim vierten Anlauf legt sich der Rettungsschwimmer einfach die Schlaufe von Sahras Lifebelt, der immer noch an ihrer Rettungsweste eingehängt ist, über den Kopf und schafft es so, sie in seiner Nähe zu fixieren und ihr die Bergeschlaufe anzulegen.

Trotz eingeleiteter Herzdruckmassage kehren bei Sarah keine Lebenszeichen mehr zurück. Nach Rücksprache mit einer ärztlichen Beratung an Land wird der Tod der Seglerin festgestellt. Das 1000 sm entfernte Japan ist zu weit weg, und so erteilt die britische Seefahrtsbehörde die Anweisung, Sarah bei geeigneten Bedingungen im Meer zu bestatten.

Vielleicht fragen Sie sich, weshalb ich Ihnen einen Fall schildere, der mit den Umständen der meisten Segler wahrscheinlich nicht viel gemein hat. Die wenigsten Segler sind mit einer 17-köpfigen Crew auf einem 70-Fuß-Racer unterwegs, und das Revier des Nordpazifiks dürfte für die meisten Leser weder vertraut sein noch für den nächsten Segeltörn auf der Wunschliste stehen – erst recht nicht im April bei Wassertemperaturen um die 12 °C. Ich habe Ihnen aber für dieses Kapitel genau diesen Fall aus drei Gründen als Erstes vorgestellt:

- *Es gibt an Bord eine robuste Sicherheitskultur.*
  Ob und wann sich die Segler mit einem Lifebelt zu sichern haben, ist klar definiert und wird im Wesentlichen auch so praktiziert.
- *Es existiert ein MOB-Manöver, das auf Basis der Erkenntnisse von 20 Jahren professioneller Segelausbildung und mehrerer Millionen gesegelter Seemeilen erarbeitet worden ist und das jeder Teilnehmer etwa 20 Mal im Rahmen der Vorbereitungstrainings mit einem Dummy geübt hat – und zwar nicht nur das reine Manöver, sondern auch den Bergevorgang.*
- *Auch wenn Sarah Young letztlich tödlich verunglückt ist, ist es dennoch bemerkenswert, dass die Überbordgefallene unter den vorherrschenden Bedingungen überhaupt geborgen werden konnte.*

Die sicherheitsrelevanten Vorgaben in Bezug auf das Tragen von Rettungswesten und die Nutzung der Lifebelts sind in den schon erwähnten *Standard Operating Procedures* von *Clipper Ventures* zu finden und lassen sich wie folgt zusammenfassen:

- *Jedes Crewmitglied ist mit einer 150-N-Automatik-Rettungsweste ausgestattet, an der Spraycap, Licht und Pfeife angebracht sind.*
  Die Rettungsweste muss jederzeit an Deck getragen werden, und der Schrittgurt muss immer geschlossen sein.
- *Die Crews sind außerdem ausgestattet mit 3-Punkt-Sicherheitsgurten mit einem kurzen und einem langen Ende und selbstverschließenden Karabinern. Einpicken muss sich die Crew an geeigneten Punkten wie den Streckgurten und grundsätzlich auf der Luvseite möglichst mit dem kurzen Ende*
  - *immer bei Nacht und verminderter Sicht,*
  - *bei Arbeiten auf dem Vorschiff,*

- *außerhalb der Küstengewässer und*
- *bei gerefftem Groß.*

Die Skipper sollen hier mit gutem Beispiel vorangehen.

Für die Bergung einer über Bord gefallenen Person ist folgendes Verfahren festgelegt:

MOB ist noch handlungsfähig:

- *Aufnahme des Verunglückten auf der Steuerbordseite bei den Wanten (Steuerbord, weil sich der Motorgashebel auf den Yachten am Steuerbord-Steuerstand befindet)*
- *Herablassen eines Fall mit Bergehaken zum Verunglückten*
- *Befestigung des Falls an der Bergehalterung der Rettungsweste durch den Verunglückten*

Wenn der Verunglückte bewusstlos ist:

- *Schwimmer an zweitem Fall (mit Lifebelt um die Wanten fixiert) ins Wasser lassen*
- *Schwimmer befestigt den Bergehaken an der Rettungsweste des Verunglückten*
- *Schwimmer und Verunglückter werden aus dem Wasser gewinscht*

Dass die Überbordgefallene überhaupt wiedergefunden wurde, verdankt sie ausschließlich ihrer persönlichen Sicherheitsausrüstung: dem in der Rettungsweste integrierten Licht und dem AIS-Notsender an ihrer Rettungsweste. Vom AIS-Sender, der an der Markierungsboje befestigt ist, wird kein Signal empfangen; die Gründe dafür ließen sich nicht mehr ermitteln. Möglicherweise wurde der Sender vom Wachführer nicht richtig aktiviert, vielleicht war der Winkel, in dem der Sender sich an der Boje befunden hat, ungünstig für die Abstrahlung des Signals oder die Boje mit dem Sender daran war zu oft von Wasser bedeckt.

Ein aktivierter AIS-Notsender ermittelt seine Position über GPS und sendet diese mit einer Notfallcodierung auf der digitalen UKW-AIS-Frequenz. Schiffe mit AIS-Empfänger in Reichweite des Senders können diese Nachricht empfangen, auswerten und an einen Kartenplotter weiterleiten. Die Darstellung erfolgt auf neueren Geräten durch das international gültige Zeichen für einen AIS-Notruf: einen roten Kreis mit Kreuz.

Das eingeleitete MOB-Verfahren läuft gut strukturiert ab. Dennoch vergehen etwa 50 Minuten, bis die Yacht zur Verunglückten zurückfindet, und weitere 30 Minuten, bis die Überbordgefallene bei Windstärke 9 (in Böen 11) und 4 Meter hohen Wellen in stockfinsterer Nacht geborgen werden kann. Dass dies überhaupt gelingt, ist schon erstaunlich und spricht für die außerordentliche Leistung der Crew, aber auch für die Eignung des von *Clipper Venture* trainierten MOB-Verfahrens. Über die Gründe, weshalb Sarah sich nicht mit dem Sicherheitsgurt sicherte, kann nur spekuliert werden: Möglicherweise war sie durch den Impuls, dem Mitsegler helfen zu wollen, abgelenkt. Vielleicht trug Übermüdung dazu bei, dass sie es schlicht vergaß, oder aber, sie entschied sich bewusst dafür, dass es in dieser Situation nicht nötig sei, sich zu sichern.

Darstellung eines AIS-Notsignals auf einem AIS-fähigen Kartenplotter.

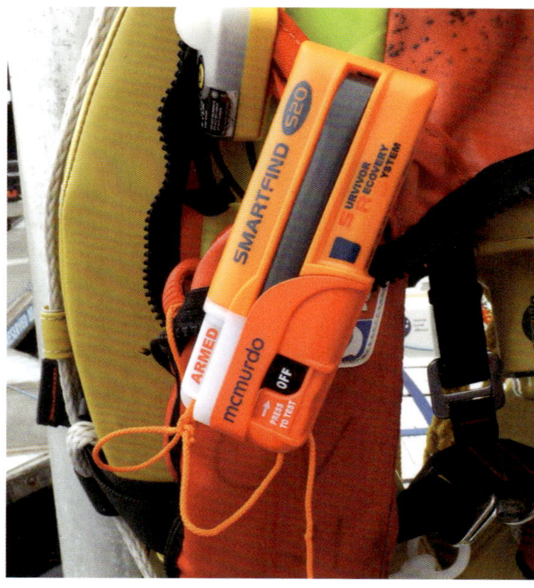

Die McMurdo S20 personal AIS beacon an einer der an Bord verwendeten Rettungswesten.

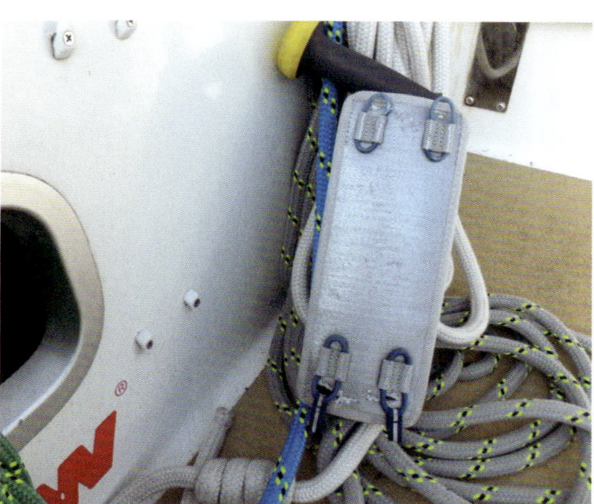

Hat für Ablenkung gesorgt: die von der Befestigung gelöste Aufbewahrungstasche für die Winschkurbel.

LION[11]

ERTRUNKEN TROTZ LIFEBELT

Der folgende Fall führt uns vor Augen, dass auch mit Sicherung durch Lifebelt und selbst dann, wenn keines der verwendeten Teile der Sicherheitsausrüstung versagt, ein Sturz über Bord tödlich enden kann. So ereignet es sich an Bord der LION, einer *Reflex 38*, in der Nacht vom 17. auf den 18. Juni 2011 bei einer Regatta von Cowes (England) nach Cherbourg (Frankreich) etwa 15 sm südlich des Ausgangs vom Solent im Englischen Kanal. Die Yacht befindet sich auf Am-Wind-Kurs bei 25–30 kn Wind, in Böen bis 34 kn, und entsprechendem Seegang unter Genua III und gerefftem Groß, als der Rudergänger bemerkt, dass die auf dem Vorschiff festgelaschte Genua I an Lee ins Wasser gerutscht ist. Die Genua I wird wieder an Deck geholt, und beim Durchreichen des Segels nach achtern ins Cockpit fällt der Crew plötzlich ein weißes Blitzlicht auf der Leeseite in unmittelbarer Nähe der Yacht auf. Mit Schrecken wird festgestellt, dass es sich um das Licht der Rettungsweste des Skippers handelt, der dort außenbords mit aufgeblasener Rettungsweste an seiner Sicherheitsleine hängt! Sofort werden die Schoten lose gegeben und die Fahrt aus der Yacht genommen. Ein Segler unter Deck funkt eine MAYDAY-Notmeldung, die von der *Solent Coastguard* empfangen wird. Die Coastguard lässt unmittelbar einen Rettungshubschrauber starten.

Derweil begeben sich vier Segler auf der Luvseite am Streckgurt an Steuerbord gesichert nach vorn. Der Skipper hängt außenbords an der Backbordseite und sein Sicherheitsgurt, der ebenfalls noch am Steuerbordstreckgurt hängt, läuft über den auf dem Vorschiff verstauten Spinnakerbaum und dem unteren Relingsdraht hindurch. Zu viert wird versucht, den Skipper wieder an Bord zu ziehen. Zwei Segler ziehen am Lifebelt, zwei versuchen, den Skipper zu greifen – aber es gelingt lediglich, seinen Kopf über Wasser zu halten. Dabei können die beiden Segler in Lee aber nicht erkennen, ob der Skipper noch bei Bewusstsein ist, da sein Gesicht von der aufgeblasenen Rettungsweste verdeckt ist. Hinzu kommt der Lärm der schlagenden Segel, der die Kommunikation sehr erschwert. Nach etwa 8–9 Minuten erfolglosen Bemühens wird versucht, das Spinnakerfall am Bergegriff der Rettungsweste zu befestigen, was nicht gelingt, da die Stelle für die Crew kaum zu erreichen ist. Daher schlägt ein Segler vor, das Fall direkt am Sicherheitsgurt anzuschäkeln. Damit gelingt es, den Skipper teilweise aus dem Wasser zu heben. Zwei der Segler versuchen nun erneut den Skipper an der Rettungsweste zu ergreifen, als ihnen auffällt, dass der Skipper aus

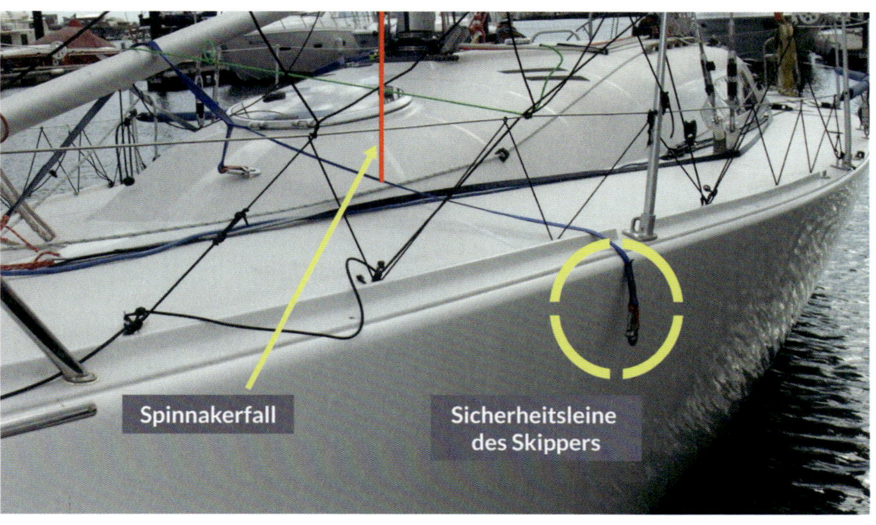

Verlauf des Rettungsgurtes auf der LION, nachdem der Skipper über Bord gefallen ist, und die Position, an der das Spinnakerfall angeschlagen wurde.

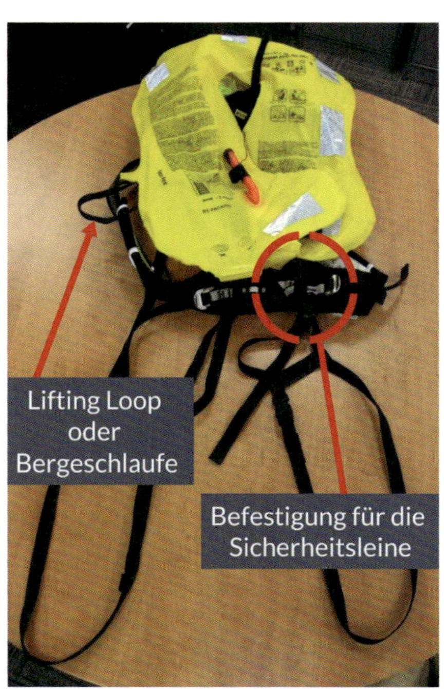

Es ist ein weit verbreitetes Missverständnis, dass der Punkt zur Befestigung des Sicherheitsgurtes an der Rettungsweste auch dafür vorgesehen ist, eine Person aus dem Wasser zu ziehen.
Das ist nicht der Fall.
Der Lifting Loop ist die einzige Komponente an der Rettungsweste, die dafür gemacht und getestet ist, eine Person aus dem Wasser zu heben.

der Rettungsweste zu rutschen beginnt. Sie schaffen es immerhin, ihn so weit heranzuziehen, dass sie seinen Oberkörper an Deck bekommen. Aber trotz aller Anstrengung gelingt es nicht, ihn komplett unter dem unteren Relingsdraht hindurchzuziehen. Der Rudergänger dreht die LION durch den Wind, damit der Skipper auf der Luvseite liegt, in der Hoffnung, ihn nun auf der hohen Seite leichter an Bord zu bekommen. Und tatsächlich schafft es die Vorschiffscrew nach diesem Manöver, den Skipper nach insgesamt ca. 16 Minuten wieder an Bord zu ziehen. Allerdings zu spät. Ein Kardiologe, der Teil der Crew ist, kann nur noch seinen Tod feststellen.

In der nachfolgenden Untersuchung stellt das MAIB fest, dass

- ***die Rettungsweste des Skippers den einschlägigen ISO-Normen entsprochen hat, sich die Beinschlaufen aber bereits bei einer Belastung von 20 kg öffnen;***
- ***der Skipper nicht hätte außenbords fallen können, wenn er sich mit der kurzen, 80 cm langen Part, anstelle der 180 cm langen Part des Lifebelts gesichert hätte;***
- ***es keine ausgereiften Konzepte für die Bergung eines am Sicherheitsgurt hängenden Seglers gibt;***
- ***ein stellvertretender Skipper nicht benannt worden ist;***
- ***die Genua I besser gleich nach dem Bergen hätte unter Deck verstaut werden sollen.***

In einer idealen Situation könnte man einen Überbordgefallenen, der noch am Sicherheitsgurt mit der Yacht verbunden ist, einfach an diesem wieder an Bord ziehen. Allerdings ist der Kraftaufwand hierfür ggf. nicht von der Crew zu bewältigen, wenn die Person nicht mehr bei Bewusstsein ist. In diesem Fall kann ein Fall mit entsprechender Übersetzung eine gute Hilfe sein. In dem speziellen Fall auf der LION gab es diese einfache Möglichkeit nicht, da der Skipper unter dem unteren Relingsdurchzug hindurch gerutscht war. Eine Möglichkeit wäre gewesen, ein weiteres Fall am Lifting Loop der Rettungsweste zu befestigen, dass den Zug übernimmt, sodass der Sicherheitsgurt von der Rettungsweste hätte gelöst werden können und der Skipper an dem zweiten Fall (unterstellt, er würde dabei nicht aus der Rettungsweste rutschen) über die Reling hätte gezogen werden können.

—

FAZIT
MENSCH ÜBER BORD

Das MOB-Verfahren auf der cv21 stellt ein taugliches Manöver dar, und die eingesetzte Ausrüstung erscheint ebenfalls grundsätzlich geeignet, eine Person aus dem Wasser zu bergen. Dabei entspricht das MOB-Manöver im Wesentlichem dem, was die RYA als Standardverfahren für diesen Fall definiert hat. Es sieht zwei Rollen vor – eine für den Skipper und eine für die Crew:

MOB-Verfahren Skipper:

- *Großsegel dichtholen[V] und beidrehen, um die Fahrt aus dem Boot zu nehmen*
- *Rettungsmittel und Markierungsboje ausbringen oder anweisen, sie auszubringen*
- *Mitsegler anweisen, auf den MOB zu zeigen*
- *Ggf. außenbords liegende Leinen einholen und Motor starten*
- *Vorsegel einrollen oder bergen lassen*
- *Boot in Lee des MOB manövrieren, MOB in Sicht behalten*
- *MOB gegen den Wind ansteuern, sodass kein Druck im Großsegel ist*
- *MOB auf der Leeseite achtern vom Mast aufnehmen*

MOB-Verfahren Crew:

- *»Mensch über Bord« rufen, um Crew zu alarmieren*
- *MOB-Knopf am GPS/Kartenplotter drücken*
- *Rettungsmittel und Markierungsboje ausbringen; MOB-Position mit orangefarbenem Rauch markieren*
- *Ein Segler zeigt in Richtung MOB – nie den Sichtkontakt verlieren!*
- *DSC-Notalarm und Mayday-Call senden*
- *Wenn der Motor gestartet wurde, Rettungsmittel mit Leinenverbindung (z. B. Wurfleine) einsatzbereit machen*
- *Wenn Boot neben den MOB manövriert wurde: Leine oder Bergeschlaufe um den MOB legen und sie/ihn an Bord nehmen*

Je kleiner die Crew ist, desto mehr Abstriche müssen bei diesem Verfahren allerdings gemacht werden. Sind Sie zu dritt an Bord, bleiben nach MOB-Fall nur noch zwei Personen übrig. Da müssen Sie sich dann entscheiden, ob die Person, die nicht ans Ruder geht, besser an Deck bleibt und den MOB im Auge behält oder ob diese Person am Funkgerät einen Notruf absetzt. Sind Sie ursprünglich zu zweit unterwegs gewesen, sind sie ab jetzt Einhandsegler wider Willen und müssen weitere Einschränkungen hinnehmen. In einem lesenswerten Artikel in der *Yachting Monthly* vom Juni 2020 wurde ein solches Szenario in der Praxis durchgespielt. Fazit: ein vollständiger Mayday-Call kostete den Segler – inklusive in die Kabine gehen und wieder hinaus zum Steuerstand steigen – mindestens 50 Sekunden. Danach war es oft schwierig, den MOB im Wasser wiederzufinden. Da die eigene Crew aber zunächst die größte Chance hat, einen MOB wiederzufinden, lautet die Empfehlung hierzu, den Mayday-Call zu einem späteren Zeitpunkt zu machen, ggf. dann, wenn ein erster Rettungsversuch gescheitert ist. Es wurde außerdem getestet, inwieweit das Einrollen der Genua die Kapazität des

[V] Das Großsegel wird bei diesem speziellen Verfahren dichtgeholt und bleibt so für den Rest des Manövers, das ausschließlich unter Motor gefahren wird. Durch das Dichtholen des Großsegels wird das Verletzungsrisiko durch Großschot und -baum minimiert.

verbliebenen Seglers bindet. Auch hier wurde zugunsten einer schnelleren Bergung bzw. eines schnelleren MOB-Manövers votiert und auf das Einrollen der Genua verzichtet. Am wichtigsten erschien den Testern, möglichst nah an dem MOB zu bleiben. In einem anderen Artikel der *Yachting Monthly* vom März 2022 wurden Bergehilfsmittel in einem Ein-Segler-bleibt-übrig-Szenario getestet. Was sich bei größeren Crews und entsprechender Schutzkleidung als äußerst wirksame Bergemethode für einen handlungsunfähigen MOB herausgestellt hat, das Ins-Wasser-Lassen eines Rettungsschwimmers, scheidet in diesem Fall selbstredend aus. Solange der MOB noch handlungsfähig ist, ist das Naheliegendste auch das Effektivste: die Nutzung einer Bade- oder Bergeleiter in Kombination mit der Unterstützung durch eine Bergeschlaufe, die am Fall befestigt ist. Bei viel Seegang wird von der Heckbadeleiter abgeraten, weil das Heck den MOB erschlagen kann. Eine mobile Bergeleiter, die mittschiffs angebracht werden kann, ist daher als Anschaffung für ihren nächsten Törn eine Erwägung wert.

Bei der Analyse anderer Fälle wurde die Größe aufgeblasener 275-N-Rettungswesten als sehr hinderlich wahrgenommen. Sowohl eine Rettungsschwimmerin als auch zwei am Heck einer Yacht über Bord gefallene Seglerinnen berichten, dass diese Westen die Sicht- und Handlungsmöglichkeiten stark einschränken und beispielsweise das Erklimmen der Badeleiter oder das Hantieren beim Versuch, einer Überbordgefallenen die Bergeschlaufe anzulegen, behindert haben. Rettungswesten mit 150–200 N Auftrieb scheinen unter diesem Aspekt die bessere Wahl zu sein. Für welche Ausrüstung und welches Verfahren auch immer Sie sich entscheiden mögen – trainieren Sie das Verfahren und den Einsatz der Ausrüstung! Die durchdachteste Ausrüstung nützt Ihnen nichts, wenn Sie und Ihre Mitsegler nicht wissen, wie sie richtig eingesetzt wird. Das tollste Verfahren, das Sie sich als Skipper zurechtgelegt haben, nützt Ihnen und Ihren Mitseglern nichts, wenn es sich nur in ihrem Kopf befindet und ausgerechnet dieser im Kielwasser ihrer Yacht verschwindet. Legen Sie fest, unter welchen Bedingungen und wo an Bord Ihrer Yacht die Sicherheitsgurte zu befestigen sind und sorgen sie dafür, dass Sie sich an Bord gegenseitig darauf hinweisen, wenn es jemand vergessen sollte. Und vor allem: Fallen Sie nicht über Bord!

FAKTOR MENSCH: *WELCHE RISIKOEINSTELLUNGEN HABE ICH*

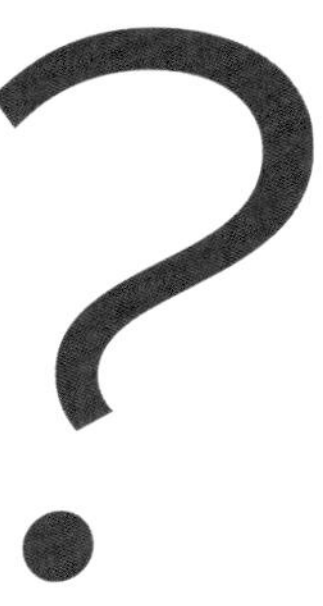

Sich mit einer Yacht auf das Meer zu begeben, einen Segeltörn zu unternehmen, bedeutet, Risiken einzugehen. Als Skipper – in geringerem Maße auch als Mitsegler – sind Sie immer wieder gezwungen, Entscheidungen zu treffen, welche Risiken Sie beim Segeln einzugehen bereit sind. Bevor wir uns allerdings damit befassen, mit welchen Mitteln wir zu einer guten Entscheidung finden, ist es zunächst angebracht, dass Sie sich einmal ehrlich mit sich selbst auseinandersetzen. Finden Sie heraus, welches Risiko aus Ihren persönlichen Einstellungen entstehen kann. Denn Ihre Einstellung beeinflusst, wie Sie eine potenzielle Gefahr und Ihre Möglichkeiten, dieser mit geeigneten Maßnahmen entgegenzuwirken, bewerten. Sie wirkt sich somit auf die Entscheidungen aus, die Sie an Bord treffen. Fünf gefährliche Einstellungen können unterschieden werden: Anti-Autorität, Impulsivität, Unverwundbarkeit, Selbstdarstellung und Resignation[12]. Natürlich werden Sie nicht einem dieser Typen zu 100 % entsprechen. Aber sicherlich werden Ihnen Situationen aus Ihrem Leben einfallen, in denen Sie sich dem einen oder anderen dieser gefährlichen Einstellungstypen bedrohlich angenähert haben. Die gute Nachricht ist, dass Sie Ihre Einstellungen leicht ändern können, wenn Sie Ihnen bewusst sind – mit ***gedanklichen Gegenmitteln.*** Wenn Sie sich also bei einem der folgenden Gedanken ertappen, verabreichen Sie sich einfach das passende Gegenmittel!

01

»Regeln gelten nicht für mich!«
»Niemand hat mir etwas zu sagen!«

ANTI-AUTORITÄT

Diese Einstellung findet sich bei Menschen, die sich ungern etwas von anderen sagen oder vorschreiben lassen. Sie neigen dazu, Anweisungen zu missachten oder zu umgehen und Regeln und Verfahren für dumm und überflüssig zu erachten. Dabei ist es grundsätzlich unumgänglich für einen sicheren Törn, dass wir uns sowohl an interne Regeln an Bord als auch an allgemeine Regeln auf dem Wasser halten. Dies erfordert ein nicht unerhebliches Maß an Selbstdisziplin. In der Unfallkategorie *Kollision* lassen sich die Folgen von Regelverstößen durch Schiffsführer besonders eindrücklich erkennen. Aber beispielsweise auch das bewusste Inkaufnehmen der Überschreitung von Wartungsintervallen der Sicherheitsausrüstung oder Gasanlage trägt Züge anti-autoritärer Einstellung.

»Regeln sind in der Regel richtig!«

»Nicht so schnell!«

»Erst Denken, dann Handeln«

02

»Mach schnell!«
»Ich mach das mal eben.«

IMPULSIVITÄT

Impulsive Menschen haben das Bedürfnis, sofort zu handeln, Dinge umgehend zu erledigen. Sie halten nicht inne, um darüber nachzudenken, was sie eigentlich tun. Sie überlegen sich nicht die beste Handlungsoption, sondern machen das, was ihnen als Erstes durch den Kopf geht. Dabei hat man auf dem Wasser fast immer Zeit, etwas nicht sofort tun zu müssen. Verletzungen an Bord sind oft die Folge von Impulsivität. Einen Skipper, der zur Impulsivität neigt, erkennen Sie als Segler meist daran, dass er eine Vielzahl an Kommandos laut von sich gibt – dabei wird ein besonnener Skipper meist als deutlich angenehmer und souveräner von seiner Crew wahrgenommen.

03

»Mir passiert das nicht.«

UNVERWUNDBARKEIT

Einige Menschen gehen irrtümlicherweise davon aus, dass Unfälle nur anderen zustoßen, nicht aber ihnen selbst. Sie wissen zwar auf rationaler Ebene, dass Unfälle passieren und dass sie jeden treffen können. Trotzdem haben sie nicht das *Gefühl*, dass es sie selbst treffen könnte oder glauben nicht daran, dass *ihnen* jemals etwas zustoßen würde. Gerade erfahrene Segler können diese Einstellung schleichend entwickeln, wenn sie viele unfallfreie Seemeilen auf dem Buckel haben. Sie sind dann bereit, hohe Risiken für sich zu akzeptieren und einzugehen.

»Es kann auch mir passieren!«

»Unnötige Risiken einzugehen ist dumm!«

04

»Ich zeig euch mal was!«
»Ich kann das locker...«

SELBSTDARSTELLUNG

Diese Einstellung ist typisch für Menschen, die ständig zeigen wollen, dass sie besser sind, als andere denken. Um andere zu beeindrucken, gehen sie mitunter hohe Risiken ein. Sie haben jetzt vielleicht einen oberkörperfreien, sonnenbebrillten Macho vor Augen und fragen sich, was das mit Ihnen zu tun hat. Allerdings kann diese Verhaltenstendenz fast jeden und jede sporadisch erwischen, wenn nur das entsprechende Publikum an Bord, auf einer anderen Yacht oder dem Steg zugegen ist.

05

»Was soll's...«
»Da kann man nichts machen!«

RESIGNATION

Segler mit resignativer Einstellung sehen nicht, dass ihr Handeln einen Unterschied macht. Läuft es gut, sind sie der Überzeugung, sie hätten einen guten Tag oder Glück gehabt. Läuft es allerdings schlecht, ist es in ihren Augen Schicksal oder Pech. Sie schieben dann Entscheidungen auf und finden keinen Weg, ins Handeln zu kommen oder überlassen sich den Entscheidungen anderer. Besondere Bedeutung kommt dieser Einstellung in Gruppensituationen zu: Alle Menschen haben die Tendenz, sich den Ansichten einer Gruppe, zu der sie gehören, anzupassen und Entscheidungen mitzutragen, die sie für sich selbst so möglicherweise nie treffen würden. Eine mutige Intervention kann aber sehr wohl das Verhalten einer Gruppe beeinflussen.

»Ich bin nicht hilflos!«

»Ich kann etwas ändern.«

»Ich werde einen Weg finden!«

03
GRUNDSEEN

Wellenlänge zu -höhe

In tiefem Wasser beträgt das Verhältnis von Wellenlänge zu Wellenhöhe etwa 20:1. Eine 2 Meter hohe Welle ist also ca. 40 Meter lang.

Wann Wellen brechen

- Wassertiefe < 2-fache Wellenlänge: Bereits jetzt hat der Meeresgrundes Einfluss auf die Welle und sie wird steiler.
- Wassertiefe < 2-fache Wellenhöhe: Welle beginnt zu brechen. Eine 2 Meter hohe Welle bricht also ab ca. 4 Meter Wassertiefe.

Kenterung durch brechende Wellen

Kommt die Yacht quer zur Welle und ist das Verhältnis der Höhe der brechenden Welle zur Länge der Yacht größer als **2:3**, dann wird die Yacht mit hoher Wahrscheinlichkeit kentern. Eine 9-Meter-Yacht wird also in einer etwa 6 Meter hohen, brechenden Welle kentern.

6

in Unfallberichten **dokumentierte Fälle**

Sedimente, Strömung, Sandbänke

Wie Mündungsbarren entstehen

Erosion

Flüsse erodieren Gestein in ihren Oberläufen, wo sie schnell fließen.

Transport

In der Ebene transportieren sie die Sedimente in Form von Kies, Sand und Ton in Richtung Meer.

Ablagerung

Dabei verringert sich die Geschwindigkeit des Wassers, und es lagern sich zunächst die gröberen Sedimente in den Flüssen ab.

Mündungsbarre

In diese Sandbänke schneiden sich ein oder zwei Rinnen ein, durch die das Flusswasser ins Meer abfließt.

Wenn das Wasser der Flüsse auf das Meer trifft, wird es noch einmal deutlich abgebremst. Der mitgeführte Sand lagert sich am Meeresboden ab. Die Flüsse bauen sich einen Sanddamm um ihre Mündung herum.

Bei meinen Recherchen für dieses Buch bin ich auf eine sehr spezielle Art des Unfallhergangs mit fatalen Folgen für Schiff und Besatzung gestoßen: Yachten geraten bei auflandigem Wind bei der Ansteuerung von Flussmündungen oder Seegatten in schwere Grundseen. Was macht diese Fälle so speziell, dass ich ihnen ein eigenes Kapitel widme? Den Unterschied zu einer Strandung macht in diesen Fällen der Hergang der Ereignisse: Die Yachten geraten nicht vom gewählten Kurs ab, sondern die Skipper entscheiden sich bewusst für die Ansteuerung und fahren in eine Situation, die Yacht und Besatzung in höchste Gefahr bringt. Den Fällen ist leider auch gemein, dass vor genau diesen Grundseen in den jeweiligen Revierführern stets gewarnt wird und dennoch den Besatzungen das Risiko nicht bewusst ist, in das sie sich begeben. Genau deshalb möchte ich Ihnen am Ende dieses Kapitels einige Anregungen dazu geben, wie Sie Ihre Entscheidungsfindung an Bord systematisch verbessern können. Damit Sie Ihre meist guten Entscheidungen – schließlich kommen Sie und Ihre Yacht als Folge Ihrer Entscheidungen als Segler ja fast immer unversehrt ans Ziel – künftig auf einer solideren Grundlage treffen können.

MOMO

EINE IRRFAHRT IN DER BISKAYA ENDET IN DEN GRUNDSEEN DER GIRONDE-MÜNDUNG [13]

Auf ihrem mehrmonatigen Törn von der Ostsee nach Spanien gerät ein deutsches Seglerpaar im November 2018 bei W-Wind mit Bft. 4–5 und einer Wellenhöhe von 3 m kurz vor Mitternacht in der Gironde-Mündung an der französischen Biskayaküste in schwere Grundsee.

Die beiden waren erst am Tag zuvor mit ihrer *Hunter 326* MOMO von Port Médoc in der Gironde-Mündung mit Ziel Archachon aufgebrochen. Die Lagune von Arcachon liegt etwa 65 sm südlich an der in diesem Bereich fast schnurgerade in Nord-Süd-Richtung verlaufenden Biskayaküste. Bei SSW-lichem Wind um Bft. 4 und 1,5 m Welle wird der Großteil der Strecke unter Motor gefahren. Als die MOMO allerdings gegen Sonnenuntergang und mäßiger Sicht die nördliche Einfahrt in die Lagune erreicht, beobachtet die Crew auf der Barre brechende Wellen, sodass sie beschließt, die Nacht draußen vor Anker zu verbringen. Bei auflandigem Wind und auflandigen Wellen auf 17 m Wassertiefe scheint mir dies keine besonders erholsame Nacht gewesen zu sein. Dennoch, der Anker hält bis zum nächsten Morgen, nur die Situation in der Einfahrt nach Arcachon hat sich nicht verbessert. Also entscheidet die Crew weiter nach Bilbao zu segeln – weitere 110 sm Richtung SW. Allerdings läuft auch dieser Schlag nicht wie gedacht, denn bereits eine halbe Stunde, nachdem die MOMO den Anker gelichtet hat, wird sie von einem Hubschrauber abgefangen, der die Besatzung auffordert, auf UKW-Kanal 16 zu gehen. Der Funker in der Küstenfunkstelle mit der Bezeichnung »Landes« (klingt wie das deutsche »Land«) spricht ein Englisch mit stark französisch eingefärbtem Klang. Auf der Seite der Seefunkstelle »Momo« wird gleichfalls mit stark muttersprachlichem Akzent gesprochen, sodass der Skipper der MOMO nach Beendigung der Kommunikation meint, verstanden zu haben, die MOMO solle umkehren und vermutet, die Franzosen hätten sie vor schlechtem Wetter warnen wollen.

Tatsächlich war die MOMO im Begriff, in ein sehr weiträumiges temporäres Sperrgebiet der französischen Streitkräfte einzulaufen, in dem an diesem Tag Raketenschießübungen stattgefunden haben. Sie wurde deshalb zum Umdrehen aufgefordert. Da die Lagune nicht ansteuerbar, der Weg nach Spanien von Hubschraubern versperrt und die 65 sm lange Küste zwischen Arcachon und der Gironde hafenlos ist, trifft die Crew die in dieser Situation für sie einzig sinnvoll erscheinende Entscheidung: wieder zurück in die Gironde in den Hafen von Rohan zu segeln. Die Rückreise verläuft bei

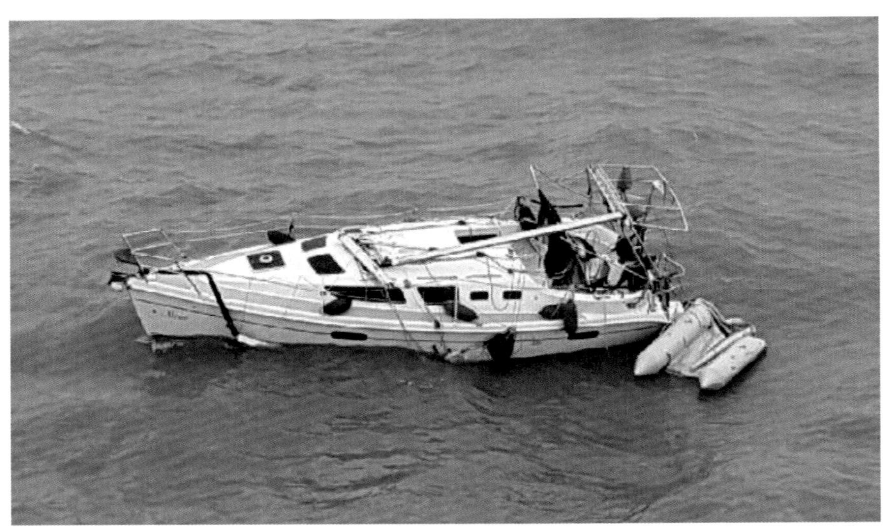

Die MOMO am Tag nach dem Unfall in der Gironde treibend.

Bft. 4 raumschots und 1,5–2 m Wellenhöhe angenehm und ohne Zwischenfälle. Das südliche Fahrwasser, durch das die MOMO 36 Stunden zuvor ausgelaufen ist, wird wie erwartet um 22:45 Uhr, 10 Minuten nach Hochwasser, erreicht. Zu diesem Zeitpunkt setzt der Gezeitenstrom allerdings bereits deutlich in Richtung SW. Es steht Wind gegen Strom, die Wellen werden deutlich steiler und höher. Mit Motorunterstützung läuft die Yacht in das unbeleuchtete Fahrwasser ein.

Plötzlich wird die MOMO von einem starken Brecher erfasst, der von hinten ins Cockpit einsteigt und sich durch den Niedergang bis in die Kajüte ergießt. Die Mitseglerin steigt nach unten, um den Niedergang zu verschließen. Da wird die MOMO von einem weiteren Brecher so stark erschüttert, dass die Seglerin in der Kabine stürzt. Ihr Mann steht noch am Ruder, doch innerhalb von Sekunden wird die MOMO von einem dritten Brecher erwischt. Die Seglerin wird von den eindringenden Wassermassen in der Kabine erneut umgeworfen. Die Welle trifft die Yacht so heftig, dass sie mindestens so stark krängt, dass der Mast unter Wasser gedrückt wird. Als sich die Yacht wieder aufgerichtet hat, muss die Seglerin mit Schrecken feststellen, dass die Yacht entmastet und ihr Mann über Bord gespült wurde. Der Motor ist stehen geblieben, die Batterien vom eingedrungenen Wasser beschädigt und das UKW-Funkgerät nicht mehr funktionsfähig. An Deck und im Cockpit herrscht ein Chaos aus Leinen und Teilen des zerstörten Riggs.

Auf die Rufe nach ihrem Mann erhält die Seglerin keine Antwort. Über ihr Handy, das sie in ihrer Ölzeugtasche bei sich trägt, ruft die Seglerin die DGzRS in Bremen an – die Rettungskette wird in Gang gesetzt. Rettungshubschrauber und zwei Rettungsboote der SNSM, der französischen Seenotrettung, werden alarmiert. Um 01:15 Uhr wird der Skipper tot aus dem 13 °C kalten Wasser geborgen. Die Seglerin kann von der manövrierunfähigen Yacht mit dem Hubschrauber gerettet werden. Bei der Rettungsaktion gerät auch eines der Rettungsboote in so schwere Grundseen, dass zwei Rettungsleute über die Reling ihres Bootes geschleudert werden. Bei einem bricht der Lifebelt, und er geht über Bord, kann aber kurze Zeit später ebenfalls geborgen werden. Der andere kommt ohne fremde Hilfe wieder ins Boot.

Neben der Tatsache, dass der Skipper sich nicht mit einer Sicherungsleine am Boot gesichert hatte und er trotz angelegtem Beingurt so weit aus seiner Rettungsweste herausgerutscht war, dass sein Kopf deshalb nicht mehr von der Rettungsweste über Wasser gehalten wurde, stellt der Unfallbericht der BEAmer als wesentlichen, zum Unfall beitragenden Faktor fest: »une préparation insuffisante de l'expédition« (unzureichende Reiseplanung). In einem Seegebiet wie der Biskaya sei neben der Windvorhersage auch die Vorhersage der Wellenhöhe ein Faktor, der bei der Planung des Törnverlaufs zu berücksichtigen ist. So seien sowohl das südliche Fahrwasser der Gironde-Mündung als auch die Einfahrt nach Arcachon bei einer Seegangshöhe von mehr als 2 Metern unpassierbar. Alternativ hätte in der Gironde-Mündung das nördliche, für die Belange der Berufsschifffahrt betonnte und ausgebaggerte Fahrwasser, genutzt werden können – ein Umweg von 7 Seemeilen. Der Fall der MOMO ist nicht der einzige, bei dem die Unfalluntersucher eine unzureichende Reiseplanung attestieren, weshalb ich diesem Thema ein eigenes Kapitel an späterer Stelle des Buches gewidmet habe.

Da es allerdings zum Ende dieses Kapitels um die nautische Entscheidungsfindung gehen wird, möchte ich ihnen noch zwei Sätze aus dem Behördenfranzösisch des Berichts zitieren: »Der Skipper verfügte nicht über die Informationen, um eine richtige Entscheidung in Bezug auf das Ziel der Reise treffen zu können. Diese Informationen wären jedoch verfügbar gewesen.«

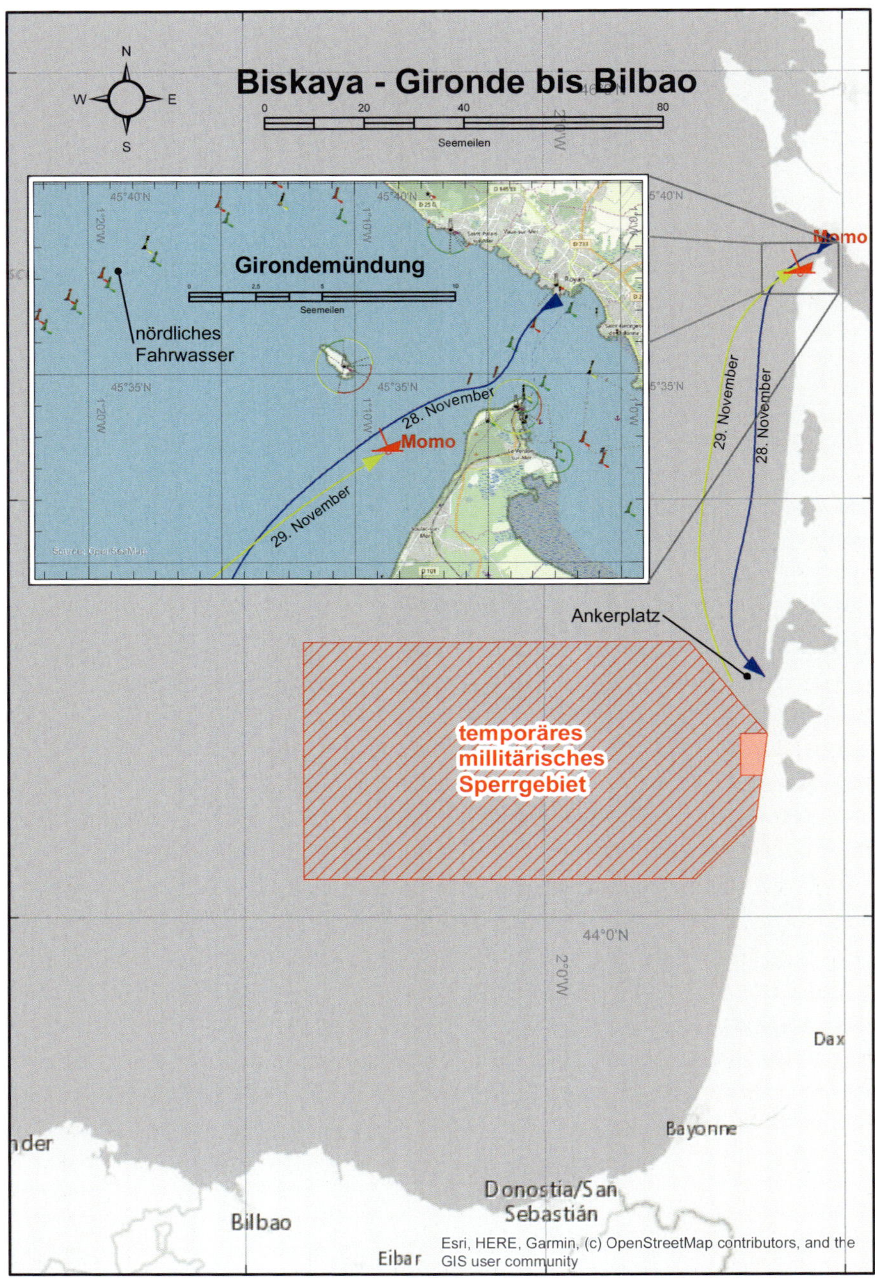

Übersichtskarte der südöstlichen Biskaya und Karte der Gironde-Ansteuerung: Die MOMO fährt am 28.11. von der Gironde bis vor die Lagune von Arcachon (blauer Pfeil). Zwischen ihrem Ankerplatz und dem neuen Reiseziel Bilbao erstreckt sich am 29.11. ein sehr ausgedehntes militärisches Sperrgebiet, weshalb sie wieder zurück in die Gironde segelt (gelber Pfeil).

—

LILLA W

SCHIFFBRUCH VOR KLAIPEDA [14]

Die Segelyacht LILLA W ist eine *Bavaria 37 Cruiser*, Baujahr 2018 und wird von einer polnischen Segelreiseagentur mit Basis in Danzig für kommerzielle Törns auf der Ostsee betrieben.

An einem Samstagnachmittag im September 2019 kommt die siebenköpfige Besatzung für einen einwöchigen Törn an Bord. Der 63 Jahre alte Skipper ist ein erfahrener Segler mit (nach eigenen Angaben) mehr als 100.000 Seemeilen auf dem Buckel und allen relevanten Segelscheinen, die in Polen für das Skippern einer kommerziell betriebenen Yacht erforderlich sind. Die sechs Mitsegler haben unterschiedliche Segelerfahrung. Die Wachführerin der 1. Wache verfügt über Regattaerfahrung auf Jollen, hat jedoch noch keine Törns auf Yachten mitgemacht. Der Wachführer der 2. Wache hat Erfahrung als Skipper von ähnlichen Charteryachten wie der LILLA W in Kroatien gesammelt. Er kann einen polnischen Offshore-Skipper-Segelschein vorweisen. Über einen solchen verfügt auch der 3. Wachführer. Die drei übrigen Mitsegler haben wenig bzw. keine Segelerfahrung, sind jedoch sportlich und reiseerfahren.

Nach einer Sicherheitseinweisung wird die Wettervorhersage, die der Skipper auf seinem Tablet mit der Wetterapp *Windy* für die nächsten Tage heruntergeladen hat, diskutiert. Die Vorhersage zu diesem Zeitpunkt für die nächsten 24 h: Südwest 20 kn (Bft. 5) bis Mitternacht, dann westdrehend, zunehmend 37 kn (Bft. 8) in Böen 46 kn (Bft. 9). Der Skipper stellt der Crew nun zwei Optionen für den Törn vor: entweder am selben Abend einen Schlag zur Halbinsel Hel zu unternehmen und dann für den Rest der Woche im Golf von Danzig zu segeln oder aber den Törn mit einem knapp 120 sm langen, unter diesen Bedingungen sehr anspruchsvollen, Schlag nach Klaipeda zu beginnen. Die Crew ist hoch motiviert, und so wird entschieden, noch am selben Abend mit Ziel Klaipeda auszulaufen.

Gegen Mitternacht passiert die LILLA W die Halbinsel Hel und ist nunmehr dem vollen Seegang der südwestlichen Ostsee ausgesetzt. Ein weiterer Wetterbericht wird über UKW empfangen, der die Vorhersage des Nachmittags bestätigt. Auf dem fest eingebauten Kartenplotter am Cockpittisch, der von den Doppelruderständen einsehbar ist, wird ein Kurs über Grund zwischen die Molenköpfe von Klaipeda eingestellt, dem die Rudergänger folgen sollen. Primär navigiert der Skipper jedoch auf seinem Tablett mit der *Navionics*-App.

Inzwischen trennt sich in der Crew die Spreu vom Weizen. Es zeigt sich, dass leider nur der Skipper und der 3. Wachführer ausreichend seefest sind. Die restlichen fünf Mitsegler fallen weitestgehend aus. Lediglich dem 2. Wachführer wachsen im Laufe des folgenden Tages die Seebeine. Beim Rudergehen müssen sich Skipper und 3. Wachführer in der Nacht abwechseln, um die Yacht unter stark gerefftem Rollgroß zu ihrem Ziel an der litauischen Küste zu steuern. Gegen 17 Uhr des folgenden Tages kommen die Küste und die Stadt Klaipeda in Sicht. Um 18 Uhr wird der Motor gestartet und das Großsegel eingerollt. Im Cockpit befinden sich zu diesem Zeitpunkt der Skipper am Backbordsteuerstand, der 3. Wachführer am Steuerbordsteuerstand und der 2. Wachführer unter der Sprayhood am Niedergang, jeder mit angelegter Rettungsweste und mit Lifebelt gesichert. Die übrige Crew ist unter Deck geblieben. Der Skipper versucht im Wechsel mit Blick voraus und auf das Tablett, das Unterfeuer der Hafeneinfahrt von Klaipeda ausfindig zu machen. Da wird die Yacht von einem ersten Brecher erfasst, der sie so stark nach Steuerbord krängt, dass Skipper und 3. Wachführer über Bord geschleudert werden. Dabei reißt der D-Ring der Rettungsweste des Skippers aus, aber dieser schafft es noch, sich an der Yacht festzuklammern. Sofort übernimmt der 2. Wachführer das Ruder und gibt Order an die Crew in der Kabine, per DSC einen Notruf abzusenden (der, wie sich bei der Unfalluntersuchung herausstellt, leider nicht ausgesendet wurde) und an Deck zu kommen, um bei der Bergung der Überbordgegangenen zu helfen. Der 3. Wachführer hängt mit seinem Lifebelt am Heckkorb, schafft es aber nicht, sich wieder an Bord zu ziehen. Da bleibt zu allem Überfluss auch noch der Motor stehen. Gerade sind drei weitere Segler aus der Kabine gekommen, als die Yacht von einem weiteren Brecher heimgesucht wird, der alle sich im Cockpit Aufhaltenden über Bord schleudert. Der dritte Brecher nimmt der Yacht das Rigg. Nur einer der Überbordgefallenen schafft es zurück an Bord, die anderen fünf driften nun in ihren Rettungswesten in der Brandung. Die beiden an Bord Gebliebenen sind ausgerechnet diejenigen, die über keinerlei Segelerfahrung verfügen. Sie bringen das Rettungsfloß aus, aber die Sicherungsleine reißt unter der Belastung der brechenden See. Das Rettungsmittel treibt davon. Die EPIRB wird ins Wasser geworfen. Sie sendet zwar verzögert, aber sie sendet immerhin. Nur einem aufmerksamen Bernsteinsucher am Strand ist es zu verdanken, dass bereits um 18:15 Uhr der Notfall über 112 gemeldet wird. Um 18:42 Uhr wird die LILLA W auf die Kurische Nehrung gesetzt. Den Strand erreichen fünf von sieben Seglern lebend. Der Skipper kann dort trotz aller Versuche nicht wiederbelebt werden. Der 3. Wachführer wird elf Tage später tot im Hafen von Klaipeda gefunden.

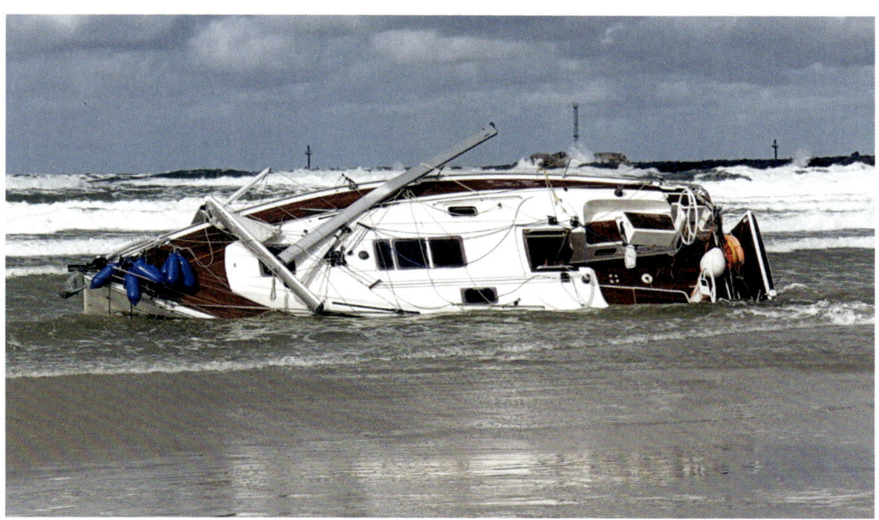

Die LILLA W nach der Strandung.

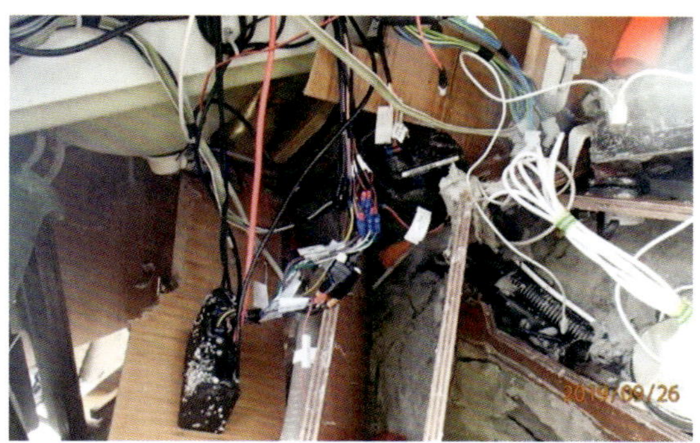

Zerstörte Navi-Ecke der LILLA W.

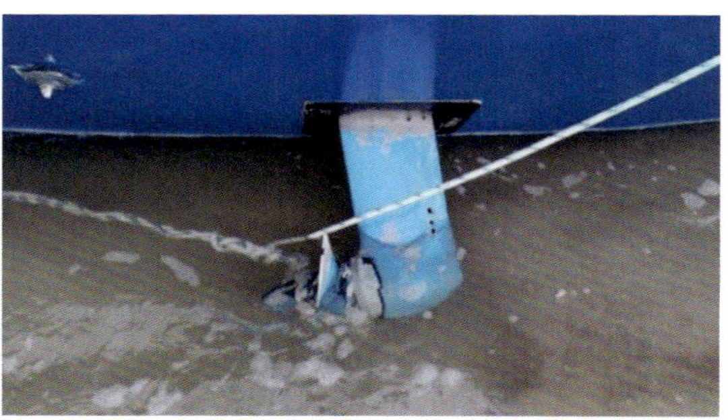

Tauwerk im Schiffspropeller.

Die Untersucher der SMAIC haben sich genau angeschaut, wie sich die Yacht und die Ausrüstung in den Grundseen bewährt haben. Diesen Teil möchte ich in aller Kürze zusammenfassen, denn die für uns Segler viel lehrreicheren Phasen dieses Törns haben weit vor der Brandungszone stattgefunden:

- *Als Ursache für das Versagen des Motors konnte zweifelsfrei Tauwerk identifiziert werden, das bereits mit dem ersten Brecher aus dem Cockpit über Bord gespült wurde und sich kurz darauf im Propeller der Yacht vertörnt hat. Seglern wird geraten, stets darauf zu achten, die Leinen an Bord so zu klarieren, dass sie nicht über Bord gespült werden können. Boxen oder Taschen, in denen loses Tauwerk verstaut werden können, seien hierfür nützliche Ausrüstung.*
- *Mindestens ein Crewmitglied hatte seinen Lifebelt an einem Bügel am fest eingebauten Cockpittisch befestigt. Dieser ist auch Befestigungsort von Magnetkompass und Kartenplotter. Der Cockpittisch wurde mit dem zweiten Brecher komplett aus dem Cockpitboden herausgerissen. Ein solcher Tisch im Cockpit einer seegehenden Yacht sollte jedoch stabil genug sein, um den auftretenden Kräften beim Sturz mehrerer Personen im Cockpit Stand zu halten. Die von der Werft verwendeten dünnen Befestigungsschrauben haben sich in dieser Hinsicht als unterdimensioniert erwiesen.*
- *Rettungswesten – 290 N nach DIN EN ISO 12402 – sind den Seglern im Wasser über die Köpfe gerutscht, weil entweder die Beingurte nicht eng genug angelegt wurden oder sich geöffnet haben. Mindestens bei einem Segler ist der D-Ring, an dem der Lifebelt angeschlagen war, an der Weste ausgerissen. Im Cockpit gab es lediglich drei Beschläge, die für das Sichern der Crew mit einem Lifebelt vorgesehen sind.*
- *Wesentlicher Faktor bei diesem Unfall, der für zwei Menschen tödlich endet, sind allerdings Reiseplanung und nautische Entscheidungsfindung. Hierbei interessant ist: Welche Informationen waren für den Skipper verfügbar? Welche wurden tatsächlich vor und während des Törns herangezogen, und auf welcher Basis wurde die Entscheidung getroffen, bis nach Klaipeda zu segeln?*

Verfügbar und genutzt wurde vor der Abreise die *Windy*-App. Die Vorhersage für den Ankunftszeitraum in Klaipeda: SW Bft. 8, Böen 9. Bft. 8 bedeutet in Worten »stürmischer Wind«, Bft. 9 »Sturm«. Allerding sprach der Skipper gegenüber der Crew lediglich davon, er erwarte »sehr starken westlichen Wind«. Daran, dass er die Wörter »Sturm« oder »Sturmwar-

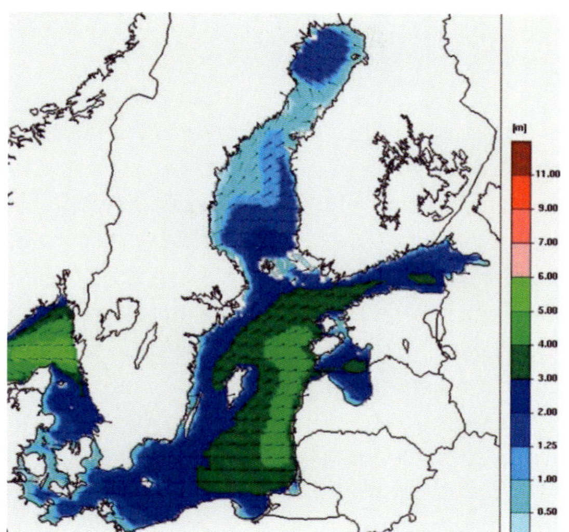

Wellenhöhen in der Ostsee am Unfalltag.

nung« gesagt hätte, konnte sich keiner der Überlebenden erinnern. Hat der Skipper die Informationen aus der App möglicherweise falsch interpretiert? Viele moderne Wetterapps und Webseiten nutzen für die Darstellung der Windprognose nicht mehr die klassischen Windpfeile mit der Befiederung in 5-kt-Schritten, sondern animierte Windflussdarstellungen, die mit einem Farbschema für die Windgeschwindigkeit unterlegt sind. Diese Form der Darstellung ist vielleicht intuitiv verständlicher als die Pfeile – aber wurde sie in diesem Fall auch korrekt als Wind in Sturmstärke interpretiert? In vielen Apps besteht außerdem die Möglichkeit, die Einheiten der Windskala anzupassen, beispielsweise m/s anstatt kt. 37 kt entspricht etwa 19 m/s, 46 kt etwa 23 m/s. Die Verwendung von m/s ist in Osteuropa gängig. Eine Fehlinterpretation oder Fehlbedienung der App ist jedenfalls vorstellbar. Die App bietet auch eine Wellenprognose. Ob diese genutzt wurde, ist ungewiss. Vorhergesagt war eine signifikante Wellenhöhe von 3–4 m.

Des Weiteren an Bord verfügbar: das *Küstenhandbuch Polen und Litauen* von Jörn Heinrich (polnische Ausgabe). Dort steht über die Ansteuerung von Klaipeda: »Bei Sturm aus West sollte Klaipeda nicht angelaufen werden, da brechende Wellen die Yacht vor dem Einlaufen gefährden können.« Zuvor wird in diesem Revierführer darauf hingewiesen, dass die Wellen in der südöstlichen Ostsee durch die große Anblasstrecke die größten Höhen in der Ostsee erreichen. Ob der Skipper diese Informationen vor dem Törn nachgeschlagen oder stattdessen auf seine Erfahrung vertraut hat, wissen wir nicht. Gewissheit besteht jedoch darin, dass der NAVTEX-Empfänger, welcher Sturmwarnungen auch außerhalb der UKW- und Handyfunkreichweite empfangen hätte, den gesamten Törn über ausgeschaltet blieb.

Kommen wir zum letzten Punkt der Analyse: der Ansteuerungstaktik vor Klaipeda. Die LILLA W befindet sich bei ihrer Ansteuerung, kurz bevor der erste Brecher die Yacht erfasst, südlich der Molenköpfe, mit Nordkurs nahezu parallel zur Küste und in etwa quer zur Wellenrichtung. Sie begibt sich damit nicht nur in die Brandungszone, sondern tut dies auch noch im ungünstigsten Winkel zu den Wellen. Ratsam wäre es laut Untersuchungsbericht gewesen, einen Wegpunkt zwischen das erste Lateraltonnenpaar der Hafenansteuerung zu setzen, besser noch neben die Ansteuerungstonne, diesen mithilfe von GPS/Kartenplotter anzusteuern und von dort aus der Richtfeuerlinie zu folgen. Auf einem solchen Kurs wären auch die Wellen von achtern eingefallen, und die Brandungszone wäre auf kürzest möglichem Weg durchquert, mithin also das Risiko, quer zu schlagen, minimiert worden. Eine teilweise ausgerollte Genua hätte die Yacht auf diesem Kurs zusätzlich stabilisieren können.

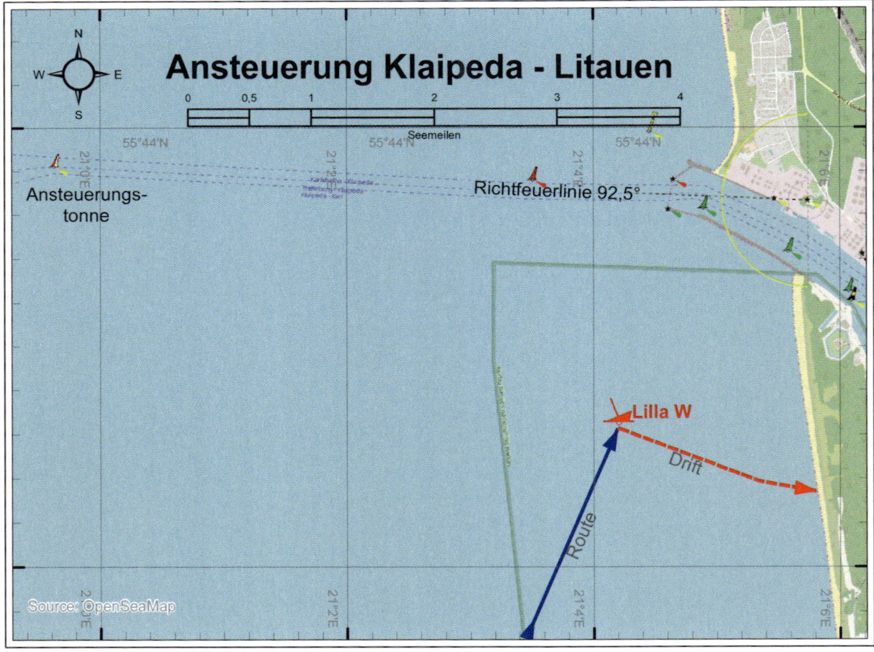

Die LILLA W nährt sich den Molenköpfen der Hafeneinfahrt dicht unter Land auf nahezu küstenparallelem Kurs, bevor sie in der Brandungszone havariert.

—

MERI TUULI[15]

TRAGISCHE RETTUNG VOR PORTUGAL

Sagt Ihnen der kleine Ort Nazaré an der portugiesischen Atlantikküste etwas? Vielleicht haben Sie im Zusammengang mit den Stichworten »Surfen« und »big wave« schon mal von ihm gehört? Ich vermute, dem ein oder anderen werden die Bilder des Forts von Sao Miguel Arcanjo in den Sinn kommen, hinter dem Surfer als kleine Punkte gigantische Wellen hinabschießen. Hier werden Weltrekorde für die größte jemals gesurfte Welle gejagt und gebrochen. Mittlerweile säumen Schaulustige in den Wintermonaten die Klippen oberhalb vom Praja do Norte. Im April 2013 dürfte außer Insidern allerdings noch kaum jemand etwas von dem verschlafenen Fischerdorf und seiner Riesenwelle gehört haben. Vermutlich auch nicht an Bord der MERI TUULI, die nur wenige Meilen südlich von Nazaré in den Brandungswellen der portugiesischen Küste verunglückt ist.

Die Yacht vom Typ *X-442* einer norddeutschen Segelschule befindet sich zu dieser Zeit auf einem einwöchigen, etwa 330 sm langen Ausbildungstörn von Lagos nach Leixoes bei Porto.

An Bord:

- ***der Skipper (mit SHS, LRC und britischem Yachtmaster Offshore)***
- ***drei hochseeerfahrene Mitsegler – von diesen einer ebenfalls mit SHS, LRC und Yachtmaster Offshore, einer mit SKS und ein weiterer mit ca. 120 Wochen Segelerfahrung auf Booten zwischen 28 und 44 ft.***
- ***ein unerfahrener Segler.***

Am Abend des vierten Tages liegt die MERI TUULI im Hafen von Peniche. Von dort sind es noch etwa 120 sm bis Leixoes. Für den kommenden Tag ist ein Schlag zum knapp 60 sm entfernten Figuera da Foz angedacht. Die Wetter- und Seegangsvorhersage für die nächsten 24 Stunden: SW Bft. 4–5, in der Nacht zunehmend bis Bft. 7, Dünung aus NW mit 3–4 m, später W, 4–5 m Wellenhöhe. Am nächsten Morgen hat sich die Vorhersage nicht wesentlich geändert. Beim morgendlichen Briefing ist der Crew offenbar bewusst, dass die Ansteuerung von Figuera da Foz bei dem starken auflandigen Wind bzw. der W-Dünung gefährlich sein kann, denn für diesen Fall wird der Hafen von Leixoes als Plan B festgelegt. Da dies eine Nachtfahrt bedeuten würde, werden zwei Wachen eingeteilt. Ob das Anlaufen von Figuera da Foz möglich wäre, sollte unterwegs per Funk mit den Hafenbehörden geklärt werden.

Um 8:30 Uhr legt die MERI TUULI ab, und nach dem Passieren von Cabo Carvoiro wird ein Kurs von 34° Richtung Zielhafen gesteuert. Die *X-442* läuft nur unter Groß bei mitlaufendem Strom mit 7 kn über Grund. Die Stimmung an Bord ist gut. Etwa 18 sm vor Figuera da Foz versuchen sowohl der Skipper als auch der Mitsegler mit Funkschein auf den im Reeds angegebenen UKW-Kanälen 8 (Hafenmeister Marina), 11 (Port Figuera da Foz) und 16 eine der Küstenfunkstellen am Zielort zu kontaktieren, um in Erfahrung zu bringen, ob der Hafen anlaufbar oder ggf. sogar geschlossen ist. Eine Antwort bleibt jedoch aus. Es kommt allerdings zu einem Funkgespräch mit der achteraus befindlichen TIME BANDIT, in dem es um die Situation in der Ansteuerung von Figuera da Foz geht. Auch die TIME BANDIT möchte diesen Hafen anlaufen, ist jedoch über den Schwell besorgt und ruft zur Vorsicht auf. Die TIME BANDIT hat zu diesem Zeitpunkt ebenfalls keine eindeutige Information darüber, ob der Hafen anlaufbar, nicht anlaufbar oder gesperrt ist.

Zwei Seemeilen vor den Molen wird beschlossen, den Hafen anzulaufen, da der Wind inzwischen auf Bft. 6 auffrischt, die Sicht sich durch Nieselregen verschlechtert und auch der Zeitpunkt zum Hochwasser günstig erscheint. Einige Minuten später wird das Groß geborgen und die Maschine gestartet. Um 16:41 Uhr, kurz vor der Einfahrt in den Hafen, steht der Skipper am Steuer und die übrigen vier Segler sitzen mit angelegten Rettungswesten[VI] – eine sogar »sachgerecht« mit Sicherungsleine gesichert – im Cockpit. In diesem Moment bricht eine mehrere Meter hohe Grundsee von achtern über die MERI TUULI herein, flutet das Cockpit und krängt die Yacht so stark auf die Seite, dass der Mast bricht und vier der fünf Segler, darunter der Skipper, außenbords geschleudert werden. Die letzte Frau an Bord schafft es mit erheblicher Mühe, die verbogene Badeleiter auszubringen, sodass der Skipper wieder an Bord klettern kann. Er gibt Anweisung, die Seenotsignalmittel zu holen und hilft einem sich an der Bordwand festhaltenden Mitsegler (dem später Verunglückten) zum Heck zu gelangen, um dort wieder an Bord zu kommen, was dieser aber nicht schafft.

Der Skipper schießt eine rote Signalrakete ab und hilft dann der Mitseglerin, sich von »ihrer vertörnten Rettungsweste zu befreien, die ihren Kopf und Hals einschnürte«. Auf der TIME BANDIT wird die rote Signalrakete bemerkt und sofort ein Mayday-Relay-Ruf abgesetzt, der die Rettungskette in Gang setzt. Danach öffnet der Skipper die Rettungsinselhalterung. Die Rettungsinsel driftet aber – genau wie bei der LILLA W – ohne auszulösen ab, weil die Befestigungsleine am abgerissenen Heckkorb angeknotet gewesen war. Nach etwa 20 Minuten erreichen ein Seenotrettungskreuzer

[VI] An Bord wurden 275-N-Rettungswesten verwendet.

und ein RIB der Hafenpolizei das Geschehen. Der Seenotrettungskreuzer nimmt die zwei noch im Wasser treibenden verletzten Segler auf. Die Besatzung des Polizeiboots zieht den am Heck gesicherten Segler an Bord. Der Skipper startet den Motor der MERI TUULI (dieser muss in der Grundsee ausgegangen sein), doch nach kurzem Schub blockiert im Wasser hängendes laufendes Gut den Propeller. Das Polizeiboot kehrt zur MERI TUULI zurück und birgt einen weiteren Segler ab. Die Seenotretter sollen nun die MERI TUULI in Schlepp nehmen. Da sehen der Skipper und die Besatzung des Seenotrettungskreuzers, wie das Polizeiboot in einer Brandungswelle vor dem Strand kopfüber kentert und drei Polizisten und die zwei Segler über Bord gehen. Nun hat deren Rettung Vorrang. Der Skipper der MERI TUULI steigt auf den Rettungskreuzer über. Dessen Besatzung gelingt es noch, einen der Polizisten aus der Brandungszone zu holen. Einer der beiden Segler, die auf dem Polizeiboot waren, schafft es zusammen mit einem weiteren Polizisten, schwimmend den Strand zu erreichen. Der dritte Polizist und der zweite Segler ertrinken in der Brandung. Die MERI TUULI wird südlich der Hafeneinfahrt an den Strand gespült.

Die Unfalluntersucher der BSU kommen u. a. zu folgenden Ergebnissen:

- *Zum Unfallzeitpunkt herrschte ein chaotisches Wellenbild mit stark brechenden 4–5 m hohen Seen, verursacht durch die Nordwestdünung in Kombination mit der Windsee aus SW und dem ansteigenden Meeresgrund.*
- *Die MERI TUULI sei SW-lich der nördlichen Hafenmole wahrscheinlich durch eine Grundsee an der Barre getroffen worden; die Grundsee machte das Ruder wirkungslos und führte zu starken Rollmomenten, sodass die Yacht sehr schnell 40–60° zur Seite krängte; ein Knockdown, bei dem der Mast die Wasseroberfläche berührte, käme auch in Betracht.*
- *Die Besatzung der MERI TUULI habe nachweislich in etwa 18 sm Entfernung auf UKW-Kanal 16 Anrufe an die Marina und die Hafenbehörde gerichtet, die unbeantwortet geblieben sind. Möglicherweise habe aber die Sendeleistung nicht ausgereicht, damit diese Meldungen in Figuera da Foz hätten empfangen werden können. Es sei ebenfalls denkbar, dass die Funkanrufe empfangen worden seien, die Verantwortlichen aber aus nicht näher bekannten Gründen nicht geantwortet hätten. Es sei vorstellbar, dass es eher eine Reaktion der gerufenen Funkstellen gegeben hätte, wenn die MERI TUULI ihre Intentionen mitgeteilt hätte.*

- ***Der Hafen Figuera da Foz war zum Unfallzeitpunkt wegen gefährlicher Grundseen vor der Hafeneinfahrt offiziell für Fahrzeuge unter 35 m Länge gesperrt.***

Wenn Ihnen die Information darüber vorliegt, dass ein Hafen für die Sportschifffahrt gesperrt ist, noch dazu vielleicht aus einem absolut nachvollziehbaren Grund wie dem Auftreten gefährlicher Grundseen in der Ansteuerung, wird die Entscheidung darüber, ob Sie diesen anlaufen oder besser nicht, sehr schnell recht einfach: besser nicht. Welche Möglichkeiten hätte die Crew der MERI TUULI gehabt, um an diese essenzielle Information zu gelangen? Man entschied sich dazu, diese Information über Funk von den relevanten Küstenfunkstellen einzuholen, und der Skipper hatte gute Gründe anzunehmen, dass er auf diesem Wege die gewünschte Information auch würde erhalten können. Das gelang wider Erwarten jedoch nicht. Welche Alternativen hätte es gegeben? Die Hafenbehörde von Figuera da Foz wies im Zuge der Untersuchungen darauf hin, die Crew hätte die Signale am Signalmast des Hafens vor dem Einlaufen überprüfen können. Dort wäre das Signal für die teilweise Sperrung des Hafens gesetzt gewesen: ein schwarzer Ball mit 50 cm Durchmesser, voll aufgeheißt. Bei der Begehung vor Ort haben die Mitarbeiter der BSU allerdings nicht einmal vom äußeren Molenkopf aus die Tagsignale am Signalmast erkennen können – bei Verwendung eines Fernglases wohlgemerkt. Der trockene Kommentar im Untersuchungsbericht: »Insofern hat er (der Signalmast) eher einen touristisch, historisch bedingten Wert.« Welche Möglichkeiten fallen Ihnen noch ein, wie die Crew an die entscheidende Information hätte gelangen können? An Bord der Yacht befand sich ein NAVTEX-Empfänger. Nach Aussage der Segler blieb dieser stets eingeschaltet. Irgendwo im Speicher dieses Gerätes hätte die Crew die folgende Meldung finden können:

RA85
MONSANTORADIO
092119 UTC APR 13
NAV. WARNING NR 835/13
PORTUGAL-CONTINENTAL PORTUGAL-
WEST COAST-FIGUERA DA FOZ
HARBOUR ENTRANCE CLOSED TO
VESSELS UNDER 35 METERS LENGTH
NAVIGATIONAL WARNING NR 834/13
CANCELLED
NNNN

Leider kam niemand in der Crew nach den erfolglosen Funkversuchen auf die Idee, diesen Speicher zu durchforsten. Als letzte Möglichkeit[VII] fällt mir noch ein, die im Reeds angegebene Telefonnummer des Hafenmeisters anzurufen. Vielleicht wäre der Herr ans Telefon gegangen.

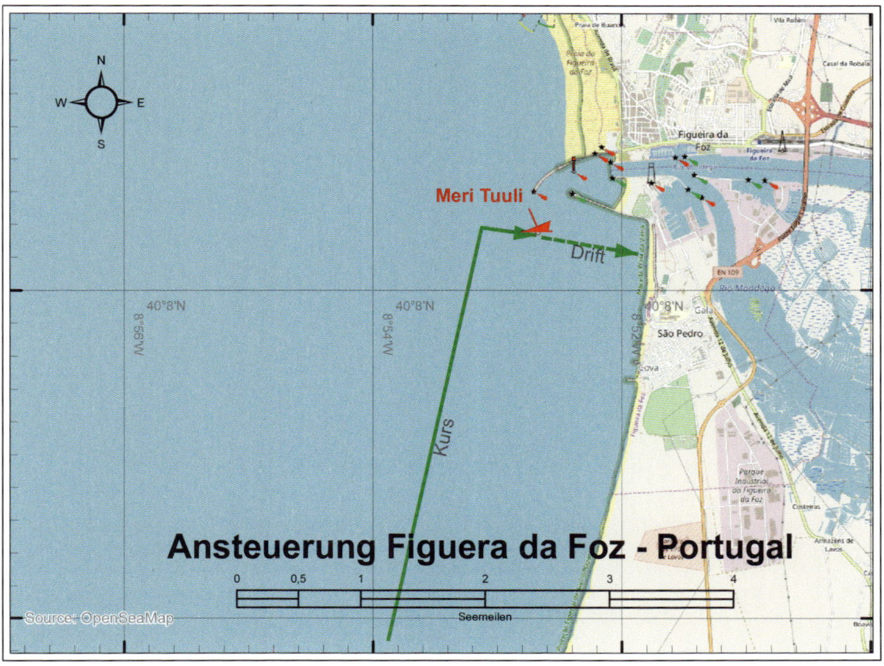

Kurz vor der Einfahrt in den Hafen wird die MERI TUULI von einer schweren Grundsee erfasst.

[VII] Vielleicht wäre die Crew auch im Internet fündig geworden. Allerdings waren Smartphones und mobile Datennutzung im Jahr 2013 noch nicht so weit entwickelt wie beim Erscheinen dieses Buches. Inzwischen gibt es z. B. die Website gmdss.org oder die Handy-App NavareaWarnings, wo man Navigationswarnungen recherchieren kann.

FAZIT
GRUNDSEEN

Der Fall der MERI TUULI ging 2013 durch die einschlägigen Medien. Noch heute findet man in diversen Internetforen Kommentare zu diesem tragischen Unfall. Neben viel Empathie für die Crew und den Skipper findet sich auch die unvermeidliche psychische Abwehrreaktion einiger Segler, um sich selbst von der schrecklichen Vorstellung zu entlasten, jemals in eine ähnliche Situation geraten zu können, die in etwa so lautet: »Wie konnte der Skipper nur in einen gesperrten Hafen einlaufen? Noch dazu bei dieser offensichtlich gefährlichen Seegangssituation! Dabei hätte der Hafen von Nazaré ohne Gefahr angelaufen werden können.« Das Urteil: menschliches Versagen auf ganzer Linie. Abgesehen davon, dass die innere Einstellung »Mir hätte das nie passieren können.« bereits die erste Zutat für das nächste »menschliche Versagen« darstellt, bringen uns derartige Analysen leider keinen Schritt weiter.

In allen drei Fällen dieses Kapitels haben erfahrene Skipper an irgendeinem Punkt der Reise die bewusste Entscheidung getroffen, eine bestimmte Ansteuerung durchzuführen. In allen drei Fällen wissen wir: Diese Entscheidungen waren falsch. Das möchte ich zum Anlass nehmen, eine grundsätzliche Herausforderung beim Segeln genauer zu betrachten, die vor allem die Skipperinnen und Skipper unter Ihnen betrifft: die Frage, wie wir wichtige nautische Entscheidungen an Bord treffen. Ich bin selbst nur mit einer viel zu kleinen Zahl an unterschiedlichen Skippern unterwegs gewesen, um diese Frage aus eigener Anschauung mit hinreichender Aussagekraft beantworten zu können. Aber ich habe im Laufe der Jahre viele Gespräche mit Seglern geführt. Und es gibt natürlich auch zu der Frage, wie erfahrene »Operator« in ihrem jeweiligen Spezialumfeld in dynamischen Situationen Entscheidungen treffen, wissenschaftliche Studien, sodass ich einen begründeten Verdacht habe: Sie folgen einem ***erkennungsbasierten Entscheidungsfindungsmodell***. Sie werden die aktuelle Situation mit bereits Erlebtem und Erlerntem (z. B. was sie im Unterricht für ihre Segelscheine gelernt oder wovon sie in Segelsachbüchern gelesen haben) vergleichen, nach Ähnlichkeiten suchen und Lösungen oder Hypothesen den Vorrang geben, die sich in ähnlichen Situationen als positiv erwiesen haben.[16] Wenn Sie darüber hinaus noch die Entscheidung ***mental modellieren*** – d. h. im Kopf durchspielen, wie sich die Situation infolge Ihrer Entscheidung entwickeln wird, bevor Sie diese umsetzen –, dann haben Sie Ihren Entscheidungsfindungsprozess sogar um eine analytische Komponente erweitert.

Im Untersuchungsbericht zum Fall der MERI TUULI heißt es in den Schlussfolgerungen: »Das in der Segelschule praktizierte [...] PSOOBAK, [...] wurde nicht angewandt, als es um die Entscheidung ging, den Hafen anzusteuern.« Zum Akronym PSOOBAK wird erklärt, es handle sich um eine Methode aus der Luftfahrt, »um gefährliche Situationen gemeinsam zu lösen. Es steht für Problem erfassen, Sofortmaßnahmen, Optionen Sammeln, Optionen werten, Beschlussfassung, Ausführung, Kontrolle.« Das Konzept wurde in den Crew-Ressource-Management-Kursen (CRM-Kursen) der Segelschule vorgestellt und trainiert. Es handelt sich um ein analytisches oder strukturiertes Entscheidungsfindungsmodell, so wie es tatsächlich in den Cockpits renommierter Fluggesellschaften (ggf. in etwas anderer Ausprägung) angewendet wird.

Ich bin, wie Sie inzwischen gemerkt haben sollten, ein großer Befürworter, dem Faktor Mensch auch in der Segelausbildung den Stellenwert einzuräumen, der ihm beizumessen ist und begrüße daher ausdrücklich, wenn Segelschulen ein gutes CRM in ihre Ausbildung integrieren oder gar in speziellen Seminaren anbieten, so wie es bei der Betreibersegelschule der MERI TUULI der Fall war und nach wie vor ist. Und tatsächlich weist die strukturierte Entscheidungsfindung, wie sie auf der MERI TUULI im Idealfall hätte stattfinden sollen, gegenüber der erkennungsbasierten einige Vorteile auf. Dennoch habe ich während der Konzeption dieses Buches die Idee, Ihnen ein strukturiertes Entscheidungsfindungsmodell in aller Tiefe vorzustellen bzw. für Ihre Schiffsführung zu empfehlen, verworfen. Zum einen, weil ich nicht daran glaube, dass Sie nach einem CRM-Wochenendseminar oder nach der Lektüre dieses Buches plötzlich auf hoher See Entscheidungen treffen »wie ein Airline-Pilot«. Zum anderen, weil wir es in der Sportschifffahrt mit einem anderen Umfeld zu tun haben als professionelle Piloten in ihren Flugzeugcockpits. Ich möchte Ihnen allerdings einige Inputs aus der Fliegerei geben, die in der Sportschifffahrt auch bei Erfahrungsentscheidungen zu einer Verbesserung der Entscheidungsqualität führen. In diesem Kapitel fangen wir mit der ***situativen Aufmerksamkeit*** und dem ***mentalen Modell*** an. Situative Aufmerksamkeit ist die Grundlage dafür, ein Abbild der Realität, in der Sie sich befinden, in Ihrem Kopf zu erschaffen. Dieses Abbild im Kopf ist die von Ihnen wahrgenommene Realität, Ihr mentales Model und damit die Basis, auf der Sie Ihre Entscheidungen treffen. Seien Sie deshalb ein aufmerksamer und kontinuierlicher Beobachter ihres Umfeldes:

- ***Stützen Sie sich dabei nach Möglichkeit auf relevante Fakten.***
  Hier beginnt die erste große Herausforderung:
  Welche Fakten sind relevant, welche sind es nicht?
  Um die relevanten von den weniger relevanten zu unterscheiden, hilft es, sich darüber Gedanken zu machen, welche konkreten Gefährdungen sich daraus für die Schiffsführung ergeben.

Einige Beispiele:

Fakt / Beobachtung	Mögliche Gefährdung
Grundsee	Querschlagen der Yacht, Grundberührung
Starkwind	Materialschäden, Erschöpfung der Crew, erhöhte Verletzungsgefahr bei Manövern, höhere MOB-Gefahr
hoher Seegang / Dünung	Seekrankheit, eingeschränkte Steuerfähigkeit der Yacht, erhöhte Verletzungsgefahr bei Manövern, im Extremfall Wassereinbruch
Gewitter	Blitzschlag, plötzliche Winddreher und Sturmböen: Gefahr von Materialschäden und Verletzungen, Starkniederschlag mit Verringerung der Sicht
hohe Verkehrsdichte	Kollision
unerfahrene Crew	hohe Arbeitsbelastung für Skipper, erhöhte Verletzungsgefahr, unerwartetes Verhalten der Crewmitglieder
Ausfall des Stromgenerators	nach Verbrauch der Batteriekapazität Ausfall der elektronischen Navigation, in Folge: ungenauere und nicht mehr kontinuierlich verfügbare Schiffsposition, erheblicher Mehraufwand für Navigation, Ausfall der Navigationslichter, Funkgeräte usw.
Hafen ist geschlossen	keine Bedrohung an sich, es kann aber ein wertvoller Hinweis auf mögliche andere Gefährdungen sein

- ***Machen Sie sich ein möglichst umfassendes Bild der Lage.***
  Es gibt Segler, die ein Faible für Wettervorhersagen haben. Da werden Bodendruckprognosekarten ausgewertet und Windvorhersagen aus drei verschiedenen Quellen herangezogen. Wunderbar – aber hat sich auch jemand eine Wellenprognose angesehen oder im Revierführer die für den Törnabschnitt relevanten Passagen durchgelesen? Im Zweifel kann ich nur empfehlen, Ihre begrenzten Ressourcen nicht für redundante, sondern für möglichst umfassende Informationsbeschaffung einzusetzen.

- ***Spekulieren sie nicht!***
  Gehen sie den Dingen auf den Grund.
  Wohin zieht das Gewitter? Ein Blick auf die Wetterapp mit dem Echtzeitregenradar, und Sie können die Lage besser beurteilen. Kollisionskurs, ja oder nein? Nehmen Sie den Peilkompass zur Hand, und messen Sie, ob die Peilung steht. Oder schauen Sie sich den CPA auf ihrem AIS-fähigen Kartenplotter an.
- ***Bleiben sie dran!***
  Gerade, wenn es ungemütlich wird, ist es wichtig, sich mit Updates zu versorgen: Hat sich die Wetter-/Seegangsvorhersage verändert? Bleibt mein Zielhafen ohne Gefahr anlaufbar? Wie ist der realistische Zustand meiner Crew und mein eigener in Bezug auf physische und mentale Fitness? Und: Gibt es Abweichungen zu dem, was sie erwartet haben?
- ***Nehmen Sie Ihre Informationsquellen ernst!***
  Wenn ihr Wetterbericht Bft. 8 vorhersagt, dann gehen Sie auch davon aus, dass sie Bft. 8 bekommen werden. Ihr Revierführer sagt: »Bei Sturm aus West sollte Klaipeda nicht angelaufen werden, da brechende Wellen die Yacht vor dem Einlaufen gefährden können.«? Dann planen sie nicht mit Klaipeda, wenn Bft. 8 aus West vorhergesagt ist.

Ein solides, auf diese Weise erstelltes mentales Modell Ihrer Lage ist die beste Grundlage, um richtige Entscheidungen treffen zu können.

NOTMELDUNGEN *RICHTIG ABSETZEN*

!

Wie Notmeldungen richtig per DSC-UKW-Seefunkgerät ausgesendet werden, ist Prüfungsstoff im SRC-Funkschein. Die meisten Segler sind danach in der glücklichen Lage, nie wieder eine Notmeldung aussenden zu müssen. Mit der Folge, dass Jahre nach der Prüfung im Notfall diese wichtige Information – noch dazu unter enormen Stress – nicht mehr richtig aus dem Gedächtnis abrufbar ist. Weil das bei mir nicht anders ist, habe ich mir für diesen Fall eine Seite in meinem Notfallhandbuch (dazu mehr im Kapitel *Handlungsfähig bleiben im Notfall*) an Bord reserviert, von der ich im Notfall einfach ablesen kann, was ich tun und sagen muss. So lange die eingebaute UKW-Funkanlage mit Masttopp-Antenne funktioniert, ist sie in Küstengewässern mit Sicherheit die beste Möglichkeit, Hilfe zu holen, denn:

- ***per DSC werden alle umliegenden Funkstellen alarmiert, und Ihre GPS-Position wird automatisch übermittelt,***
- ***mit einem Handy ist die Reichweite sehr begrenzt, und Sie erreichen nur einen Teilnehmer, beim Funk hören alle mit,***
- ***Funksignale können angepeilt werden, falls die Positionsübermittlung aus irgendeinem Grund doch nicht funktionieren sollte.***

Ergänzend dazu oder falls das Hauptfunkgerät ausgefallen sein sollte, kann eine EPIRB aktiviert werden. Charteryachten sollten mit beidem ausgerüstet sein. Es muss nur ein Schalter umgelegt werden, und schon sendet dieser Notfunksender seine Kennung und Position. Es gibt aber auch bei diesem System zwei Punkte, die den Unfalluntersuchern immer wieder auffallen:

1. ***Ältere EPIRBs haben kein integriertes GPS.***
   Ihre Position wird durch Satellitenüberflüge ermittelt (mittels Dopplerpeilung). Es kann bis zu 90 min dauern, bis eine Position ermittelt wird, die darüber hinaus weniger genau ist. Dieser Umstand ist einigen Crews nicht bekannt gewesen.
2. ***EPIRBs sind falsch oder gar nicht registriert.***
   Sie senden zwar ein Notsignal aus, aber Name und Rufzeichen der Yacht und Kontaktaden sind falsch oder gar nicht hinterlegt. Das macht die Rettungseinsätze schwieriger.

Insbesondere, wenn Sie eine EPIRB gebraucht kaufen, denken Sie daran, sie über die Bundesnetzagentur für ihre Yacht zu registrieren. Den Notfallkontakt zu Ihrer EPIRB können Sie bei der Registrierung angeben oder über die Website der Bundesnetzagentur eintragen oder verändern. Ein Notfallkontakt ist auch deshalb wichtig, weil mehr als 80 % der EPIRB-Alarme, die bei der DGzRS eingehen, Fehlalarme sind. Bevor ein Seenotrettungskreuzer losgeschickt wird, wird eine EBIRB-Notmeldung zunächst auf Plausibilität geprüft.

Sollten Sie auf Ihr Handy oder auf hoher See Ihr Satellitentelefon als Kommunikationsmittel zurückgreifen müssen, ist für uns als deutsche Segler immer – egal, wo wir uns auf den sieben Weltmeeren befinden – die DGzRS in Bremen die erste Wahl: +49 421 53 68 70. Sie koordiniert die Rettungsaktionen mit den anderen MRCCs oder delegiert sie an diese. Falls Sie die DGzRS mit dem Handy kontaktieren möchten, wünschen sich die Seenotretter, dass Sie die SafeTrx-App (vor dem Auslaufen) installieren. Wenn Sie die Hilferuffunktion der App nutzen, wird nämlich automatisch Ihre Position übermittelt und das MRCC-Bremen angerufen.

Grundsätzlich gilt: eine Notmeldung besser zu früh als zu spät absetzen. Also auch dann schon, wenn eine Situation sich zu einer Notlage entwickeln könnte. Eine Notlage kann – sollte sich die Situation zum Positiven verändern – jederzeit zurückgenommen oder der Notfunkverkehr zum

Dringlichkeitsverkehr umgewandelt werden. In manchen Ländern kosten Rettungseinsätze auf See Geld (nicht in deutschen Gewässern, die DGzRS stellt für Nothilfe keine Rechnungen!). Ihre eigene Hemmschwelle, rechtzeitig zum Funkgerät zu greifen, können Sie senken, indem Sie vorher eine Skipper- bzw. Yachthaftpflichtversicherung abschließen, die diese Kosten übernimmt.

In einer als Mitsegler unbequemen Lage sind Sie, wenn Sie der Überzeugung sind, es wäre jetzt der richtige Moment für einen Notruf, Ihr Skipper das aber anders sieht. Das ist nur menschlich, denn es bedeutet das Eingestehen eines Scheiterns, und wer teilt der Welt das schon gern mit? In so einer Situation kann ich nur vorschlagen, zu versuchen, die Hemmschwelle bei Ihrem Chef zu senken. Vielleicht, in dem Sie ihm vorschlagen, zunächst eine PAN-PAN-Dringlichkeitsmeldung zu senden oder ihn darauf hinweisen, dass die Yachthaftpflichtversicherung die Kosten für einen Rettungseinsatz übernimmt. Eigenmächtig handeln sollten Sie nur, wenn absolut kein Zweifel an einer Notlage besteht.

Einen Notruf auszusenden, erfordert Mut. Es setzt aber auch ein starkes Signal an Ihre Crew: Wer um Hilfe ruft, hat noch nicht aufgegeben!

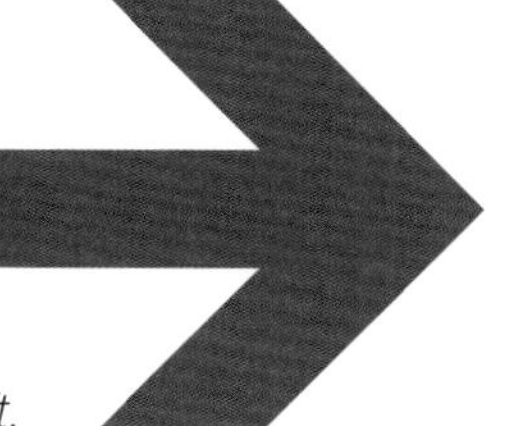

Nächste Seite:
Die Seite Mayday-Call aus meinem Notverfahren-Heft.

MAYDAY-CALL

- UKW-Funkgerät **CHECK AN**
- Distress-Taste **FÜR 5 SEKUNDEN DRÜCKEN**
- 15 Sekunden warten auf Bestätigung, dann:

»MAYDAY, MAYDAY, MAYDAY
THIS IS
(Schiffsname) (Schiffsname) (Schiffsname) (DXXXXX) (MMSI 211...)
MAYDAY
(Schiffsname) (DXXXXX) (MMSI 211...)
POSITION:
(xx) **DEGREES** (xx) **MINUTES** (North/South)
(xxx) **DEGREES** (xx) **MINUTES** (East/West)
AT (hh:mm) **UTC**
(Art des Notfalls)
(Welche Hilfe wird benötigt)
(ggf. weitere Angaben, die die Hilfeleistung erleichtern)
OVER«

Alternative Möglichkeiten:

- EPIRB
- UKW-Handfunkgerät im Grabbag
- Handy: SafeTrx-App-Hilferuf oder +49 421 53 68 70 (Bremen Rescue) wählen
- Satellitentelefon: rote Notfalltaste drücken (Bremen Rescue) oder +49 421 53 68 70 wählen
- AIS-SAR-Transmitter

04 RUDER-VERLUST

Gründe für Abbrüche bei der Regatta Sydney-Hobart

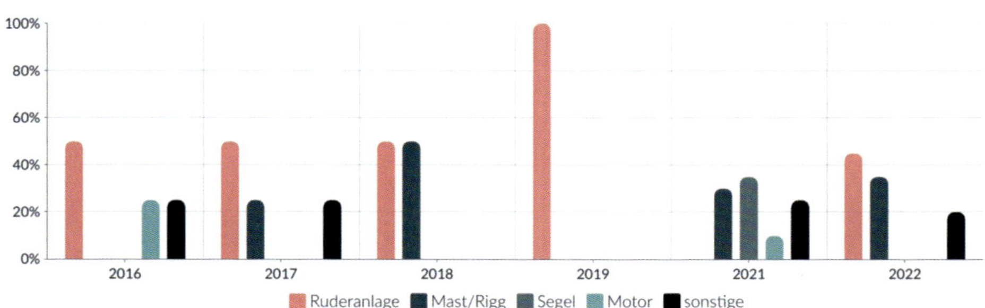

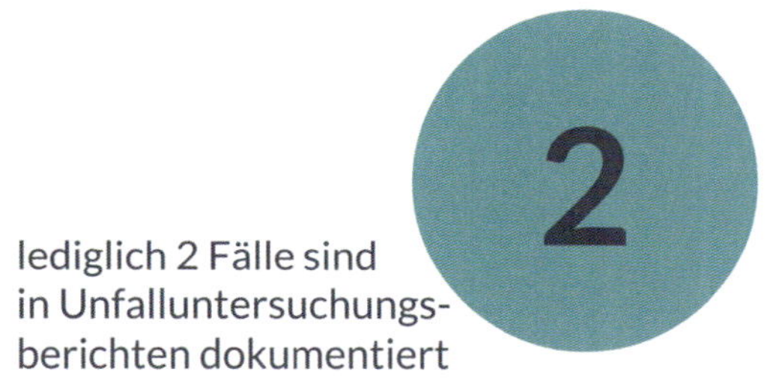

lediglich 2 Fälle sind in Unfalluntersuchungsberichten dokumentiert

–

Obwohl man meinen sollte, dass ein Ruderblatt deutlich empfindlicher wäre als ein Kiel, gibt es nur zwei Unfallberichte, in denen der Verlust eines Ruderblatts eine Rolle spielt. Das bedeutet aber nicht, dass es seltener Ruderschäden als Kielverluste gibt – vermutlich sind nur die Folgen meist weniger dramatisch. Berichte in diversen Internetforen deuten darauf hin, dass es häufig Probleme mit Ruderanlagen gibt, insbesondere, seit sich bei modernen Yachten die Spatenruder und Doppelruderanlagen durchgesetzt und die stabileren Konstruktionen mit Skeg verdrängt haben. Zuletzt gab es bei der Atlantic Rally for Cruisers 2021 bzw. Januar-ARC 2022 gleich zwei Yachten, die mitten auf dem Atlantik mit einem Ruderschaden konfrontiert waren:

–

BRAINSTORM

Am Abend des 18. Januar 2022 wurde *ARC Rally Control* über einen Alarm von der BRAINSTORM informiert: Das Ruder der Yacht vom Typ X4.9 sei beschädigt worden, und das Boot mache Wasser.

Die Vier-Mann-Crew der niederländischen Yacht sei unverletzt und habe versucht, den Wassereinbruch in den Griff zu bekommen. Der Strukturschaden im Rumpf hätte jedoch das Potenzial, sich zu verschlimmern, weshalb die Crew entschieden habe, die Yacht aufzugeben. Am folgenden Tag konnte die Crew der Brainstorm gegen Mittag mit dem Dinghi auf die Yachten WHAT'S NEXT und RHAPSODIE VI übersteigen. Wasser, Proviant und Diesel konnten ebenfalls auf die anderen Yachten hinübergerettet werden.

CHARLOTTE JANE III

In der Nacht vom 30.11. auf den 1.12.2021 schert der Steuerbordruderquadrant vom Steuerbordruder der *Hanse 588* ab. Die Yacht wird über Nacht mit dem Treibanker stabilisiert. Am folgenden Tag stellt die Crew fest, dass auch die Backbordsteuerung der Doppelruderanlage versagt hat und dadurch die Notsteuerung beschädigt wurde. Der Skipper der fünfköpfigen Crew erklärt Seenotlage, und die Besatzung evakuiert mit dem Rettungsfloß bei Bft. 7 und 4 m Wellen auf die MAGIC DRAGON.

Wenngleich es für diese Entscheidung gute Gründe gegeben haben mag, möchte ich an dieser Stelle an den Franzosen Jean-Jacques Savin erinnern. Der 72-Jährige hat im Jahr 2019 in einem Weinfass treibend in 120 Tagen den Atlantik von den Kanaren in die Karibik überquert – ohne Segel, Motor und Ruderblatt. Verglichen damit dürfte eine 58-Fuß-Yacht selbst ohne funktionierende Steuerung deutlich mehr Komfort und Sicherheit bieten. Manche Experten schätzen, auf Ozeanstrecken läge der Anteil der Yachten, die es mit einen Ruderschaden zu tun bekämen, bei etwa 1 %. Der Ruderschaft eines Spatenruders ist ein verwundbares Bauteil. Bei schwerem Seegang können Torsionskräfte auftreten, für die die Ruderschäfte nicht ausgelegt sind. Doppelruderanlagen haben zwar den Vorteil, eine gewisse Redundanz zu bieten, dafür befinden sie sich nicht im Schutz des Kiels, sodass sie exponierter und damit anfälliger für Kollisionen mit Treibgut sind. Zunächst hatte ich vermutet, die größte Herausforderung bei einem Ruderschaden sei das Wiederherstellen der Steuerfähigkeit der Yacht. Dies scheint jedoch in vielen Fällen zu glücken. Oder aber die Crews der Yachten schaffen es rechtzeitig, sich Schlepphilfe zu organisieren, denn sonst würden es mehr dieser Fälle bis in die Unfalluntersuchungsberichte schaffen. Bei einem der Fälle, die vom irischen MCIB untersucht wurden, war die Herausforderung jedoch anders gelagert.

–

MEGAWAT

WASSEREINBRUCH DURCH DEN RUDERKOKER [17]

Im Mai 2005 surft bei 20 bis 30 kn Wind von Raumschots die MEGAWAT nur unter Großsegel mit über 10 kn die etwa 2 m hohen Wellen in der Irischen See herunter. Die dreiköpfige Crew ist zuversichtlich, bis zum Abend die schottische Küste zu erreichen. Plötzlich vernehmen die Segler an Bord einen lauten Knall, und die Yacht läuft aus dem Ruder. Der Skipper fragt den Rudergänger, ob die Steuerung versagt habe, und dieser zeigt ihm, dass sich das Steuerrad mühelos von einer Seite zur anderen drehen lässt, ohne dass die Yacht reagiert.

Als Erstes informiert der Skipper die UK Coastguard über den Vorfall, erklärt Seenotlage, übermittelt die Position der Yacht und dass keine unmittelbare Gefahr bestehe. Dann macht sich die Crew daran, das Großsegel zu bergen. Dabei bemerkt sie, dass die QUITE CORRECT, die sich mit einer befreundeten Crew an Bord ebenfalls auf dem Weg nach Schottland befindet, ihren Kurs geändert hat, um auf die MEGAWAT zuzusteuern. Eine sehr gute Entscheidung der QUITE CORRECT-Crew, denn als der Skipper der MEGAWAT noch einmal in der Kajüte nach dem Rechten schauen will, steht das Wasser bereits über den Bodenbrettern! Im selben Moment sieht die Crew an Deck das Ruderblatt mit abgebrochenem Schaft davontreiben. Das Wasser unter Deck steigt rasch an, weshalb beschlossen wird, die Yacht aufzugeben und mit dem Rettungsfloß auf die QUITE CORRECT überzusetzen. Das Rettungsfloß wird zu Wasser gelassen und an der Sicherungsleine gezogen. Was dann passiert, möchte ich mit den Worten des Skippers wiedergeben: »Disappointment may not be quite the right word for what I was feeling when the hissing stopped after just 5 seconds, leaving about the right amount of CO_2 for a life-jacket in the raft!«

Der Auslösemechanismus der Rettungsinsel versagt! In aller Schnelle wird das Schlauchboot der QUITE CORRECT zu Wasser gelassen und an einer langen Leine nach Lee zum Havaristen gefiert. So wird die Crew der MEGAWAT an Bord der 54-Fuß-Yacht in Sicherheit gebracht.

Die Yacht sinkt auf ca. 70 m Wassertiefe. Sie wird nicht gehoben oder betaucht. Allerdings werden sowohl das Ruderblatt als auch das Rettungsfloß einige Wochen später auf See gefunden und geborgen. Durch deren Untersuchung konnten wertvolle Hinweise zum Unfall ermittelt werden.

Was also passierte mit dem Ruder der Yacht? Um es kurz zusammenzufassen: Es ist zu einem Ermüdungsbruch des Ruderschafts gekommen, wodurch dieser aus der Yacht herausgefallen ist. Über den Ruderkoker, der normalerweise wasserdichten Durchführung durch das Achterschiff des Bootsrumpfes für den Ruderschaft, ist das Wasser eingedrungen. Ausgangspunkt für den Bruch war eine Kerbe im Ruderschaft, aus der heraus sich ein Haarriss entwickelt hat. Wie es zu der Kerbe gekommen ist, dafür gibt es laut Bericht zwei Möglichkeiten:

1. *Es wurde ein Autopilot auf der MEGAWAT nachgerüstet. Dafür wurde ein weiterer Ruderarm am Schaft befestigt. Dessen Unterkante hat sich möglicherweise in den konisch geformten Teil des Ruderschafts eingedrückt. Oder aber bei dessen Einbau wurde ein kleines Partikel zwischen Schaft und Ruderarmbefestigung eingeklemmt. Die beiden Mitsegler an Bord der Yacht – beide von Beruf Ingenieure – haben noch einen weiteren Verdacht im Rahmen der Untersuchung geäußert: Die Einbauposition des Autopiloten-Arms könnte zu weit entfernt von der Aufhängung des Ruderschaftes gelegen haben, sodass zu große Biegekräfte am Ruderschaft aufgetreten sein könnten.*
2. *Für die Oberflächenqualität des Ruderschaftes wurde vom Konstruktionsbüro lediglich die Vorgabe »glatt« gemacht – ohne Nennung einer konkreten Fertigungstoleranz. Dies wurde vom Hersteller des Bauteils offenbar so interpretiert, dass eine Oberflächenrauigkeit von 80 µm ausreichend wäre. Dies entspricht in der Metallverarbeitung aber eher einer gemeinhin als »rau« empfundenen Oberfläche. Jedenfalls ist denkbar, dass die Oberfläche an einer Stelle »nicht glatt genug« gefertigt worden ist, um die am Steuerarm auftretenden Kräfte gleichmäßig auf den Schaft zu übertragen.*

Bei der Untersuchung zeigt sich außerdem, dass der dem Wasser ausgesetzte Teil des Aluminiumschaftes Schäden durch Korrosion aufweist, die wahrscheinlich infolge der Verwendung von kupferhaltigem Antifouling entstanden sind. Diese Korrosionsschäden waren aber nicht ursächlich für den Ruderverlust.

Die Rettungsinsel, eine *Zodiac Coaster SY6 AC,* war ein geliehenes Exemplar der irischen Firma *SOLAS Marine Services Ltd.*, die auch regelmäßige Inspektionen an dem Rettungsmittel vorgenommen hatte. Allerdings war diese Firma kein autorisierter *Zodiac*-Agent in Irland und verfügte auch nicht über die Wartungsinstruktionen von *Zodiac*. Bei der Untersuchung durch Zodiac International stellte sich heraus, dass der Auslösemechanismus des Rettungsfloßes nicht korrekt eingebaut gewesen war. Nachdem dieser Fehler behoben und eine neue CO_2-Patrone eingesetzt wurde, blies sich die Rettungsinsel problemlos auf. Der Skipper der Yacht, der berufliche Erfahrung im Bereich Sicherheitsausrüstung hat, ist sich aufgrund seiner Beobachtung am Unfalltag sicher, dass darüber hinaus die CO_2-Patrone nicht mit genügend CO_2 befüllt gewesen ist.

Er resümiert in seiner Stellungnahme zu dem Unfall außerdem: »Für ein Unglück braucht man drei Dinge, die schief gehen, wir hatten zwei. Den Untergang selbst und den Ausfall des aufblasbaren Rettungsfloßes. Was, wenn das UKW nicht funktioniert hätte, wenn es bei Dunkelheit passiert wäre, wenn kein anderes Boot in der Nähe gewesen wäre?« In der Tat gibt es ein etabliertes Unfallmodell, das der Einschätzung des Skippers sehr nahekommt: das vom Unfallforscher James Reason entwickelte ***Schweizer-Käse-Modell.*** Stellen Sie sich vor, verschiedene ***Sicherheitsebenen*** wären eine Reihe hintereinanderliegender Käsescheiben. In einer idealen Welt wäre jede dieser Ebenen intakt wie die Scheibe eines Gouda-Käses. Keine dieser Sicherheits- und Schutzmaßnahmen ist in der Realität aber vollkommen. Vielmehr weist jede dieser Scheiben unregelmäßige Löcher wie eine Scheibe Emmentaler auf. Bei einer ungünstigen Konstellation vieler ursächlicher Faktoren entwickeln sich einzelne Fehler nicht nur zu Schäden, sondern zu Unfällen. Im Käsescheibenmodell liegt dann bei allen Scheiben jeweils eines der Käselöcher auf einer Linie, durch die der ursächliche Fehler »hindurchfliegt« und zum Unfall wird.[18] Einige dieser Sicherheitsebenen kreieren wir selbst an Bord, z.B. mit der Entscheidung, welche (Sicherheits-)Ausrüstung wir für unsere Yacht anschaffen. Oder mit den Verfahren, die wir an Bord etablieren z.B. in dem ab einer bestimmten Windstärke Rettungswesten angelegt werden. Oder in dem wir uns an etablierte Verfahren halten, also beispielsweise einen MAYDAY-Ruf korrekt absetzen. Andere liegen weit außerhalb unseres Einflussbereichs, wie die CE-Klassifikation und andere Bauvorschriften für Segelyachten, die Qualitätskontrolle in der Werft, die ISO-Normen für Rettungsflöße und die Verfahren, nach denen diese gewartet werden müssen, oder die Vorgaben des DSV, nach denen in Deutschland die Segelscheinprüfungen ablaufen. Wenn zwischen diesen Käsescheiben die Löcher auf einer Linie liegen, dann sind wir als Besatzung der Yacht die ***last line of defence*** – die letzte Käsescheibe, die Schlimmeres verhindern kann.

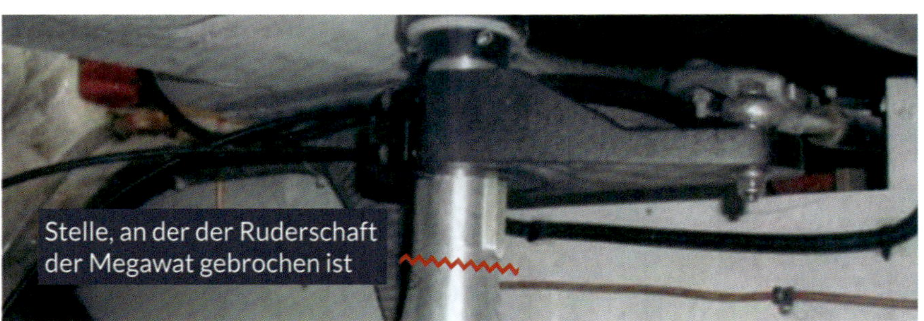

Der Ruderschaft einer Hanse 371. *Ungefähr an der roten Markierung ist der Schaft der* MEGAWAT *gebrochen.*

Das Schweizer-Käse-Unfallmodell nach James Reason.
Die meisten Gefahren können von einer Sicherheitsmaßnahme aufgehalten werden. Da jede der Sicherheitsebenen unvollkommen ist, kann es vorkommen, dass Gefahren zu schweren Unfällen führen, wenn zufällig alle »Sicherheits-löcher« in einer Linie liegen.

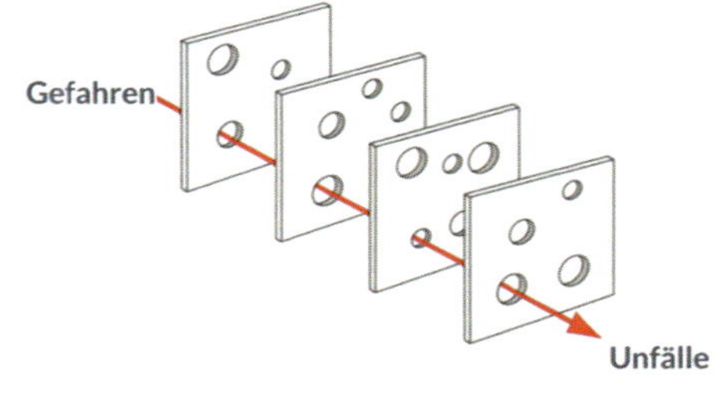

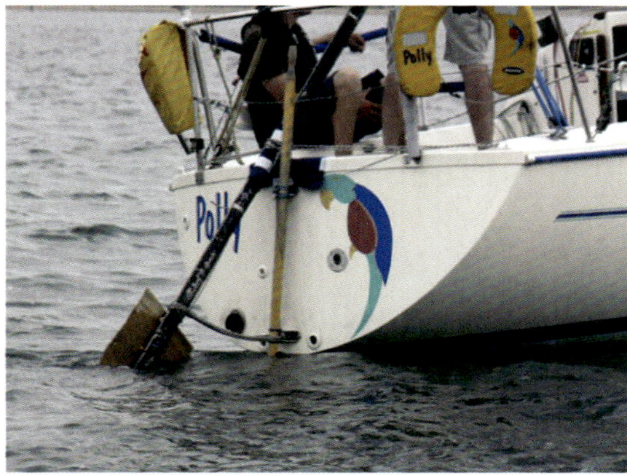

Beispiel für eine Notruderkonstruktion aus Paddel-Skeg und »Wikingerruder«.

FAZIT
RUDERVERLUST

Verliert Ihre Yacht plötzlich die Steuerfähigkeit, sollte immer die Möglichkeit eines Wassereinbruchs bedacht werden. Dann hätten Sie primär ein Wassereinbruchsproblem, das es zu bekämpfen gilt. Bleibt Ihre Bilge trocken, dann ist spätestens jetzt der Zeitpunkt gekommen, an dem Sie sich Gedanken machen müssen, wie Sie die Steuerfähigkeit und damit die Kontrolle über Ihre Yacht wieder zurückgewinnen können.

Der Weg zum Erfolg auf diesem Fahrwasser führt über eine gut austarierte, angepasste (i. d. R. etwas reduzierte) Segelfläche. Sodann erscheint die erste Weggabelung zum Nebenfahrwasser Notpinne voraus: Ist das Ruderblatt noch intakt und beweglich, können Sie es mit der ***Notpinne*** oder, sofern vorhanden, mit einem Autopiloten, der direkt am Ruderschaft ansetzt, steuern. Liegt die Havarie im Bereich Ruderblatt oder Ruderschaft, müssen Sie sich durch das Fahrwasser ***Notruder*** manövrieren. Die Erste Hilfe im Fall Ruderverlust kann eine an zwei Leinen achteraus geführte Pütz sein. Um die Zugkräfte auf den Leinen zu handhaben, sollten diese auf zwei Winschen geführt werden. Liegt eine längere Strecke vor Ihnen, ist der Kreativhandwerker in Ihnen gefordert. Dieser muss beurteilen, ob eine Chance auf Reparatur des Hauptruders besteht oder ob mit Bordmitteln eine eigenständige neue Notruderanlage gebaut werden muss. Sollte Letzteres der Fall sein, hat sich in Praxisexperimenten eine Kombination aus selbstgebautem Skeg und separatem »Wikingerruder« als effektive Konstruktion herausgestellt[19], denn wenn Ihnen Ihr Ruderblatt abhandenkommt, verlieren Sie nicht nur die Steuerfläche, auch ihr Lateralplan erfährt eine erhebliche Veränderung. Ein starrer Skeg z. B. aus einem Paddel, das möglichst senkrecht am Heck oder in Verlängerung des Achterstags mit der Kante in Kielrichtung ins Wasser gesteckt und dort fixiert wird, rückt ihren Lateralplan wieder zurecht und verbessert die Richtungsstabilität des Bootes. Der nun folgende Bau einer Konstruktion aus Bodenbrett und Spinnakerbaum, das klassische schräg ins Wasser gesteckte »Wikingerruder«, ist in Lehrbüchern, Erfahrungsberichten und Internetforen das Mittel der Wahl. Wichtig hierbei:

- ***Das Ruderblatt entweder durch zusätzliches Gewicht oder Leinen zu Befestigungspunkten am Spiegel der Yacht gegen Aufschwimmen sichern.***
- ***Den Drehpunkt gut abpolstern und fixieren.***
- ***Bei längeren Strecken die Steuerkräfte über Steuerleinen, die am oder kurz oberhalb des Behelfsruderblattes ansetzen, auf Winschen im Cockpit führen.***

FAKTOR MENSCH:
I'M SAFE. ÜBER ALKOHOL, SCHLAFENTZUG UND ANDERE MENSCHLICHE SCHWÄCHEN

!

Um eine Segelyacht sicher durch die Nacht, einen Sturm oder auch einfach nur bei viel Wind wieder an einen Liegeplatz zu manövrieren, braucht es eine körperlich und mental fitte Crew. In vielen Unfalluntersuchungsberichten und Statistiken werden die Faktoren Übermüdung, (See-)Krankheit oder Alkoholkonsum als zum Unfall beitragend identifiziert. Dass Krankheit, auf See natürlich auch Seekrankheit, bestimmte Medikamente und Alkohol Ihre Leistungsfähigkeit beeinträchtigen, liegt auf der Hand. Aber wie sieht es mit Übermüdung (auch als Fatigue bezeichnet, wenn sie sich über längere Zeit anhäuft), Stress und emotionaler Belastung aus?

Zum Punkt Stress und emotionale Belastung kann ich Ihnen zwar keine Studien aus der Yachtszene zitieren, aber diese Faktoren werden bei Untersuchungen von Unfällen in der Luftfahrt gelegentlich als leistungsmindernd bei Piloten identifiziert. Der Tod eines nahen Angehörigen, Streit in der Crew, Druck im Job oder finanzielle Sorgen – diese Belastungen landen in Ihrem imaginären Seesack, den Sie nicht auf die leichte Schulter nehmen können, wenn Sie im Urlaub die Verantwortung für eine Yacht mit Crew übernehmen.

Um sich die Auswirkungen von Schlafentzug und Übermüdung zu veranschaulichen, stellen Sie sich zwei identische Yachten mit zwei vergleichbaren Crews vor. Die Crews müssen von See kommend eine anspruchsvolle Ansteuerung bei viel Wind und Welle bewältigen, um schließlich gegen 16 Uhr in einem vollen Yachthafen an einem der letzten freien Liegeplätze anzulegen. Crew A ist bereits vor 24 Stunden ausgelaufen und hat die Nacht durchgesegelt. Wachen wurden nicht eingeteilt. Man hat vor dem Ablegen einen dreistündigen Mittagschlaf gehalten und sich während der Fahrt mit vorbereitetem Proviant, warmem Tee und Kaffee wach und bei Kräften gehalten. Auf Yacht B hat die Crew morgens ausgeschlafen und den Urlaubstag mit einem Sektfrühstück begrüßt. Nach dem Auslaufen wurde das Segelsetzten mit einem Manöverschluck begossen und der Durst auf See durch zwei bis drei Bierchen gelöscht. Als die beiden Yachten die Ansteuerung beginnen, ist Crew A seit etwa 24 Stunden wach und Crew B hat eine Blutalkoholkonzentration von 1,0 ‰. Was meinen Sie, welche Crew das höhere Risiko hat, dass auf der verbleibenden Strecke bis an den Liegeplatz irgendetwas misslingt?

Die Antwort lautet: Es ist auf beiden Yachten gleich groß. Das müssen wir jedenfalls annehmen, wenn wir die Ergebnisse einer wissenschaftlichen Studie[20], in der die Auswirkungen von Müdigkeit und Alkoholkonsum auf die Wachsamkeit und Leistungsfähigkeit von 40 Probanden untersucht worden ist, auf das Beispiel mit den beiden Crews übertragen. In dem Versuch wurden zwei Gruppen bei der Bewältigung psychomotorischer Testaufgaben beobachtet und verglichen. Die erste Gruppe wird durch langes Wachbleiben, die zweite durch kontrollierten Alkoholkonsum beeinträchtigt. Nach 10 Stunden ohne Schlaf beginnt die Leistungsfähigkeit der ersten Gruppe merklich abzunehmen. Nach 17 Stunden wird ein Leistungsniveau erreicht, das dem der ausgeschlafenen Teilnehmer in der zweiten Gruppe mit einem Alkoholpegel von 0,5 ‰ entspricht. Und nach 24 Stunden können die Teilnehmer der ersten Gruppe die psychomotorischen Testaufgaben nur noch so schlecht bewältigen wie die Probanden der zweiten Gruppe bei einer Blutalkoholkonzentration von 1,0 ‰!

Sogar die Art und Weise, wie sich Alkohol und Übermüdung auswirken, werden sich bei beiden Crews im Beispiel ähneln: längere Reaktionszeiten, Verschlechterung der motorischen Fähigkeiten und des Kurzzeitgedächtnisses, Tunnelblick, Konzentrationsprobleme und Stimmungsschwankungen.

Wenn Sie eine Nachtfahrt oder gar einen Törn mit mehrtägigen Schlägen auf See unternehmen möchten, sind die Themen Schlafqualität und Wacheinteilung also sehr wichtig für den Erhalt der Leistungsfähigkeit der Crew, denn das dauerhaft einzig wirksame Mittel gegen Übermüdungssymptome ist guter Schlaf. Eine bequeme, am besten mittschiffs oder achtern gelegen Koje mit Leesegel bietet hierfür auf See unbestritten die beste Grundvoraussetzung. Weitaus variantenreicher sind die Ansichten, die Segler zum optimalen

Wachsystem vertreten. Die Fragen, ob ein Zwei- oder luxuriöses Drei-Wachen-Wachsystem gefahren werden kann oder ob der Skipper wachfrei bleibt, hängen von der Crewgröße, dem Können der Crew und den Handlingseigenschaften der Yacht ab, sodass es die beste Lösung in diesen Fragen nicht geben kann. Anders sieht es aus bei der Dauer der Freiwachen. Ob sie in ihrer Crew 90 Minuten, drei oder die traditionellen vier Stunden dauern sollten, dazu kann ich Ihnen eine recht klare Empfehlung geben. Menschen sind verschieden, doch in der Art und Weise wie der Schlafprozess bei ihnen abläuft, erstaunlich ähnlich: Sie durchlaufen pro Nacht vier bis fünf Schlafzyklen, die etwa 90 Minuten dauern. Diese Zyklen bestehen aus mehreren Schlafphasen. Die Tiefschlafphasen sind während der ersten Schlafzyklen der Nacht besonders lang. Die Zyklen enden mit der sogenannten REM-Schlafphase, in der geträumt wird. Menschen empfinden es als besonders unangenehm, wenn Sie in diesen beiden Schlafphasen geweckt werden. Wenn Sie in der Tiefschlafphase geweckt werden, können Schläfrigkeit und Orientierungsprobleme bis zu 20 Minuten nach dem Aufstehen andauern! Der Erholungseffekt des Schlafes ist am größten, wenn Sie volle Schlafzyklen durchlaufen können. Deshalb sollte eine Freiwache vier Stunden dauern. Abzüglich der Zeiten für Aus- und Anziehen, in die und aus der Koje krabbeln sowie ein wenig Körperpflege haben Sie so eine gute Chance auf zwei vollständige Schlafzyklen. Mindestens aber sollten Sie die Dauer ihrer Freiwachen so planen, dass die Crew auf 90 Minuten Schlafzeit am Stück kommt.

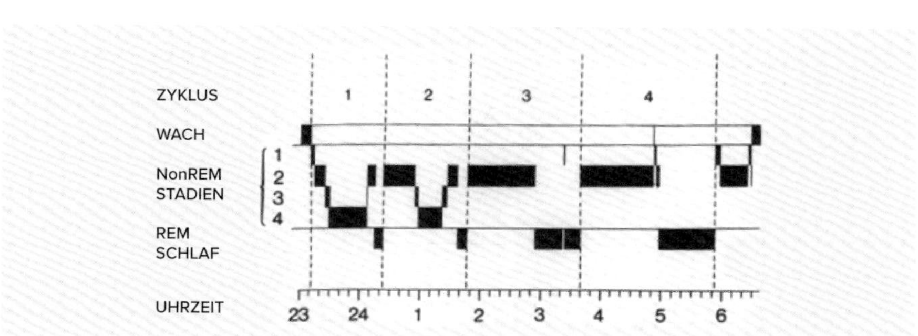

Das Schlafprofil einer ganzen Nacht.
Einschlafzeit: 23:10 Uhr, Aufwachzeit: 06:30 Uhr.
Vier vollständige Schlafzyklen sind durch senkrechte Striche abgegrenzt. Tiefschlaf (Stadium 3 und 4) tritt nur in den ersten zwei Zyklen auf. REM-Schlaf-Episoden werden in der zweiten Hälfte der Nacht typischerweise länger.

Kürzere Nickerchen, sogenanntes Napping, sollten einen Zeitraum von 20 bis 30 Minuten umfassen. Napping ist eine gute Methode, um die Schläfrigkeit – also das Verlangen des Körpers einzuschlafen – zu unterdrücken. Auf Dauer kann sich der Körper aber allein durch Napping nicht regenerieren, weil wichtige Schlafphasen fehlen.

Je nachdem, welche Rolle Sie in einer Crew übernehmen, übernehmen Sie eine mehr oder weniger verantwortungsvolle Position an Bord. Einen ehrlichen Check Ihrer persönlichen Einsatzbereitschaft sind Sie deshalb nicht nur sich selbst, sondern Ihren Mitseglern gegenüber schuldig. Dafür können Sie sich an dieser Checkliste orientieren:

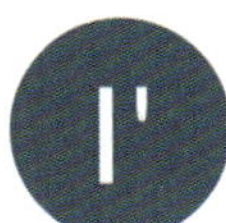

ILLNESS (Krankheit)
- *Bin ich krank?*
- *Oder anfällig für Seekrankheit?*

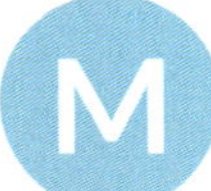

Medikamente
- *Nehme ich Medikamente, die mein Urteilsvermögen einschränken?*
- *Oder schläfrig machen?*

Stress
- *Habe ich Stress?*
- *Oder Ärger in der Famlilie?*

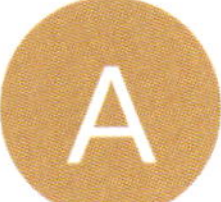

Alkohol
- *Habe ich in den letzten 24 Stunden Alkohol getrunken?*
- *Wenn ja: wie viel?*

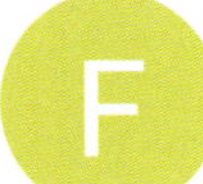

Fatigue
- *Bin ich müde, erschöpft?*
- *Oder nicht ausgeruht?*

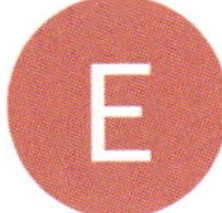

Ernährung
- *Habe ich ausreichend gegessen?*
- *Habe ich ausreichend getrunken?*

Wenn Sie eine oder mehrere dieser Punkte mit Ja bzw. die letzte mit Nein beantworten, dann sollten Sie die Auswirkungen dieser Umstände auf ihre Leistungsfähigkeit realistisch einschätzen und bei der Frage, welche Aufgaben Sie an Bord für wie lange zuverlässig übernehmen können, berücksichtigen.

05 FEUER

Brandursachen auf Segelyachten

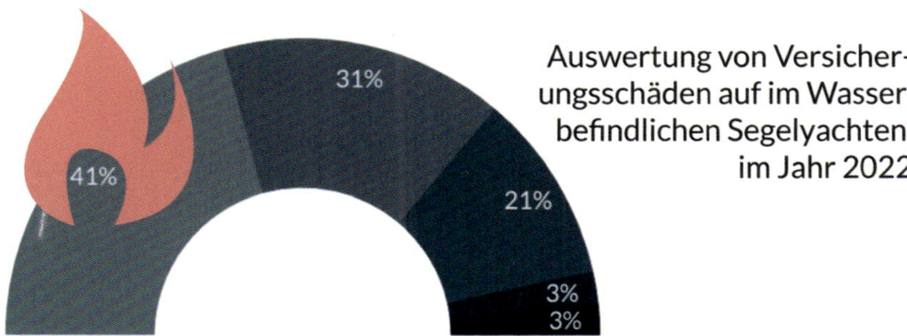

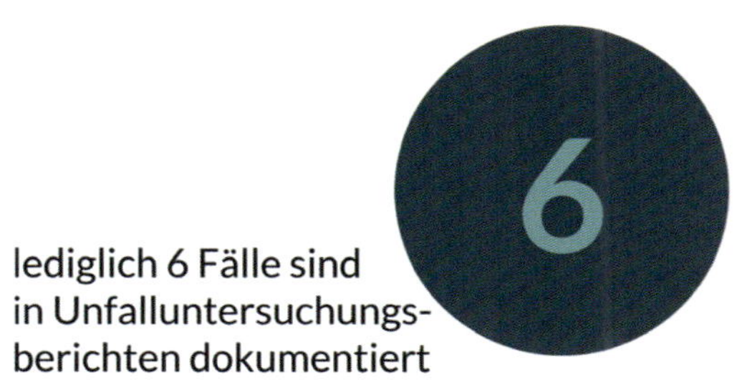

–

Feuer an Bord ist eine der gefährlichsten und dynamischsten Situation, mit denen wir uns konfrontiert sehen können. Glücklicherweise sind Explosionen der Gasanlage nicht sehr häufig – die beiden Fälle, zu denen ich Untersuchungsberichte gefunden habe, waren ein Unfall in Folge von Handwerkerarbeiten an Bord – der Gasschlauch wurde angebohrt – und einer, der seine Ursache in einer undichten Gasflaschenbox hatte. In beiden Fällen gab es je einen Schwerverletzten, aber die Yachten blieben noch schwimmfähig. Häufig ist die Bordelektrik der Auslöser eines Feuers. Bei den Vorkommnissen auf der BEST REVANGE 5 und der SUNRISE sind die Crews weitestgehend unversehrt davongekommen. Sie führten aber zum Totalverlust der Yachten.

–

SUNRISE

FEUER IN DER DANZIGER BUCHT [21]

Am Abend des 19. Oktober 2016 verlässt die SUNRISE, eine *Farr 37* Baujahr 1984, den Hafen von Wisloujscie bei Danzig mit Ziel Klaipeda. An Bord nur der Skipper, ein erfahrener Regattasegler, der sich auf eine Teilnahme am *OSTAR 2017*, einem Solorennen über den Atlantik, vorbereitet.

Um 20:30 Uhr werden Genua und Groß mit Reff gesetzt. Gegen Mitternacht segelt die SUNRISE bei Bft. 5 unter Autopilot in 5 sm Entfernung von der Landzunge Hel. Der Skipper startet den Motor, um für eine Stunde die Batterien zu laden und nimmt per Funk Kontakt mit der Revierzentrale *Zatoka* auf. Er fragt dort nach, ob das Signal seines AIS-Transponders empfangen wird, was die Küstenstation leider nicht bestätigen kann. Dies erstaunt den Skipper, da er die AIS-Signale anderer Schiffe empfängt. Er begibt sich deshalb einige Zeit später unter Deck in die Navi-Ecke. Dort tauscht er hinter der Instrumententafel die Antennenkabel von AIS und UKW-Funkgerät. Er verbringt die weitere Nacht mit 30-minütigen Power-Naps im Cockpit. Gegen 02:00 Uhr morgens bemerkt der Skipper, dass die Drei-Farben-Laterne nicht mehr leuchtet. Beim Blick ins Innere der Kabine sieht er, dass dort alles mit Rauch gefüllt ist – der Lichtstrahl seiner Stirnlampe reicht nicht weiter als 1 m ins Innere! Bei so viel Rauch, ohne Sicht und ohne persönliche Schutzausrüstung zur Feuerbekämpfung entscheidet der Skipper, nicht in die Kajüte zu gehen. Er vermutet den Brandherd beim Navigationstisch und richtet den Pulverstrahl seines Feuerlöschers dorthin, jedoch ohne Erfolg. Der Rauch nimmt weiter zu, inzwischen sind auch Flammen sichtbar. Der Skipper schraubt daraufhin die Gasflasche ab, schmeißt sie über Bord, rollt die Genua ein, geht auf Vorwind-Kurs, lässt das Rettungsfloß zu Wasser und entscheidet sich, die Yacht zu verlassen.

Nachdem das Rettungsfloß zu Wasser gelassen und aufgeblasen ist, fährt die Yacht immer noch so schnell, dass ein Heranholen des Rettungsfloßes an den Heckspiegel nicht möglich ist. Also startet der Solosegler den Motor und legt den Rückwärtsgang ein. Mithilfe der Schotwinsch gelingt es ihm nun, das Floß in die Nähe des Heckspiegels zu ziehen.

An Notausrüstung nimmt er unter anderem mit:

- ***die EPIRB***
- ***eine weitere Rettungsweste***
- ***Leinen***

- *sowie einen Grab-Bag mit PLB und Satellitentelefon*

Gegen 03:00 Uhr morgens trennt der Skipper die Verbindung zur Yacht und muss zusehen, wie die Segel Feuer fangen, der Mast umstürzt und schließlich der Rumpf abbrennt. 1,5 bis 2 Stunden, nachdem die Yacht aufgegeben wurde, versinkt sie in der Ostsee. Um 07:45 Uhr wird der Schiffbrüchige von Seenotrettern geborgen.

Als Ursache für den Brand wird von den Unfalluntersuchern ein Kurzschluss in der 12-V-Elektrik der Yacht vermutet. Die genaue Ursache konnte nicht ermittelt werden. Möglicherweise ist beim Hantieren im Dunkeln hinter der Frontplatte der Schalttafel ein Kurzschluss entstanden, der zu dem Brand geführt hat. Eine andere Ursache könnte der Einbau eines leistungsfähigeren Autopiloten gewesen sein, der an dieselben Kabel wie das Vorgängermodell angeschlossen wurde.

–

BEST REVENGE 5

IM SCHLAF ÜBERRASCHT [22]

Die unter der Flagge der British Virgin Islands fahrende BEST REVANGE 5 ist ein 17,7 m langer Fahrtenkatamaran vom Typ *Alliaura Privilege 585* aus dem Jahr 2003. Während der Wintermonate segelt die Yacht mit zahlenden Gästen in der Karibik. Den Sommer über wird sie von ihren Eignern privat in den Gewässern von Neuengland genutzt. Eine Ausnahme stellte der Sommer 2017 dar, in dem die BEST REVANGE 5 nach Bermuda segelte, wo mit Gästen an Bord bei den Rennen des *35. America's Cup* zugeschaut wurde. Während ihres Aufenthalts auf Bermuda wird der Katamaran von einem Blitz getroffen, bei dem ein Teil der Navigationsausrüstung zerstört wird, der aber sonst keine weiteren sichtbaren Schäden verursacht. Nach der Reparatur erfolgt die Rückfahrt zum Dauerliegeplatz in Falmouth, Massachusetts, die ohne besondere Vorkommnisse abläuft. Dort, in der Nacht vom 10. auf den 11. Juli, wacht der Skipper gegen 01:30 Uhr in der Crew-Kabine durch Rauchgeruch auf. Er steigt durch die Luke nach draußen aufs Vordeck und blickt von dort durch die großzügigen Fenster in den Salon. Dieser steht bereits voller Rauch. An der Backbordseite in Richtung des Schwimmers kann der Skipper ein rotes Glimmen erkennen.

Er weckt seine Mitseglerin und gibt ihr die Anweisung, das Schiff zu verlassen und die Crews auf den Nachbarschiffen zu wecken. Die Mitseglerin wählt den Weg durch den Salon, tastet sich durch den dichten Rauch ins Cockpit und kann die Yacht über die Gangway an Backbord achtern verlassen. Es riecht bereits nach geschmolzenem GfK. Sie weckt wie angewiesen die Crew eines Nachbarschiffes und bittet diese, die Feuerwehr anzurufen. Dem Skipper ist die Möglichkeit, über die Gangway an Land zu kommen, inzwischen von Flammen versperrt. Er springt vom Vorschiff aus ins Wasser und erreicht schwimmend den Steg. Die Mitseglerin versucht nun mit einem Wasserschlauch das Feuer, das sich inzwischen ein Loch in den Rumpf an der Backbordseite gebrannt hat, zu löschen. Der Skipper hilft der Crew des Nachbarbootes, ihr Schiff von den Flammen weg zu verholen und unterstützt dann die Löschversuche mit einem weiteren Wasserschlauch. Vergeblich. Mit einem lauten Zischen durchbrechen die Flammen die Glasschiebtür zwischen Salon und Cockpit und greifen in kürzester Zeit auf das gesamte Schiff über.

An diesem Punkt brechen die beiden Segler ihre Löschversuche ab und bringen sich selbst an Land in Sicherheit. Um 01:48 Uhr trifft die Feuerwehr ein. Da stehen bereits die Segel und das Rigg in Flammen. Die Löscharbeiten dauern fünf Stunden an. Dabei muss außerdem eine Barriere im Wasser eingesetzt werden, um die 1.300 Liter ausgelaufenen Diesel an einer Ausbreitung zu hindern. Der Katamaran brennt vollständig aus. Die Mitseglerin wird mit Verbrennungen zweiten und dritten Grades ins Krankenhaus gebracht. Zusammen mit dem Totalverlust des Katamarans, den Hitzeschäden an zwei benachbarten Booten und dem teilweise zerstörten Schwimmsteg beläuft sich der wirtschaftliche Schaden auf 1,5 Mio. US$.

WIE KONNTE ES ZU DEM BRAND KOMMEN?

Erst einige Tage später kann der teilweise im Hafenbecken versunkene Kat geborgen und untersucht werden. Trotz modernster Untersuchungsmethoden kann die Ursache des Brandes nicht eindeutig festgestellt werden. Der Verdacht fällt jedoch auf die elektrischen Leitungen und Geräte in der Backbord-Toilette und Achterkabine. Hier kommt die Vorgeschichte der Yacht ins Spiel: Die Unfalluntersucher können »Schäden durch den Blitzschlag« an diesen Teilen der elektrischen Anlage »nicht ausschließen«.

FAZIT
FEUER

Gemessen am Wert einer Yacht und an den Risiken für uns Segler, fallen die Kosten für Feuerlöscher, Löschdecke oder einen Gasfernschalter in jedem Fall gering aus. Zusammen mit einem guten Konzept zur Feuerbekämpfung bleibt Ihnen dadurch hoffentlich ein ausufernder Schiffsbrand erspart. Auch Rauchmelder oder Gassensoren können sinnvoll sein. Bemerkenswert ist in diesem Zusammenhang jedoch, dass der Skipper der BEST REVANGE 5 nicht etwa von einem der beiden an Bord installierten Rauchmelder, sondern vom Rauchgeruch selbst aufgewacht ist, und dass auf einer der in der Einleitung erwähnten Yachten mit Gasexplosion Gasmelder installiert gewesen sind, die in jenem Fall nicht angesprochen haben. Bei den latenten Gefahren, die in der elektrischen Anlage schlummern, ist es schwierig, zu einer sachgerechten Risikobeurteilung zu kommen.

Oft wird die Elektrik auf Yachten über Jahre verbaut: Neue Geräte werden angeschafft und an ein System angeschlossen, das für diese Technik eventuell gar nicht ausgelegt worden ist. Neue Kabel werden gezogen, alte nicht unbedingt wieder entfernt. Was einmal funktioniert, möchte man ungern ersetzen. Wann der Zeitpunkt gekommen ist, an dem eine elektrische Anlage von Grund auf erneuert werden sollte, lässt sich nicht pauschal beantworten. Allerdings, wenn Sie ohnehin ein umfangreiches Refit Ihrer Yacht planen oder der Blitz eingeschlagen hat, sollten Sie diesen Aspekt – trotz des hohen Aufwands – unter Brandschutzaspekten mit in Betracht ziehen.

FAKTOR MENSCH: *IM NOTFALL HANDLUNGSFÄHIG BLEIBEN*

!

NOTROLLEN UND NOTVERFAHREN

Befinden wir uns auf See und sehen uns mit einer gefährlichen Situation konfrontiert, ist es wichtig, dass wir handlungsfähig bleiben. Gleichzeitig werden wir in solchen Situationen nicht nur von unserer Umwelt – in Form bedrohlicher Wellen oder Sturm, durch Feuer oder technisches Versagen der Yacht –, sondern auch von unseren physischen und psychischen Reaktionen herausgefordert. Bei jedem liegen die individuellen Belastungsgrenzen woanders, doch wenn es nur schlimm genug kommt, wird es jede und jeder von uns mit Angst und Schrecken und somit Stress zu tun bekommen. Stress führt im menschlichen Körper zur Ausschüttung von Adrenalin und anderen Stresshormonen, die unsere Energiereserven mobilisieren. Diese Körperreaktion hat unsere Vorfahren in der Steinzeit dazu befähigt, deutlich besser vor Raubtieren zu flüchten (oder gegen sie zu kämpfen), aber Flucht ist für den Segler auf See leider keine Option – wir müssen weiterhin in der Lage sein, eine Notmeldung mit korrekter Positionsangabe auszusenden, ein Feuer zu löschen oder ein Leck an Bord zu finden. Das wird unter Stress schwieriger, denn dieselben Hormone sorgen dafür, dass unsere kognitiven Fähigkeiten abnehmen. Geraten Sie oder Ihre Mitsegler in eine lebensbedrohliche oder auch nur als lebensbedrohlich wahrgenommene Situation, dann rechnen Sie mit Folgendem: Ihre Fähigkeit, rational zu denken, kann bis zur völligen Denkblockade abnehmen, das Sprechen kann schwierig bis unmöglich werden, die Wahrnehmung visueller und akustischer Reize wird eingeschränkt (Tunnelblick), Ihr Gedächtnis kann ganz oder teilweise ausfallen, Ihr Konzentrationsvermögen nimmt ab. Diese Reaktionen erhöhen das Risiko, dass wir Fehler machen oder im Extremfall vollkommen handlungsunfähig werden.

In Segelratgebern und Lehrbüchern hat man als Gegenmaßnahme gegen die stressbedingten Ausfallerscheinungen über Jahrzehnte das Konzept der Not- oder Sicherheitsrolle empfohlen oder gar als nicht verhandelbare gute Seemannschaft propagiert, gern in Verbindung mit der Androhung an den Leser, das Seeamt werde gewiss nach den Notrollen fragen, sollte es zu einem Unfall gekommen sein. Die Beispiele, auf die ich während meiner Recherchen zur konkreten Ausgestaltung der Notrollen-Thematik gestoßen bin, lassen sich grob in zwei Kategorien aufteilen:

Zunächst die Notrollentabelle:

	HARTMUT	ANJA	MATTHIAS	PEGGY
Seenotfunk	Rolle	Vertreterin		
Seenotignale		Rolle	Vertreter	
Lenzeinrichtungen			Rolle	Vertreterin
Feuerlöscher	Vertreter			Rolle
Notpinne		Vertreterin	Rolle	
Rettungsinsel	Rolle		Vertreter	
...		Rolle	Vertreter	

Zum Teil finden sich über 20 Zeilen lange Tabellen in Internetforen. Um es vorwegzunehmen: Es spricht überhaupt nichts dagegen, an Bord einer Yacht eine vernünftige Aufgabenverteilung zu vereinbaren. Im Gegenteil: Für Routineaufgaben ist das eine hervorragende Form des Workload- und Crew-Ressource-Managements. Aber eine solche Notrollentabelle halte ich für unbrauchbar, denn sie unterscheidet nicht nach Art des Notfalls. Sie gibt dem betreffenden Rolleninhaber auch keinerlei Handreichung, wann z. B. eine Seenotfunkmeldung gesendet, in welcher Situation die Rettungsinsel – ja was eigentlich – an Deck gegen Überbordspülen gesichert oder ausgebracht werden soll? Eine solche Tabelle ordnet lediglich bestimmten Personen bestimmte Ausrüstungsgegenstände zu.

Eine andere, deutlich ausdifferenzierte Variante, sind die thematisch sortierten Bullet-Point-Notrollen. Beispiel für Sicherheitsrollen aus Rolf Dreyers *Skippertraining*[23]:

Nach den Notrollen
1. »Mann über Bord« und
2. »Bergen eines im Lifebelt hängenden Mannes«
ist unter
3. »Feuer an Bord« an Anweisungen zu entnehmen:

- **Leitung der Brandbekämpfung**
  Das macht ...
- **Alarmierung der Rettungsleitstelle**
  Das macht ...
- **Maschine abstellen**
  Das macht ...
- **Batteriehauptschalter betätigen**
  Das macht ...
- (es folgen weitere Punkte, die ich hier nicht alle nennen will)
- **Feuer löschen**
  Das macht ...
- **Lufteinlässe Motorraum verstopfen**
  Das macht ...
- usw.

Es folgen die Notrollen
4. »Verschließen aller Borddurchlässe«,
5. »Suchen einer Leckage« und
6. »Ausrüsten der Rettungsinsel«,
7. »Klarmachen und Zuwasserlassen der Rettungsinsel«
sowie schließlich
8. »Benachrichtigen der Rettungsleitstelle« –

alle nach demselben, im Prinzip gut durchdachten, Schema aufgebaut. Insgesamt summieren sich in acht Themenblöcken allerdings 147 Bullet-Points. Da muss sich in einer vierköpfigen Crew jeder 37 Punkte merken und unter Stress abrufen können. Fällt eine Person aus – was bei MOB ja schon grundsätzlich der Fall ist, und womit eigentlich fast immer zu rechnen ist, sei es infolge von Seekrankheit, einer Verletzung nach Kollision, einer Verbrennung bei Feuer oder der oben genannten Stresssymptome –, müssen diese Aufgaben von einer anderen Person übernommen werden. Mithin müssen tatsächlich alle Bullet-Points doppelt vergeben werden, womit wir in unserer Vierercrew bei über 70 Punkten pro Person angekommen wären. Natürlich, so gesteht auch der Verfasser jener Notrollen ein, müssen diese genügend trainiert, um beherrscht zu werden. Wenn Sie bei sich nun Zweifel am praktischen Nutzen dieser Notrollen für ihren nächsten Chartertörn oder den Fahrtensegelsommer mit Ihrem Liebsten aufkommen spüren, so dürften Sie damit nicht allein sein. Denn das Thema Notrollen verschwindet in aller Stille auch aus den Segelratgebern. Widmen die Autoren Axel Bark und Dietrich von Haeften dem Thema in ihren Büchern *Sportküstenschifferschein« und Sportseeschifferschein* immerhin noch je einen ganzen Satz bzw. Absatz, so findet sich in der neuesten Ausgabe der *Seemannschaft* – einem Standartwerk herausgegeben vom Deutschen Hochseesportverband Hansa e.V. – zum Stichwort »Not- oder Sicherheitsrolle« kein einziger Eintrag mehr!

Dieses unangenehme Thema auszuklammern, ist zwar nachvollziehbar, weil Lösungen für den Freizeitsegler mit seinen begrenzten Ressourcen an Zeit, Crewstärke und dem oft bestehenden Interessenkonflikt zwischen Urlaubsentspannung einerseits und einer Professionalisierung der Sicherheitsabläufe in der Crew andererseits zwangsläufig in Teilen unbefriedigend bleiben müssen. Es führt aber zu keiner Antwort auf die Frage, wie wir im Notfall bestmöglich handlungsfähig bleiben können.

Ich kann Ihnen auf diese Frage auch kein Patentrezept liefern. Aber ich möchte Ihnen mein Notfallverfahren-Heft vorstellen, dass ich als Skipper auf meiner Yacht, auf der ich meist mit kleinen ein- bis vierköpfigen Crews und weniger erfahrenen Seglern unterwegs bin, entworfen habe. Es besteht aus vier doppelseitig bedruckten, einlaminierten und mit einer einfachen Ringbindung zusammengehaltenen DIN-A4-Seiten. Es beschränkt sich, neben einer Zusammenfassung des MOB-Manöverablaufs, auf die beiden gefährlichsten Szenarien: Wassereinbruch und Feuer. In fast allen anderen Situationen an Bord haben wir meist noch Zeit, um nachzudenken, bevor wir handeln müssen. Wassereinbruch und Feuer sind jedoch Situationen, in denen jede Sekunde zählt und die einzigen, die, wenn wir sie nicht in den Griff bekommen, zwangsläufig zu einer Evakuierung des Schiffes führen werden. Daher hat die Evakuierung als viertes Notfallverfahren dort ebenfalls ihren Platz. Ergänzt wird das Heftchen durch eine »Location Map«, das Verfahren »Mayday Call« (s. Kapitel *Notruf richtig absetzen*) und zuletzt eine Liste der international gültigen Seenotzeichen. Ich habe die Verfahren jeweils farblich voneinander abgehoben, damit ich auch unter Stress das richtige finden kann. Die Farbcodierung korrespondiert mit der der jeweiligen Notausrüstung, deren (Stau-)Orte in der »Location Map« dargestellt sind. Beim Aufbau der Notverfahren habe ich mich an Konzepten für Notverfahren aus der Luftfahrt orientiert. Erklärungsbedürftig ist der Aufbau mit Punkten und Entscheidungsrauten: Die Punkte sind Schritte, die zu erledigen sind. Entscheidungsrauten führen zu einer Entweder-oder-Entscheidung im Verfahren: Trifft der hinter der Raute beschriebene Zustand zu, dann mache ich dort weiter, trifft er nicht zu, springe ich zur nächsten Raute. Beide Verfahren beginnen mit der Alarmierung der Crew. Beim Wassereinbruch soll zunächst sichergestellt werden, dass die Bilgepumpen arbeiten, denn damit gewinne ich wertvolle Zeit. Dann folgt der Abschnitt »Lecksuche«, denn nur wenn ich das Leck finde, kann ich es auch bekämpfen. Die Überprüfung des Motorraums ist ein besonderer Schritt bei der Lecksuche: Einerseits kann der Betrieb des Motors selbst das Problem sein, weil vielleicht im Seewasserkreislauf ein Leck ist, andererseits werde ich, wenn sich die Lecksuche und -bekämpfung in die Länge zieht, alsbald den Motor benötigen, um meine elektrischen Bilgepumpen weiterhin betreiben oder um mit Motorunterstützung meinen Aktionsradius vergrößern zu können. Anschließend sind zwei Entwicklungen denkbar: Ich finde das Leck und bekomme den Wassereinbruch unter Kontrolle. Dann geht es nur noch darum, die Fahrt kontrolliert in einem geeigneten Hafen zu Ende zu bringen, womit auch das Verfahren zum Ende kommt. Oder ich bekomme den Wassereinbruch nicht unter Kontrolle. Dann darf ich auf keinen Fall den Zeitpunkt verpassen, an dem ich noch eine DSC-Meldung samt Notruf über mein eingebautes UKW-Funkgerät versenden kann. Die Chance habe ich spätestens dann verpasst, wenn die Batterien unter Wasser stehen. Danach geht es nur noch darum, die Pumpen am Laufen zu halten und Zeit zu gewinnen. Vielleicht erlauben die Gegebenheiten eine kontrollierte Strandung. Andernfalls bin ich auf die Rettung von außen angewiesen und muss die Evakuierung der Yacht vorbereiten und steige in das entsprechende Verfahren ein.

Bei Rauch und Feuer sind grundsätzlich zwei Ausgangssituationen denkbar: Der Brandherd ist entweder offensichtlich und unmittelbar zugänglich, wie z. B. ein Feuer auf dem Herd oder das Handy, das sich zufällig vor meinen Augen wegen eines Akkuschadens entzündet. Dann lösche ich den Brand, drehe den Gashahn zu oder werfe das Handy über Bord ins Wasser. Oder aber ich blicke in eine Kabine voller Rauch, ohne dass klar ist, was die Ursache dafür ist. Dann steige ich beim Verfahren bei der zweiten Raute ein. Dort geht es zunächst darum, die Ausbreitung des Feuers zu unterbinden und mögliche Brandquellen zu eliminieren: Motor, Gas und Bordelektrik. Meine Herangehensweise ist hier, die Yacht konsequent stromlos zu machen. Lässt die Rauchentwicklung nun nach? Wenn ja, habe ich die Brandquelle offenbar ausgetrocknet und gehe das Verfahren bis »Ende« durch. Wenn nicht, und wenn ich trotz Suche den Brandherd nicht finden kann, muss ich das Schiff sehr wahrscheinlich aufgeben, denn ein Feuer, dessen Quelle man nicht findet, kann man an Bord nicht löschen. Ich gewinne Zeit, wenn ich die Kabine verschließe und auf einen Raumschotskurs (geringerer scheinbarer Wind) gehe. Außerdem wird das Feuer auf diesem Kurs nach vorn geblasen und somit weg vom Rettungsfloß, das auf meiner Yacht wie bei den meisten Yachten achtern verstaut ist. Sodann steige ich in das Evakuierungsverfahren ein. Dieses letzte Verfahren ist selbsterklärend. Bei der Frage, was alles mit in eine Rettungsinsel zu nehmen sei, gibt es so viele Meinungen wie Segler, manche empfehlen einen halben Hausstand einzupacken – nur einen Tiger möchte im Zweifel niemand dabeihaben. Machen Sie sich vor einem längeren Schlag einmal ernsthaft Gedanken, was Sie alles in Ihrem Grabbag vorfinden möchten, sollten Sie ihre Yacht tatsächlich verlassen müssen, und packen Sie es dann auch vor der Abfahrt dort rein. Eine Kreditkarte oder eine Liste mit Telefonnummern könnten nach einer Rettung eventuell von größerem Nutzen sein als die Schiffspapiere. Ein UKW-Handfunkgerät ist zur Rettung wahrscheinlich nützlicher als eine Seekarte.

Die Anwendung der Verfahren erfolgt in der Praxis so, dass eine Person (vom Grundgedanken her ist das die Skipperin bzw. der Wachführer, solange die Skipperin sich noch aus der Koje begeben muss) sie liest und die jeweiligen Aufgaben einem oder mehreren Crewmitgliedern zuweist. Je größer eine Crew ist, desto eher ist es sinnvoll, einige der Aufgaben in den Verfahren vorab als Rollen festzulegen. Insofern stellen Notrollen nach wie vor eine gute Ergänzung zu Notverfahren da. Die Verfahren geben technische und organisatorische Handlungsstränge vor, die ohne Rückgriff auf auswendig gelernte Punkte einfach abgearbeitet werden können. Sie können mit großer oder kleiner Crew und auf den meisten Charteryachten in etwa der gleichen Art und Weise zum Einsatz kommen und sind daher nahezu universell einsetzbar. Ich stelle es jedem kritischen Geist frei, den ein oder anderen Punkt hinzuzufügen oder zu streichen. Aber ich möchte doch sehr für die Grundidee der Verfahren werben, denn ich bin davon überzeugt, dass Sie mit Verfahren im Notfall besser handlungsfähig sind als ohne.

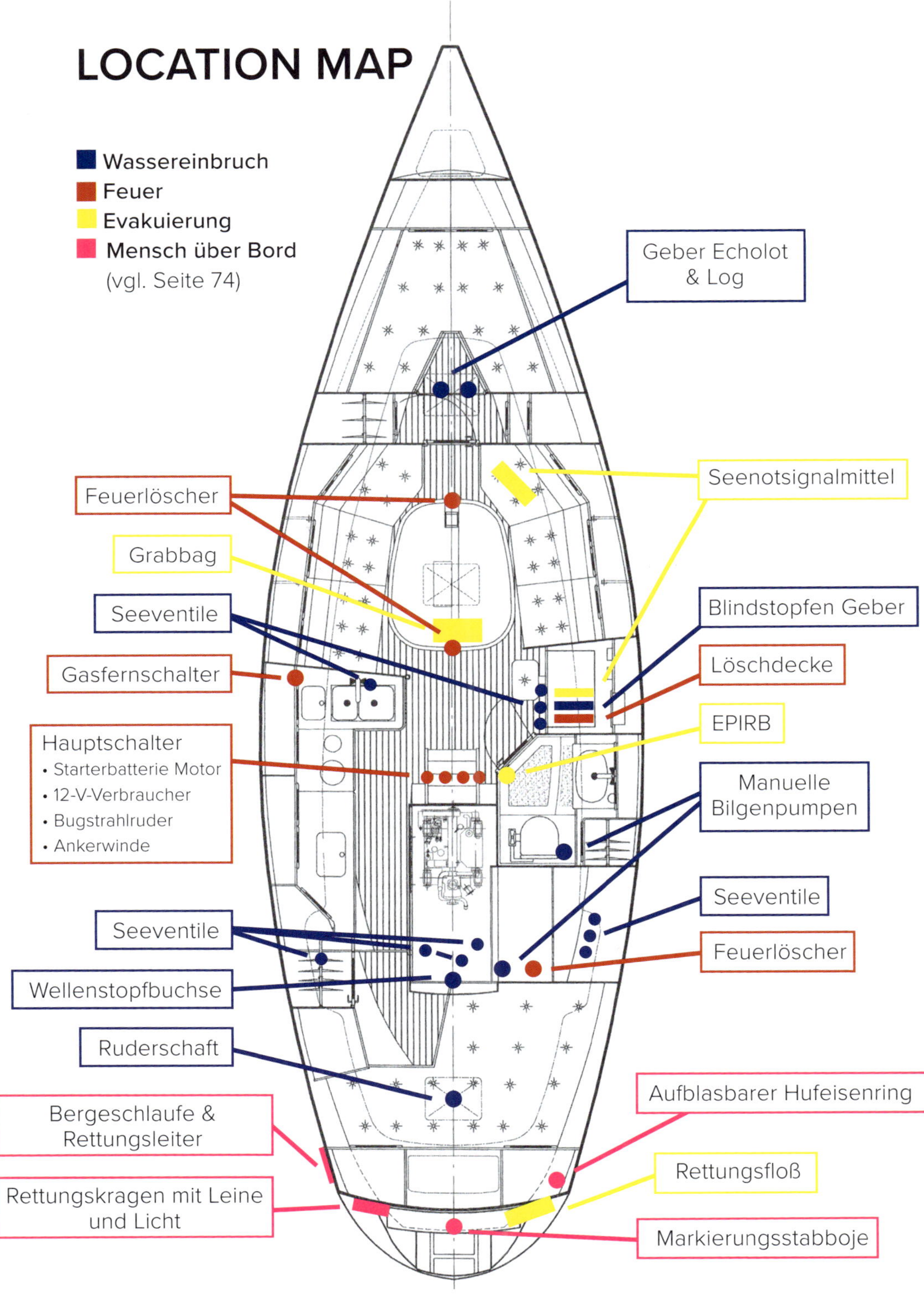
LOCATION MAP
Wassereinbruch
Feuer
Evakuierung
Mensch über Bord
(vgl. Seite 74)
Geber Echolot & Log
Seenotsignalmittel
Feuerlöscher
Grabbag
Seeventile
Blindstopfen Geber
Löschdecke
Gasfernschalter
EPIRB
Hauptschalter
• Starterbatterie Motor
• 12-V-Verbraucher
• Bugstrahlruder
• Ankerwinde
Manuelle Bilgenpumpen
Seeventile
Feuerlöscher
Seeventile
Wellenstopfbuchse
Ruderschaft
Aufblasbarer Hufeisenring
Bergeschlaufe & Rettungsleiter
Rettungsfloß
Rettungskragen mit Leine und Licht
Markierungsstabboje

WASSEREINBRUCH

NACH HEFTIGER GRUNDBERÜHRUNG, KOLLISION, RUDERHAVARIE ODER VIEL WASSER IN DER BILGE:

- gesamte Crew — **ALARMIEREN**
- Wasserstand Bilge — **CHECK**
- elektrische Bilgepumpen — **CHECK AN**
- manuelle Bilgepumpe — **PUMPEN**

Team für Lecksuche einteilen und Lecksuche beginnen:
Achtung: *Sobald ein Leck gefunden ist, alle informieren und Leck sofort abdichten (Leckpfropfen, Blindstopfen, Kissen auf Leck pressen usw.). Leck wenn möglich durch Krängung oder Gewichtstrimm über die Wasserlinie bringen.*
Achtung: *Es kann auch mehrere Lecks geben!*
Achtung: *Das Wasser kann auch durch Luken und beschädigte Fenster eindringen*

- nach Kollision Rumpf im Bereich der Kollision — **CHECK**
- Ruderschaft (Achterkabine) — **CHECK**
- alle Seeventile — **SCHLIESSEN**
- Geber für Echolot und Log (Vorschiff) — **CHECK**
- Kielaufhängung — **CHECK**

Achtung: *Die Kielaufhängung befindet sich unter dem Frischwassertank, ein Leck kann dort wahrscheinlich nicht abgedichtet werden!*

Motorraum überprüfen:

- Maschine noch in der Verankerung — **CHECK**
- Motorwelle in Getriebe und Wellenstopfbuchse — **CHECK**
- Schläuche für Seewasserkühlkreislauf und Auspuff — **CHECK INTAKT**
- wenn intakt und Motor aus — **MOTOR START**
- Wasserstand — **BEOBACHTEN**

◆ **Falls Wassereinbruch nicht unter Kontrolle gebracht wird und Wasser weiter steigt:**

- bevor Batterien unter Wasser stehen: DSC-Alarm — **SENDEN**
- Mayday-Notmeldung — **SENDEN**
- Team zum Lenzen mit Pütz und Handpumpe Cockpit — **EINTEILEN**
- sobald Wasser im Bad, Duschlenzpumpe — **AN**
- Motorkühlwasserpumpe zur Lenzpumpe umbauen — **ÜBERLEGEN**

Hinweis: *Schlauchschellen vom Kühlwasseransaugschlauch lösen, dann Schlauch abziehen. Danach sofort Seeventil schließen.*
Achtung: *Der Motor muss immer Wasser zur Kühlung bekommen!*

- Kontrollierte Strandung — **ÜBERLEGEN**

Hinweis*: am besten geeignete Bucht mit Sand- / Schlickgrund, wenig Welle / ablandiger Wind suchen*

- Evakuierungsverfahren *(übernächste Seite)* — **BEGINNEN**

◆ **Falls Wassereinbruch unter Kontrolle und Wasser nicht weiter steigt:**

- Team zum Lenzen mit Pütz und Handpumpe Cockpit — **EINTEILEN**
- Hilfe (Pumphilfe / Schlepphilfe) — **ANFORDERN**
- Leckwache — **EINTEILEN**
- nächsten geeigneten Hafen — **ANSTEUERN**

RAUCH ODER FEUER

◆ **Wenn Brandherd / Rauchquelle offensichtlich und unmittelbar zugänglich:**

- gesamte Crew — **ALARMIEREN**
- Feuer — **MIT GEEIGNETEN MITTELN LÖSCHEN**
- Brand-/Rauchquelle — **ÜBER BORD WERFEN ODER ISOLIEREN**
- benötigte Hilfe (medizinisch / Schlepphilfe) — **ANFORDERN**

ENDE

◆ **Wenn Quelle für Rauch oder Feuer unklar:**

- gesamte Crew — **ALARMIEREN**
- Luken — **SCHLIESSEN**
- Suche nach Brandherd oder Rauchquelle — **BEGINNEN**

  Mögliche Quellen: *Bordelektrik, Handy-/Laptopakkus, Motor, Schiffsakkus, Herd*
- bei Dunkelheit: Stirnlampen / Taschenlampen — **AN**
- Motor, wenn an — **AUS**
- Gasfernschalter — **AUS**
- Hauptschalter 12 V, Starter, Bow Prop und Anker unter Treppe — **AUS**
- Treibstoffhahn am Dieseltank — **SCHLIESSSEN**
- Rauchentwicklung — **BEOBACHTEN**

◆ **Rauchentwicklung lässt nicht nach oder Feuer kann nicht gelöscht werden:**

- Hauptschalter 12 V — **AN**
- EPIRB — **AKTIVIEREN & INS COCKPIT**
- DSC-Alarm — **SENDEN**
- Mayday-Notmeldung — **SENDEN**
- Grabbag und Seenotsignale — **INS COCKPIT**
- Rettungswesten — **ANLEGEN**
- Hauptschalter 12 V — **AUS**
- Kajüte — **EVAKUIEREN**
- Steckschotten und Luken — **SCHLIESSEN**
- Gasflaschen und Treibstoffkanister — **ÜBER BORD WERFEN**
- Raumschotskurs / Vor-dem-Wind — **STEUERN**
- Evakuierungsverfahren *(nächste Seite)* — **BEGINNEN**

◆ **Rauchentwicklung lässt nach:**

- nächsten geeigneten Hafen — **ANSTEUERN**
- Suche nach Rauchquelle — **FORTSETZTEN**
- wenn nötig für Navigation / Lichterführung / Funk:
  - benötigte Sicherungen — **AN, ANDERE: AUS**
  - Hauptschalter 12 V — **AN**
- Wenn klar, dass Diesel nicht die Brand- /Rauchursache ist:
  - Treibstoffhahn am Dieseltank — **ÖFFNEN**
  - Hauptschalter Starter — **AN**
  - Motor — **START**

Achtung: *Wenn der Motor läuft, muss Starterbatterieschalter an sein, sonst wird der Generator beschädigt!*

- benötigte Hilfe (medizinisch / Schlepphilfe / Feuerwehr) — **ANFORDERN**

EVAKUIERUNG

Zur Vorbereitung alle notwendigen Gegenstände im Cockpit / auf Achterdeck bereitlegen und sichern!

• Mayday-Notmeldung	**ABSETZEN**
• EPIRB	**AKTIVIEREN U. BEREITLEGEN**
• Grabbags	**BEREITLEGEN**
• Stirnlampen	**AUFSETZEN**
• Ölzeug und warme Kleidung	**ANZIEHEN**
• Rettungswesten	**ANLEGEN**
• Satellitentelefon / Handy	**EINSTECKEN**
• wenn Zeit vorhanden	
• weitere Seenotsignalmittel	**BEREITLEGEN / EINSETZEN**
• Wasser in Flaschen	**BEREITLEGEN**
• Wasser und energiehaltige Nahrung	**TRINKEN / ESSEN**
• Logbuch und Bleistift	**BEREITLEGEN**
• Bergeleiter	**AN BORDWAND AUSBRINGEN**
• Schlauchboot (wenn Bedingungen erlauben)	**INS WASSER**
• Crew im Cockpit / auf Achterdeck	**VERSAMMELN**

Warnung: *Die Entscheidung, das Schiff zu verlassen, sollte nur getroffen werden, wenn absolut notwendig!*

◆ **Evakuierung notwendig (Rettungsfloß verfügbar)**

• Rettungsfloß – Verbindung zur Yacht	**CHECK**
• Rettungsfloß	**AUSBRINGEN**
• wenn aufgeblasen	**1 PERSON AUFS RETTUNGSFLOSS**
• wenn Schlauchboot im Wasser	**VERBINDEN MIT RETTUNGSFLOSS**
• bereitgelegte Notausrüstung	**ÜBERGEBEN**
• restliche Crew	**AUFS RETTUNGSFLOSS**
• Verbindung zur Yacht	**TRENNEN**
• Tabletten gegen Seekrankheit	**EINNEHMEN**
ENDE	

◆ **Evakuierung notwendig (Rettungsfloß nicht verfügbar)**

• AIS-Notsender, EPIRB, UKW-Handfunkgerät und Stabboje	**AUF CREW VERTEILEN**
• Crew	**WESTEN AUFBLASEN, INS WASSER STEIGEN UND MIT LEINE VERBINDEN**

Achtung: *Auf Kälteschock gefasst sein! Atmung kontrollieren und durch die Nase atmen.*

06
KOLLISION

Größe der Yachten, die an Kollisionen beteiligt sind

Größe der Yachten: 25 - 60 Fuß
Mittlere Größe: 38 Fuß

Sichtverhältnisse

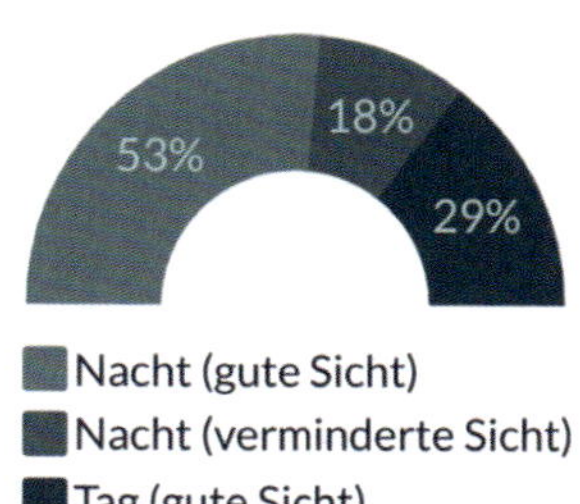

Material der Yachten

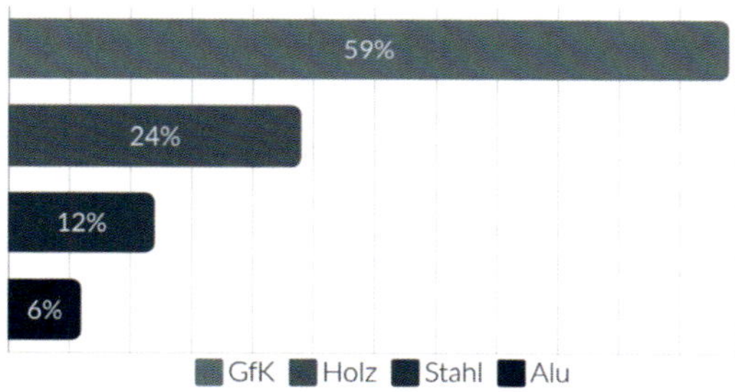

Zustand der Yacht nach Kollision

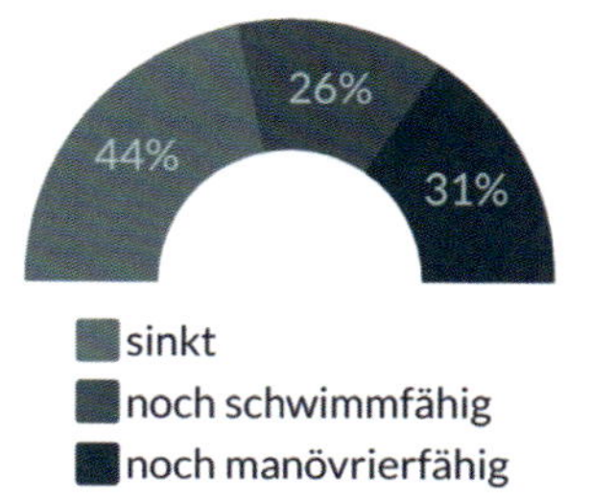

Ranking der Kollisionsgegner

Am häufigsten kollidierten die Yachten mit:
1. Großschifffahrt
2. Motoryachten
3. Segelyachten, Schleppverbänden, U-Booten und anderen

Anteil der Yachten, auf denen weder **Radarreflektor, AIS oder Radar** eingesetzt wurden:

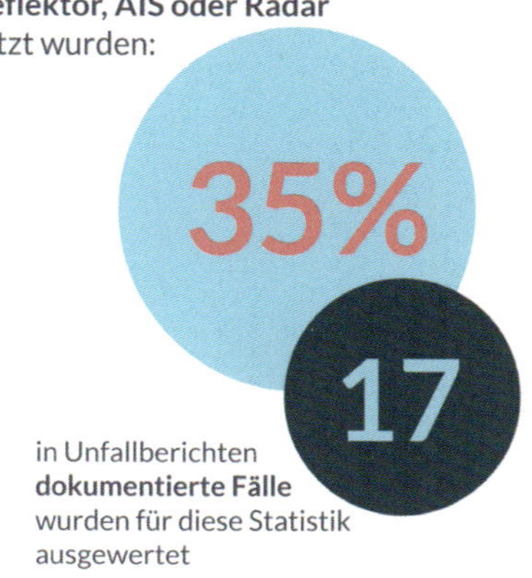

in Unfallberichten **dokumentierte Fälle** wurden für diese Statistik ausgewertet

Beinahe ebenso zahlreich wie die MOB-Fälle sind die Kollisionen in den Unfallberichten vertreten. Dadurch, dass hierbei oft die gewerbliche Schifffahrt involviert ist, findet diese Art von Yachtunfällen allerdings auch deutlich leichter die Aufmerksamkeit der Untersuchungsbehörden. Gleichwohl zeigt schon die schiere Anzahl der Berichte, dass Kollisionen eines der größeren Risiken beim Segeln darstellen. Ich habe Ihnen drei Fälle für dieses Kapitel ausgewählt, weil sie für drei typische Kollisionsszenarien stehen: Im ersten Fall kollidieren zwei Segelyachten auf entgegengesetzten Kursen in einem engen Fahrwasser miteinander. Im zweiten rammt eine mit hoher Geschwindigkeit fahrende Motoryacht einen Segler und im dritten möchte ich Ihnen eine Kollision zwischen einer Segelyacht und einem Frachtschiff schildern.

–

ALIADO VS. KATTEGAT

ENGE FAHRWASSER, ENTGEGENGESETZTE KURSE UND ALLTÄGLICHE REGELVERSTÖSSE [24]

Die Kollision zwischen der Ausbildungsyacht KATTEGAT, einer *X-382* und der 9,5 m langen Traditionsyacht ALIADO im Rudköbing Löb zwischen Fünen und Langeland entwickelt sich aus einer Situation heraus, wie sie sich in den schmalen Fahrwassern der dänischen Südsee oder denen der vorpommerschen Boddengewässer während eines beliebigen Sommertages mit Sonne und leichter Brise vermutlich Dutzende Male ereignet: Bei hoher Verkehrsdichte nähren sich zwei Fahrzeuge auf entgegengesetzten Kursen an. Der Raum im Fahrwasser ist eng. Eine Kursänderung aus dem Fahrwasser heraus ist aufgrund geringer Wassertiefen dort mit dem Risiko einer Grundberührung verbunden, was den Manövrierraum zusätzlich begrenzt. Meist kommen die Yachten irgendwie aneinander vorbei – in diesem Fall schaffen sie das allerdings nicht: Die Boote kollidieren. Die Skipperin der X-Yacht zieht sich schwere Verletzungen zu, das Steuerrad der Yacht und Teile der Reling werden vom Klüverbaum der ALIADO ausgehebelt, und der Klüverbaum selbst wird schwer in Mitleidenschaft gezogen. Der Untersuchungsbericht stellt fest: »Nach den Ermittlungen der BSU haben beide Segelyachten nicht nach den entsprechenden Grundregeln für das Verhalten im Verkehr navigiert. Insbesondere ***die Regeln 7, 8, 9, 14 und 34 der Kollisionsverhütungsregeln (KVR)*** wurden nicht beachtet.« Wenn Sie aus dem Stand wissen, was in den Regeln 7, 8, 9, 14 und 34 der KVR steht und mit reinem Gewissen behaupten könnten, diese bisher stets uneingeschränkt befolgt zu haben, dann können Sie diesen Fallbericht getrost überspringen. Falls nicht, ist die nun folgende Schilderung von Interesse für Sie.

Die Crew der ALIADO, das sind der Skipper, ein erfahrener Segler mit SBF-See, seine Mitseglerin – ebenfalls mit SBF-See ausgestattet – und deren neunjähriges Kind. Sie segelt von Norden kommend in das Fahrwasser des *Rudköbing Löb* ein. Vor dem Eindrehen in das enge Fahrwasser wird eine Halse gefahren, die Fock ausgebaumt und der Großbaum mit einem Bullenstander auf der Steuerbordseite gesichert, so dass die 10 t schwere Holzyacht »platt vorm Laken« dem in Richtung 168° verlaufenden Tonnenstrich folgt. Zur selben Zeit befährt die KATTEGAT unter Motor das Fahrwasser in entgegengesetzter Richtung. Die KATTEGAT ist eine Ausbildungsyacht einer renommierten Segelschule. An Bord befinden sich die Skipperin, seit mehreren Jahren Ausbilderin an besagter Schule und im Besitz eines Sporthochseeschifferscheins, sowie drei Segelschüler mit seglerischer Grunderfahrung. Nach der Schilderung der ALIADO-Crew habe diese die KATTEGAT auf etwa 0,5 sm Entfernung erstmals ausgemacht. Sie sei »auf der Fahrwassermitte mit stark wechselnden Kursen der weit auf der Steuerbordseite fahrenden ALIADO« entgegengekommen. Die ALIADO wurde ihrerseits an der Steuerbordseite von einer schnelleren »leicht außerhalb des Fahrwassers« segelnden Yacht überholt. Es entstand der Eindruck, die KATTEGAT wolle zwischen dieser Yacht und der ALIADO (also auf der falschen Seite) passieren. Auch an Bord der KATTEGAT nimmt man die ALIADO und die sie überholende Yacht in etwa 0,5 sm Entfernung wahr. Die Rudergängerin fühlt sich aber dadurch verunsichert, dass die ALIADO, im Gegensatz zur überholenden Yacht, nicht an der Backbordseite der KATTEGAT bleibt, sondern ihr »auf ihrer Fahrwasserseite an Steuerbord, sich auf Kollisionskurs befindend« entgegenkommt. Die Schiffsführerin übernimmt daraufhin das Ruder. Sie hat den Eindruck, die ALIADO ändert ihren Kurs nun noch weiter nach Backbord. Eine weitere Kursänderung ihrerseits nach Steuerbord scheint ihr wegen des Risikos, außerhalb des Tonnenstrichs zu geraten und auf Grund zu laufen jedoch nicht möglich. Um eine Kollision zu vermeiden, führt sie im Abstand von etwa einer halben Ka-

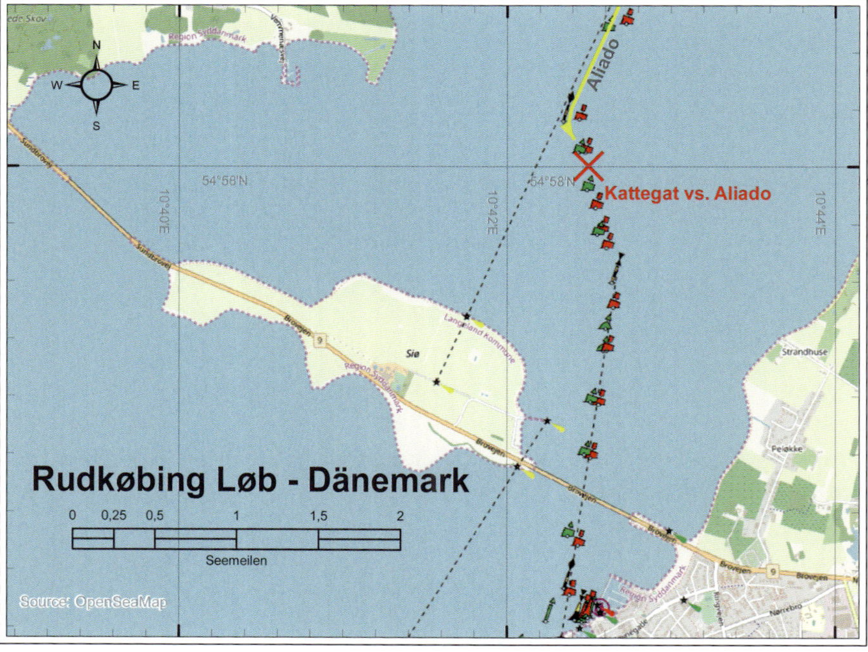

Die ALIADO und die KATTEGAT befahren das Rudkøbing Løb auf entgegengesetzten Kursen.

bellänge, also rund 90 Metern, eine deutliche Kursänderung nach Backbord aus. Zeit, um ein Schallzeichen zu geben, sei keine mehr gewesen. Nach Aussage der Skipperin habe die ALIADO nun ihrerseits den Kurs zur Fahrwassermitte hin geändert. Bug und Klüverbaum der ALIADO treffen die KATTEGAT im 90°-Winkel in Höhe ihres Steuerstands mit einer Geschwindigkeit von etwa 3 kn – mit den beschriebenen Konsequenzen. Nur mit erheblicher Mühe gelingt es, die ineinander verhakten Fahrzeuge voneinander zu trennen. Die ALIADO schleppt daraufhin die manövrierunfähige KATTEGAT in den Hafen von *Rudköbing*.

Kommen wir also zurück auf die Feststellung der BSU, wonach eine Handvoll KVR-Regeln von beiden Fahrzeugen nicht beachtet worden seien und schauen uns diese einmal genauer an. Die Regeln 7, 8 und 9 stehen im Abschnitt B »Ausweich- und Fahrregeln« der KVR. Dieser Abschnitt B gliedert sich wiederum in drei Abschnitte. Besagte Regeln sind im Abschnitt I »Verhalten von Fahrzeugen bei allen Sichtverhältnissen« zu finden. Regel 7 besagt, »jedes Fahrzeug muss mit allen verfügbaren Mitteln [...] feststellen, ob die Möglichkeit oder Gefahr eines Zusammenstoßes besteht. Im Zweifelsfall ist diese Möglichkeit anzunehmen.« Es ist eine Aufforderung, die ***situative Aufmerksamkeit*** in Bezug auf das Verkehrsgeschehen aufrechtzuerhalten. Regel 8 legt fest, wie die Manöver zur Vermeidung von Zusammenstößen ganz grundsätzlich zu fahren sind, nämlich »entschlossen« und »rechtzeitig«. Sie besagt außerdem »um einen Zusammenstoß zu vermeiden oder mehr Zeit zur Beurteilung der Lage zu gewinnen, muss ein Fahrzeug erforderlichenfalls seine Fahrt mindern oder durch Stoppen oder Rückwärtsgehen jegliche Fahrt wegnehmen«. Spannend wird es nun bei Regel 9 KVR. Sie definiert, wie man sich in »engen Fahrwassern« zu verhalten hat, nämlich wie folgt:

- *ein Fahrzeug, das der Richtung eines engen Fahrwassers oder einer Fahrrinne folgt, muss sich so nahe am äußeren Rand des Fahrwassers oder der Fahrrinne an seiner Steuerbordseite halten, wie dies ohne Gefahr möglich ist.*
- *Ein Fahrzeug von weniger als 20 Meter Länge oder ein Segelfahrzeug darf nicht die Durchfahrt eines Fahrzeugs behindern, das nur innerhalb eines engen Fahrwassers oder einer Fahrrinne sicher fahren kann.*

Das Problem mit dieser Regel ist, dass keine international einheitliche Definition für enge Fahrwasser existiert. Wenn Sie im Geltungsbereich der

SeeSchStrO unterwegs sind, ist das eindeutig geregelt. In den Gewässern anderer Staaten kann die Definition allerdings anders lauten. Selbst die BSU fragt für die Untersuchung sicherheitshalber bei der Danish Maritime Authority nach, ob im Rudköbing Löb nach Regel 9 KVR zu navigieren sei. Antwort: Ja, es handele sich um ein enges Fahrwasser. Ein Spruch des Oberseeamtes kann hier als Orientierungshilfe dienen: »Die Enge eines Fahrwassers ist darin zu erblicken, dass einem Schiff aufgrund eingeschränkten Manövrierraums die Möglichkeit genommen ist, ohne Probleme ein Manöver nach Steuerbord oder Backbord zu fahren.«[25] Aus der Perspektive des Freizeitseglers mit einer Yacht unter 20 m Länge müssen Sie also bewerten, in welcher Relation das Fahrzeug, dem Sie begegnen, zu den natürlichen Gegebenheiten steht. Ist das Fahrwasser schmal und sind an seinen Rändern Wassertiefen von weniger als 2 m vorzufinden, dann ist also auch eine andere kleine Segelyacht – ganz gleich ob unter Motor oder Segeln fahrend – höchstwahrscheinlich auf das Fahrwasser angewiesen, und Sie müssen sich (beide) nach Regel 9 verhalten. Sie dürfen dann zwar mit Ihrer Yacht ggf. unter Segeln im Fahrwasser kreuzen, dürfen dabei aber nicht die Durchfahrt des anderen Fahrzeugs behindern. Um vom strengen Rechtsfahrgebot in einem engen Fahrwasser abzuweichen, kann nach herrschender Meinung[26] nur der Fall in Betracht kommen, dass Sie die rechte Seite eines Fahrwassers nicht halten können, weil die Gefahr einer Grundberührung bestehe. Sind Sie aber gezwungen, einem entgegenkommenden Fahrzeug aus dem Wege zu gehen, so sei es immer richtiger, sich an der Steuerbordseite auf Grund drängen zu lassen, als nach der linken Seite des Fahrwassers hinüberzuhalten. Eine alte Regel laute: »Lieber das Schiff auf der richtigen Fahrwasserseite auf Grund setzen als in der Mitte oder auf der falschen Seite des Fahrwassers zu kollidieren.« Diese Aussage mag zunächst radikal erscheinen, aber ist letztlich doch einleuchtend, weil die Gefahr für Yacht und Crew durch eine Kollision i.d.R. größer ist als durch eine Grundberührung.

Regel 9 gibt zuletzt auch schon einen Hinweis darauf, wo Regel 34, die ja ebenfalls nicht beachtet wurde, zu finden sein wird:

- ***Das Fahrzeug (dessen Durchfahrt behindert wird) darf das in Regel 34 d vorgeschriebene Schallsignal geben, wenn es über die Absichten des querenden Fahrzeuges im Zweifel ist.***

Springen wir also in Teil D der KVR »Schall- und Lichtsignale« zur Regel 34 »Manöver- und Warnsignale«, Absatz d:

- *Wenn Fahrzeuge in Sicht sich einander nähern und eines aus irgendeinem Grund die Absicht oder die Maßnahmen des anderen nicht versteht oder zweifelt, ob das andere zur Vermeidung eines Zusammenstoßes ausreichend manövriert, muss es dies sofort durch mindestens fünf kurze, rasch aufeinander folgende Pfeifentöne anzeigen. Dieses Signal darf durch ein Lichtsignal von mindestens fünf kurzen, rasch aufeinander folgenden Blitzen ergänzt werden.*

Ich möchte nicht als Autor verstanden werden, der mit erhobenem Zeigefinger darauf pocht, Sie mögen doch bitte alle Regeln zu 100 % kennen und befolgen, denn nur so sei sicheres Segeln möglich. Stattdessen möchte ich mit Ihnen einige grundsätzliche Überlegungen zum Thema Regelakzeptanz und -befolgung am Beispiel der KVR teilen.

Eine wesentliche Bedingung für regelkonformes Verhalten ist zunächst die Kenntnis der Regel selbst und das Wissen darum, in welcher Situation sie Gültigkeit besitzt. Zwar führt die Unkenntnis einer Regel nicht automatisch zu deren Nichtbefolgung, denn das Nichtwissen kann – solange dem Schiffsführer bekannt – dazu führen, dass er sich vorsichtiger verhalten wird. Nur wenn ich die Regel 9 KVR »Enge Fahrwasser« allerdings kenne und weiß, unter welchen Bedingungen sie gilt, kann ich sie auch bewusst anwenden. Ob ich sie schließlich befolge, hängt von weiteren Determinanten ab. Da wären einmal die schon im Kapitel *Faktor Mensch: Welche Risikoeinstellungen habe ich?* beschriebenen persönlichen Einstellungen eines jeden. Sie bestimmen mit, ob wir Regeln eher akzeptieren oder nicht. Darauf hat auch die Natur der Regeln selbst Einfluss. Manche Regelungen erscheinen weniger sinnvoll als andere. Doch selbst wenn wir eine Regel kennen und sie grundsätzlich akzeptieren, weil wir sie für sinnvoll halten, kann die Verfolgung anderer, persönlich momentan höherwertiger Ziele dazu führen, dass eine Regel bewusst gebrochen wird. Auf einer vor dem Wind mit Wind von Backbord segelnden Yacht, wie es bei der ALIADO der Fall war, könnte ein vorübergehendes Hinüberfahren auf die Luv- bzw. Backbordseite des Fahrwassers mit der Vermeidung einer Halse (und dem damit verbundenem Aufwand) einhergehen, was in dieser Situation vom Skipper höher gewertet werden könnte als das Gebot, sich von anderen Fahrzeugen freizuhalten und auf der Steuerbordseite des Fahrwassers zu segeln. Der nächste Einflussfaktor sind die Konsequenzen, die zu erwarten wären, wenn Sie (oder auch sonst kaum einer) sich nicht an die KVR hielten: An erster Stelle wäre hier ein deutlich höheres Kollisionsrisiko zu befürchten. Aber auch die Ahndung des Regelverstoßes wäre eine unangenehme Konsequenz. Wenn sie als Seglerin aber z. B. beobachten, dass sich in Ihrem aktuellen Segelrevier ein Viertel der Yachten im Fahrwasser an ihrer Steuerbordseite begegnen und Sie permanent rechts überholt werden, dann hat das mit Sicherheit einen Einfluss darauf, was Sie an Konsequenzen bei einem eigenen Regelverstoß erwarten und wie Sie die sozialen Normen der Segler in diesem Revier interpretieren – und somit Einfluss auf Ihr persönliches Verhalten.

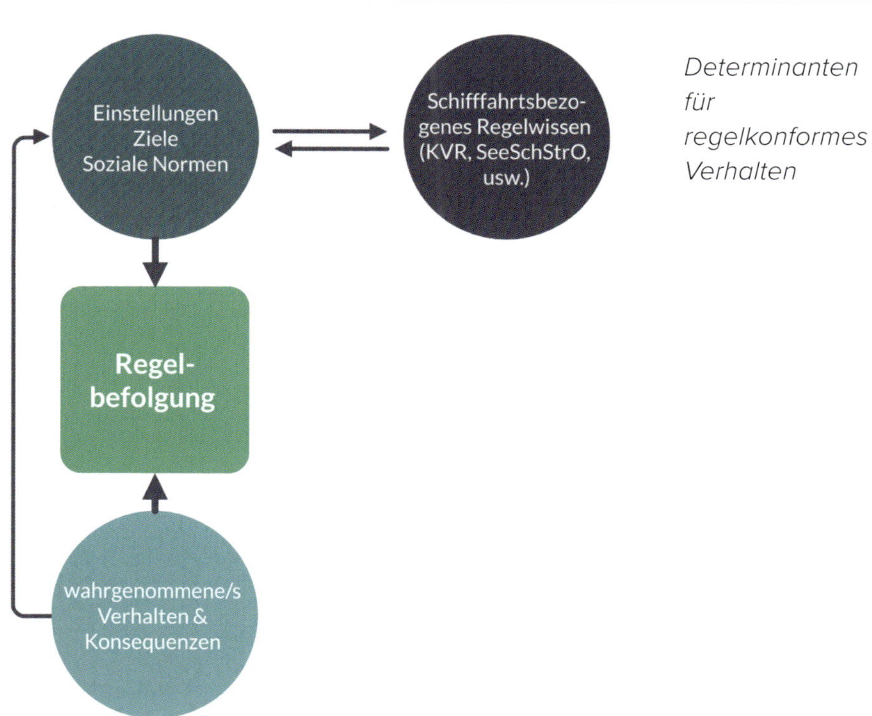

Determinanten für regelkonformes Verhalten

Wenn Ihnen der Fall Lust darauf gemacht hat, Ihr Regelwissen aufzufrischen, dann suchen Sie doch einfach mal die KVR im Internet oder holen sich Ihr altes SBF-See-Lehrbuch aus dem Bücherregal. Damit können Sie auch die Frage klären, auf die ich Ihnen eine Antwort schuldig geblieben bin: Was besagt Regel 14 KVR?

WHAT ELSE VS. PASTAGA

FLUCH DER KARIBIK [27]

Für den nächsten Fall begeben wir uns auf die Reise in die Karibik. Genauer gesagt in die Gewässer um die Kleinen Antillen, in die Nähe der französischen Insel St. Barth. Dort segelt die 35-Fuß-Yacht PASTAGA zusammen mit zwei anderen Segelyachten bei leichtem Karibik-Passatwind vom Inselchen Tintamarre nach Gustavia, dem Hauptort von St. Barth. An Bord: der Skipper mit seiner Partnerin und ihrer Tochter im Teenager-Alter und deren Freund sowie eine befreundete, erfahrene Mitseglerin. Es ist Nachmittag und die kuttergetakelte Yacht segelt bei halbem Wind mit 5 kn auf Südkurs ihrem Tagesziel entgegen. Vielleicht überlegt die französische Crew gerade, welcher Aperitif am Ankerplatz aufgetischt werden soll, als der Skipper in ca. 2 sm Entfernung an Backbord voraus eine recht schnelle, weiße, etwa 30 m lange Motoryacht bemerkt. Die beiden Schiffe nähern sich bei stehender Peilung rasch einander an. Im Wissen, dass er nach KVR-Regel 18 als Segler gegenüber der Motoryacht Kurshalter ist, hält er zunächst Kurs und Geschwindigkeit bei. Doch ein Ausweichmanöver der Motoryacht ist nicht zu erkennen. Der Skipper entscheidet jetzt hart abzufallen und den Kurs nach Steuerbord zu ändern.[VIII] In der Eile kann aber die Großschot nicht schnell genug losgeworfen werden. Das Abfallen zieht sich hin, und auf Raumschotskurs angekommen verliert die PASTAGA schließlich in der Atlantikdünung bei Bft. 3 sofort an Fahrt: Sie dümpelt mehr, als dass sie noch gesteuert werden kann. An Bord der Motoryacht wird die PASTAGA nur von den Gästen auf dem Sonnendeck bemerkt. Sie versuchen ihren Schiffsführer mit Handzeichen auf die kleine Segelyacht aufmerksam zu machen, doch zu spät. Die Motoryacht bohrt ihren Bug mit einer Annährungsgeschwindigkeit von – wie die Ermittler später ausgerechnet haben – 14,7 kn in den Rumpf der PASTAGA. Die Mitseglerin stirbt durch den Aufprall sofort. Der Skipper zieht sich schwere Verletzungen zu, die Yacht beginnt zu sinken. Trotzdem schafft es der Skipper noch, die Sicherungsleinen des Schlauchboots zu lösen, sodass es aufschwimmt, als die Yacht unter den Füßen der Crew versinkt. Die vier Überlebenden können sich daran festhalten und werden kurz darauf von einer anderen Segelyacht geborgen.

An Bord der Motoryacht wurde die PASTAGA schlicht übersehen. Der Schiffsführer war abgelenkt mit der Bedienung der diversen Trimmeinrichtungen der Yacht, und das zweite Crewmitglied bemannte nicht etwa den Ausguck, sondern, wie es der vom Reeder vorgesehenen Rollenverteilung im Reisemodus entsprach, die Cocktailbar für die neun amerikanischen Gäste an Bord. Wenn Sie sich nach dem letzten Fall gerade hoch motiviert die KVR

[VIII] also seemännisch korrekt nach Regel 17 b KVR: »Ist der Kurshalter dem Ausweichpflichtigen aus irgendeinem Grund so nahe gekommen, dass ein Zusammenstoß durch Manöver des letzteren allein nicht vermieden werden kann, so muss der Kurshalter so manövrieren, wie es zur Vermeidung eines Zusammenstoßes am dienlichsten ist.« Obwohl es trotzdem zur Kollision gekommen ist, konnte durch dieses Manöver die relative Annährungsgeschwindigkeit um etwa 25 % reduziert werden.

durchgelesen haben, dann wissen Sie jetzt natürlich aus dem Stand, dass hier eine Verletzung der Regel 5 vorliegt: »Jedes Fahrzeug muss jederzeit durch Sehen und Hören sowie durch jedes andere verfügbare Mittel, das den gegebenen Umständen und Bedingungen entsprich, gehörigen Ausguck halten, der einen vollständigen Überblick über die Lage und die Möglichkeit der Gefahr eines Zusammenstoßes gibt.« Bevor wir als Segler jetzt mit erhobenem Finger auf »die Motorbootfahrer« zeigen, sollten wir mit uns selbst kritisch ins Gericht gehen. Jeder Segler weiß: Die Möglichkeiten, vom Ausguckgehen an Bord einer Yacht abgelenkt zu werden, sind mannigfaltig. Wichtig im Sinne eines guten Workload-Managements ist es deshalb, sich immer wieder bewusst Zeit zu nehmen für den kritischen 360°-Rundumblick! Gerade in Situationen mit sehr hoher oder sehr niedriger (!) Arbeitsbelastung. Aber Regel 5 spricht ja nicht nur vom »Sehen« und »Hören«, sondern auch vom Ausguck halten durch »jedes andere verfügbare Mittel«. Was ist damit eigentlich gemeint? Der Untersuchungsbericht nennt hier explizit die Nutzung von AIS. Die PASTAGA war mit einem aktiven (sendenden und empfangenden) AIS ausgestattet. Die Motoryacht weder

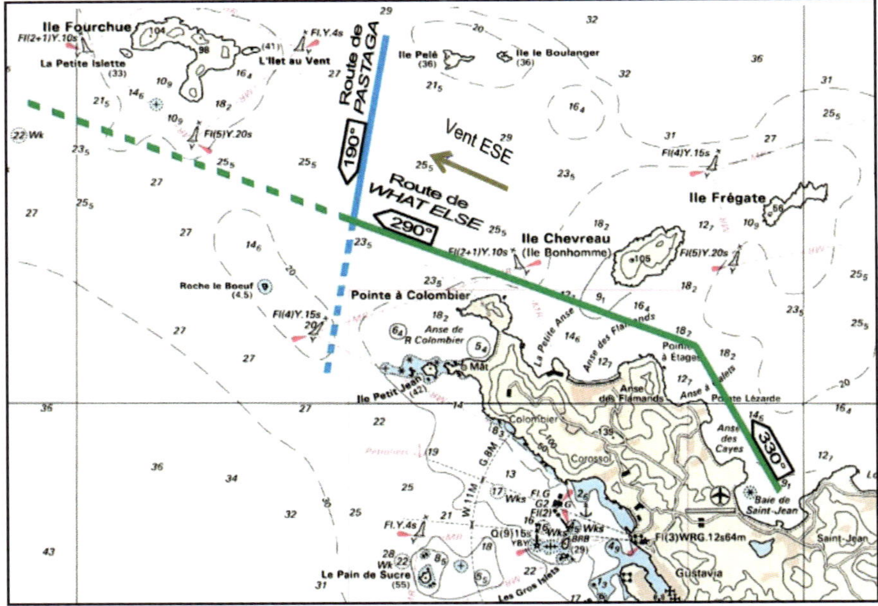

Ansteuerung der Insel St. Barth:
Die Kurse der WHAT ELSE (grün) und der PASTAGA (blau) kreuzen sich eine Seemeile nordwestlich von Pointe à Colombier.

mit einem Empfänger noch mit einem Sender. Neben der Darstellung eines Fahrzeuges als Symbol auf einem Kartenplotter und Funktionen wie der Berechnung des CPA (Closest Point of Approach, dt. Ort der dichtesten Annäherung) mit dem potenziellen Kollisionsgegner, sei laut Bericht ein ganz entscheidender Vorteil von AIS, die Möglichkeit, ein anderes Fahrzeug mit Namen und Rufzeichen identifizieren zu können. Dadurch sei eine zuverlässigere Kontaktaufnahme per Sprechfunk möglich, durch die in diesem Fall der Schiffsführer der Motoryacht noch rechtzeitig auf die PASTAGA hätte aufmerksam gemacht werden können. Diesen Vorteil von AIS kann ich aus eigenem Erleben bestätigen.

Als ich vor etwa 25 Jahren meine ersten Erfahrungen als Skipper gemacht habe, blieben meine Anrufe an die Großschifffahrt meist unbeantwortet, da weder ich den Namen oder das Rufzeichen der dicken Pötten erkennen konnte oder kannte noch die Berufsfunker auf ihren Brücken meinen Schiffsnamen einem der Punkte auf ihrem Radar zuordnen konnten. Etwas verbessern konnte ich die Antwortquote zwar, wenn ich meine weiblichen Crewmitglieder die Anrufe machen ließ, doch die Situation blieb insgesamt unbefriedigend. Bis der erste AIS-Empfänger auf unserer Yacht Einzug erhielt. Jetzt konnten die Containerschiffe und Kreuzfahrer mit ihrem Namen und Rufzeichen angefunkt werden – und siehe da: Fast alle antworteten nun auf meine Kontaktversuche. Seit meine Yacht über ein aktives AIS verfügt, werde ich sogar gelegentlich proaktiv von der Großschifffahrt angefunkt. Ein deutlicher Sicherheitsgewinn.

ELLA'S PINK LADY

TRUE ILLUSION [28]

Die nächste Kollision, die ich Ihnen schildern möchte, trägt sich vor der australischen Ostküste zu. Die Kollisionsgegner könnten ungleicher nicht sein: auf der einen Seite der unter Hongkong-Flagge fahrende Stückgutfrachter SILVER YANG. Ein Frachter der Panamax-Klasse, 225 m Länge, 63.800 t Leergewicht, mit Kohle beladen auf dem Weg von Newcastle, New South Wales nach Jingtang in China und einer 27-köpfigen chinesischen Besatzung an Bord. Auf der anderen ELLA'S PINK LADY, eine 34 Fuß lange Sparkman & Stephens Segelyacht, auf dem Weg von Mooloolaba, Queensland nach Sydney mit einem Abstecher über Lord Howe Island in der Tasmansee. Die Crew: eine 16-jährige junge Frau, die sich auf ihrem letzten Vorbereitungstörn vor dem Start ihrer geplanten Nonstop-Einhandweltumsegelung befindet.[IX] Entsprechend umfangreich ist die kleine Yacht ausgestattet: u. a. mit einem aktiven AIS, Radar, aktivem Radarreflektor und einem integrierten Kartenplotter, auf dem Radar- und AIS-Informationen angezeigt werden können. Die Seglerin ist zwar jung, hat aber bereits mehrere Tausend Seemeilen Hochseesegelerfahrung gesammelt und einige Trainingskurse absolviert: survival at sea, radar observer, radio operator und einen Yachtmaster-Kurs der *Australian Yachting Federation.*

Als um 20:56 Uhr der Halbmond aufgeht, segelt ELLA'S PINK LADY, unweit der Küste auf Halbwindkurs bei leichter Brise in die klare Nacht hinein. Gegen 01:45 Uhr hat der Wind aufgefrischt. Die Yacht macht nun gut 6 kn Fahrt auf SE-Kurs. Die Skipperin ist seit etwa 16 Stunden unterwegs und bereitet sich auf einen kurzen Cat-Nap vor. Dafür wirft sie einen Blick auf ihr Radarbild. In etwa 6 sm Steuerbord achteraus registriert sie ein Echo, zu dem sie aber visuell kein Schiff erkennen kann. Sie beobachtet dieses Echo für etwa eine Minute und kann ein Kollisionsrisiko mit diesem Schiff ausschließen. Danach stellt sie die Annährungsalarmfunktion des Radars ein, ihren Wecker auf fünf Minuten, macht noch einen kurzen Rundumblick und legt sich zum Ausruhen in die Salonkoje.

Um 01:48 Uhr nimmt der wachhabende 2. Offizier an Bord der SILVER YANG ein grünes Licht 45° Backbord voraus wahr. Er schätzt die Distanz auf 3–5 sm. Er weist eine Kursänderung um ein paar Grad nach Steuerbord an. Er und sein Ausguck halten das Licht zu diesem Zeitpunkt für eine Tonne, da es sich nicht merklich bewegt. Eine Minute später stellt sich für die beiden die Situation aber bereits anders da: Das Licht scheint sich plötzlich schnell auf die SILVER YANG zuzubewegen. Der 2. Offizier ordert 20° Steuer-

[IX] Die Seglerin Jessica Watson hat nach diesem Unfall ihr Vorhaben erfolgreich realisiert. »True Spirit. Solo mit PINK LADY« ist als Buch bei Delius Klasing und als Verfilmung auf Netflix erschienen.

bord, schließlich hart Steuerbord. Doch das Ausweichmanöver kommt zu spät. Um 01:50 Uhr kollidiert ELLA'S PINK LADY mittschiffs mit dem Frachter. Sofort ist die junge Seglerin wach und an Deck, versucht, ihre Yacht vom Frachter weg zu steuern. Doch ein Blick nach oben lässt sie befürchten, dass der Mast durch den Kontakt mit dem Stahlriesen brechen könnte, und sie begibt sich vorsichtshalber wieder unter Deck. Ihre Vermutung sollte sich bestätigen, als ein paar Sekunden später der Mast auf das Deck schlägt. Als die Yacht frei vom Heck des Frachters kommt, kontrolliert die Skipperin den Rumpf auf Wassereinbruch, kann jedoch keine Undichtigkeit finden. Abgesehen vom gebrochenen Mast scheint ELLA'S PINK LADY noch seetüchtig zu sein. Sie informiert ihre Eltern per Satellitentelefon über den Vorfall und klariert das Rigg und die Segel. Nachdem alles aus dem Wasser gezogen und an Deck gesichert ist, startet sie den Motor und erreicht gegen Mittag aus eigener Kraft den Hafen von Southport.

Die SILVER YANG setzt ihren ursprünglichen Kurs nach Norden fort. Erst als sie von ELLA'S PINK LADY etwa 20 Minuten nach dem Vorfall mit Schiffsnamen – die Information konnte die Seglerin schließlich den AIS-Daten entnehmen – angerufen wird, reagiert der 2. Offizier, sieht sich aber nicht imstande, die IMO-Nummer seines Schiffes zu übermitteln.

Die Besatzungen der beiden Schiffe haben den jeweils anderen bis kurz vor der Kollision nicht wahrgenommen. Das *Australian Transport Safety Board* konnte den Voyage Data Recorder (VDR) der SILVER YANG im Verlauf der Untersuchungen auswerten. Aus den Aufzeichnungen geht hervor, dass der 2. Offizier und sein Ausguck bis 2 ½ Minuten vor der Kollision in ein Gespräch vertieft waren, das »nicht in Zusammenhang mit ihren Dienstpflichten« stand. Als sie das grüne Seitenlicht erstmals wahrgenommen hatten, war es lediglich 0,6 sm entfernt, nicht etwa 3–5 sm, wie der 2. Offizier geschätzt hatte. Es wurde daraufhin auch nicht »jedes andere verfügbare Mittel« eingesetzt, um die Situation in Bezug auf eine Annährung zu beurteilen, insofern die folgenden Mittel nicht oder nicht ausreichend verwendet wurden:

- *Fernglas*
- *AIS*
- *Radar*

Der Untersuchungsbericht schließt nicht aus, dass das Radarecho von ELLA'S PINK LADY schlecht gewesen sein könnte und die AIS-Information

ELLA'S PINK LADY mit gebrochenem Mast nach der Kollision.

unvollständig. Ein schlechtes Radarecho trotz eines aktiven Radarreflektors, wie kann das sein? Die Erklärung ist in diesem Fall so einfach wie menschlich: Die Seglerin hatte schlicht vergessen, den Radarreflektor einzuschalten, und ein passiver Radarreflektor war nicht an Bord.

Zur Situation an Bord von ELLA'S PINK LADY schreiben die Untersucher, dieser Fall zeige klar, den unlösbaren Widerspruch bei langen Einhandfahrten die physiologische Notwendigkeit von Schlafpausen mit der Verpflichtung von Regel 5 KVR »jederzeit einen gehörigen Ausguck zu halten« in Einklang zu bringen. Die junge Seglerin sei sich dieses Widerspruchs bewusst gewesen und habe daher im Zuge einer Risikobewertung sowohl die technische Ausstattung der Yacht als auch ihre Verfahren angepasst. Sie hat, wenn wir einmal mehr das Schweizer-Käse-Modell heranziehen, erkannt, dass die Käsescheibe Ausguck beim Einhandsegeln ein großes Loch bekommt und deshalb als Gegenmaßnahme weitere Käsescheiben eingefügt:

technisch

- *aktiver Radarreflektor und AIS zur Erhöhung der Sichtbarkeit*
- *Radar und AIS zur besseren Ortung anderer Schiffe*

verfahrensseitig

- *Schlaf in Küstennähe nur als kurze Cat-Naps*
- *vor den Ruhepausen eine bewusste und gründliche Bewertung der Verkehrssituation mittels Radars und visuellen Ausguckgehens*

Wie alle Käsescheiben haben auch diese ihre Löcher. Die Löcher in den technischen Scheiben erläutere ich im nächsten Kapitel. Mit den Fehleranfälligkeiten bei der visuellen Wahrnehmung befassen wir uns im Folgenden. Dieser Wahrnehmungsprozess beinhaltet drei Schritte, die vollkommen automatisch und unbewusst in unserem Körper vor sich gehen:

1. *Der sensorische Reiz – Umwandlung der Lichtwellen auf der Netzhaut in neuronal kodierte Information*
2. *Organisation – unser Gehirn wandelt die neuronale Information nach Gestaltgesetzen in Informationspakete um, sogenannte Perzepte: Wie sieht das Objekt aus? Aus welchen Bereichen besteht es? Was ist Figur, was Hintergrund? Welche Form, welche Größe? Usw. Ohne diese Organisation der Wahrnehmung würden wir z. B. anstatt eines Bildes nur chaotische Farbflecke sehen, die keinen Sinn ergeben. Es ist wie bei der Wahrnehmung der Teile eines*

Puzzles: Erst dann, wenn sie zusammengesetzt sind, können wir Objekte und Formen erkennen.

3. *Identifizieren und Einordnen – den Perzepten wird eine Bedeutung zugeordnet, z. B. Frachtschiff von der Seite gesehen, Segelschiff von hinten, Leuchtfeuer der Hafeneinfahrt vor den Lichtern einer Stadt, usw.*

So effizient dieser Prozess meist funktioniert, so fehleranfällig ist er leider auch auf allen Ebenen. Der sensorische Reiz wird mitunter gar nicht erzeugt. Nicht nur, weil es im wahrsten Sinne des Wortes einen blinden Fleck auf der Netzhaut gibt, sondern auch, weil im Dunkeln die höchste Sehempfindlichkeit des Auges nicht in der Blickrichtung liegt, sondern 15–20° daneben. Auch braucht das Auge etwa 20 Minuten, um sich z. B. nach dem Blick auf einen hellen Monitor oder aus der beleuchteten Kabine kommend, wieder an die Dunkelheit anzupassen. Aber auch während der beiden nachfolgenden Prozesse kann unser Gehirn uns zahlreiche Streiche spielen, die uns als optische Täuschungen falsche Entfernungen oder Bewegungen bis hin zum Verschwinden ganzer Objekte vorgaukeln. Die beiden Illustrsationen zeigen die optische Täuschung, die auf der Brücke eines Frachtschiffes beim Blick auf eine Drei-Farben-Laterne auftreten kann.

Die 225 m lange SILVER YANG war lediglich etwa 1 sm entfernt, als sie von ELLA'S PINK LADY's Skipperin übersehen wurde. Die Fehleranfälligkeit bei der visuellen Wahrnehmung ist also keine bloße Theorie. Können wir etwas tun, um die Gefahr, ein anders Schiff zu übersehen, zu senken? Ja, und zwar zum einen mit ein wenig Lichtdisziplin. Displays sollten heruntergedimmt werden, der Einsatz einer Rotlicht-Stirnlampe ist empfehlenswert, und gegen hellen Lichtschein aus der Kabine hilft ein verschlossener Niedergang. Sollte einmal der Einsatz von hellem Licht nötig sein, sollte wenigstens ein Crewmitglied seinen Blick abwenden oder die Augen schließen, um die Nachtsichtigkeit zu erhalten. Zum anderen mit der richtigen Sehtechnik. Statt den Blick den Horizont entlangschweifen zu lassen, ist es besser, den Horizont stückchenweise zu scannen. Mit dem Blick an einer Stelle kurz verharren, dann mit dem Blick weiter wandern und erneut verharren. Im Dunkeln sollten Sie sich außerdem auf einen Bereich etwa 15° neben ihrer Blickrichtung konzentrieren, denn dort nimmt Ihr Auge die Lichtreize deutlich besser wahr. Wenn Sie ein Objekt nicht zweifelsfrei identifizieren können, greifen Sie zum Fernglas. Am besten zu einem mit integriertem, beleuchtetem Peilkompass, denn damit können Sie gleich eine erste Peilung des Objekts nehmen. Das Fernglas vergrößert nicht nur, es verbessert auch die Tiefenwahrnehmung und verstärkt das Licht um ein Vielfaches. Letzteren Effekt können Sie eindrucksvoll beobachten, wenn Sie auf Ihrer nächsten Nachtwache mit dem Fernglas auf die Milchstraße blicken: Die Sterne werden nicht größer, aber Sie werden unzählige Sterne mehr erblicken als mit bloßem Auge.

Perspektive von der Brücke eines Frachtschiffes: Zwei weiße Hecklichter am Horizont, eins an Backbord, eins an Steuerbord?

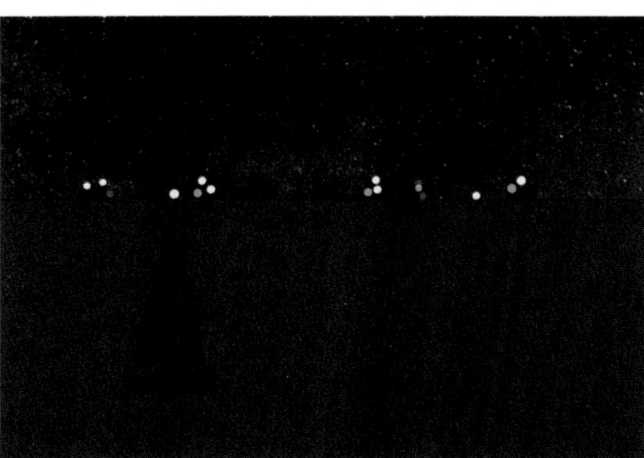

Nein! Ein Segler dicht an Backbord voraus! Was weit weg erscheint, kann sehr nah sein.

FAZIT
KOLLISION

Regelmäßiges Ausguckgehen, gelegentlich eine Folge von Peilungen eines potenziellen Kollisionsgegners vornehmen: Das sind keine extrem anspruchsvollen Aufgaben. Aber sie setzen bei demjenigen, der sie ausführen soll, neben guten Augen, ein gewisses Maß an Selbstkontrolle und Gewissenhaftigkeit voraus. Wenn ein Mitsegler diese Eigenschaften mitbringt, eignet sich das Ausguckgehen als eine Aufgabe, die Sie als Skipper oder Wachführerin nach kurzer Einweisung auch an Segelanfänger delegieren können. Sind Sie in kleiner Crew unterwegs, ist gutes Workload-Management gefragt: Wenn andere Aufgaben Ihre Aufmerksamkeit beanspruchen, immer wieder kurz innehalten für den gründlichen Rundumblick. Die richtige Ausweichentscheidung zu treffen, ist der anspruchsvollste Teil der Kollisionsvermeidung, weil er von Ihnen neben der Kenntnis der wesentlichen Ausweichregeln eine korrekte Einschätzung der Verkehrssituation erfordert. Aber wenn Sie nach diesem Schema[29] vorgehen, können Sie Struktur in Ihre Entscheidungsfindung bringen:

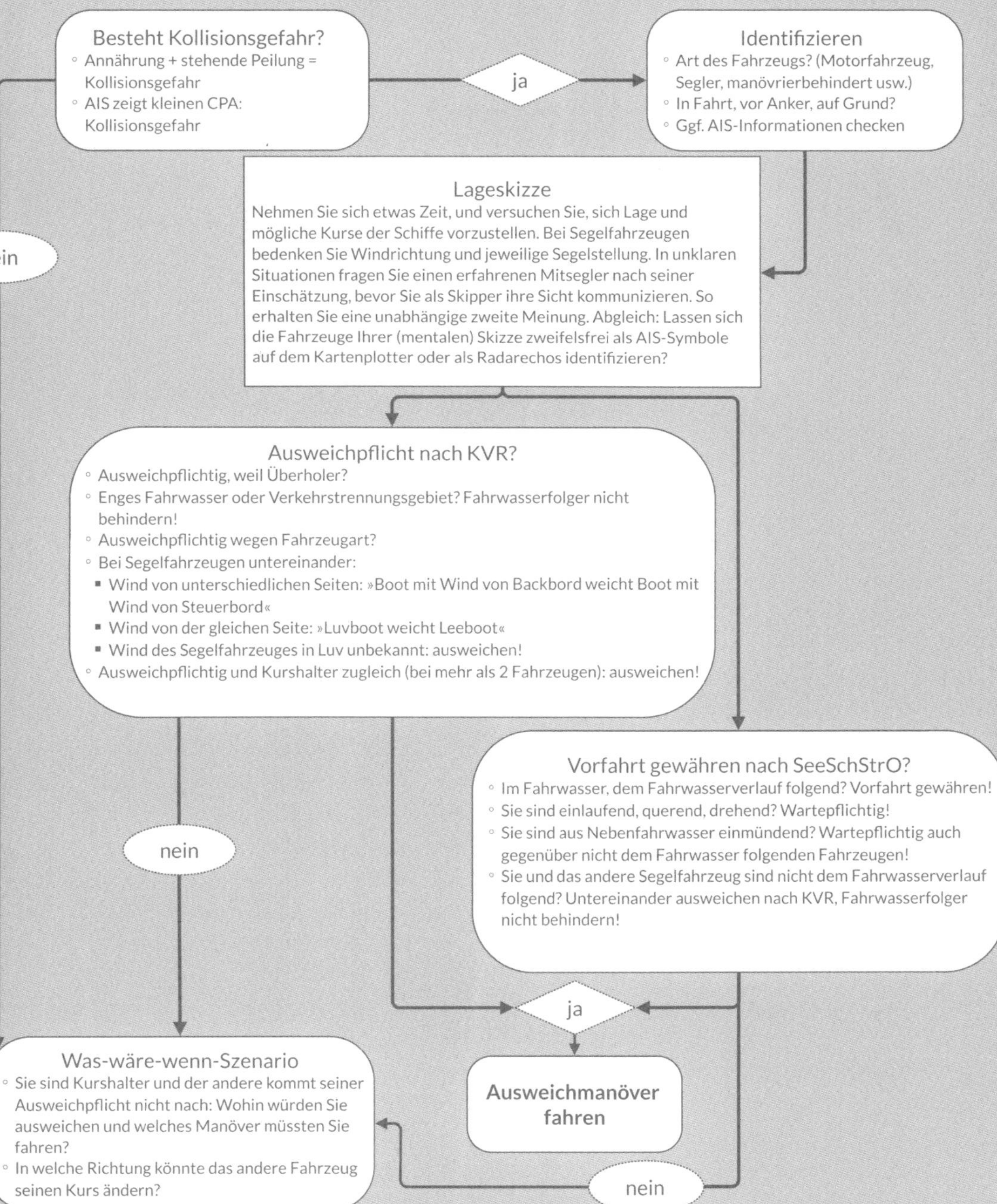
Besteht Kollisionsgefahr?
◦ Annährung + stehende Peilung = Kollisionsgefahr
◦ AIS zeigt kleinen CPA: Kollisionsgefahr
ja
Identifizieren
◦ Art des Fahrzeugs? (Motorfahrzeug, Segler, manövrierbehindert usw.)
◦ In Fahrt, vor Anker, auf Grund?
◦ Ggf. AIS-Informationen checken
Lageskizze
Nehmen Sie sich etwas Zeit, und versuchen Sie, sich Lage und mögliche Kurse der Schiffe vorzustellen. Bei Segelfahrzeugen bedenken Sie Windrichtung und jeweilige Segelstellung. In unklaren Situationen fragen Sie einen erfahrenen Mitsegler nach seiner Einschätzung, bevor Sie als Skipper ihre Sicht kommunizieren. So erhalten Sie eine unabhängige zweite Meinung. Abgleich: Lassen sich die Fahrzeuge Ihrer (mentalen) Skizze zweifelsfrei als AIS-Symbole auf dem Kartenplotter oder als Radarechos identifizieren?
nein
Ausweichpflicht nach KVR?
◦ Ausweichpflichtig, weil Überholer?
◦ Enges Fahrwasser oder Verkehrstrennungsgebiet? Fahrwasserfolger nicht behindern!
◦ Ausweichpflichtig wegen Fahrzeugart?
◦ Bei Segelfahrzeugen untereinander:
▪ Wind von unterschiedlichen Seiten: »Boot mit Wind von Backbord weicht Boot mit Wind von Steuerbord«
▪ Wind von der gleichen Seite: »Luvboot weicht Leeboot«
▪ Wind des Segelfahrzeuges in Luv unbekannt: ausweichen!
◦ Ausweichpflichtig und Kurshalter zugleich (bei mehr als 2 Fahrzeugen): ausweichen!
Vorfahrt gewähren nach SeeSchStrO?
◦ Im Fahrwasser, dem Fahrwasserverlauf folgend? Vorfahrt gewähren!
◦ Sie sind einlaufend, querend, drehend? Wartepflichtig!
◦ Sie sind aus Nebenfahrwasser einmündend? Wartepflichtig auch gegenüber nicht dem Fahrwasser folgenden Fahrzeugen!
◦ Sie und das andere Segelfahrzeug sind nicht dem Fahrwasserverlauf folgend? Untereinander ausweichen nach KVR, Fahrwasserfolger nicht behindern!
nein
ja
Ausweichmanöver fahren
Was-wäre-wenn-Szenario
◦ Sie sind Kurshalter und der andere kommt seiner Ausweichpflicht nicht nach: Wohin würden Sie ausweichen und welches Manöver müssten Sie fahren?
◦ In welche Richtung könnte das andere Fahrzeug seinen Kurs ändern?
nein

AIS UND RADAR
SEHEN UND GESEHEN WERDEN

!

Sehen und gesehen werden – darum geht es, wenn Sie sich Systeme vom simplen Radarreflektor für 50 € über AIS, Radar bis hin zu High-End-Lösungen zur Erkennung von Hindernissen mit hochauflösenden 3-D-Infrarotkameras, wie das von Boris Hermann beim Vendée Globe verwendete OSCAR, für das etwa 30.000 € im Bordbudget eingeplant werden müssen, auf Ihr Boot holen. Eine Garantie, in 80 Tagen kollisionsfrei um die Erde zu segeln, haben Sie damit trotzdem noch nicht erworben. Schauen wir uns also an, welche Erkenntnisse wir aus Unfallberichten und technischen Untersuchungen zu Radar, AIS und Co. gewinnen können. Im Fall von ELLA'S PINK LADy waren aktiver Radarreflektor, AIS und Radar an Bord. Der aktive Radarreflektor ist eine simple und nützliche Sache. Eine Antenne auf dem Mast in der Größe einer UKW-Sprechfunkantenne empfängt Radarwellen, das System sendet in diesem Moment einen aktiven Impuls auf gleicher Wellenlänge zurück und macht den Navigator durch ein optisches und ggf. akustisches Signal darauf aufmerksam, dass es von einem Radar erfasst wurde. Dadurch erscheint das Radarecho auf dem anderen Schiff deutlicher, und man selbst ist gewarnt. In erster Linie verbessert das System die eigene Sichtbarkeit für die Großschifffahrt. Es ist jedoch nutzlos, wenn es ausgeschaltet ist, denn die Antenne auf dem Mast ist kein passiver Radarreflektor. Letzterer ist in Bezug auf »Sicherheitsgewinn pro investiertem Euro« kaum zu schlagen und sollte daher wirklich auf keiner Yacht fehlen – auch nicht auf Stahlyachten, wie der Fall einer Kollision im Fehmarnsund vor einigen Jahren gezeigt hat.[30] Dort kollidierte die Fähre SCHLESWIG-HOLSTEIN nachts und bei guter Sicht mit einer knapp 14 m langen Stahlyacht ohne Radarreflektor (mit eingeschalteter Drei-Farben-Laterne), deren Echo zeitweise nicht auf dem Radarbild der Fähre zu erkennen gewesen war.

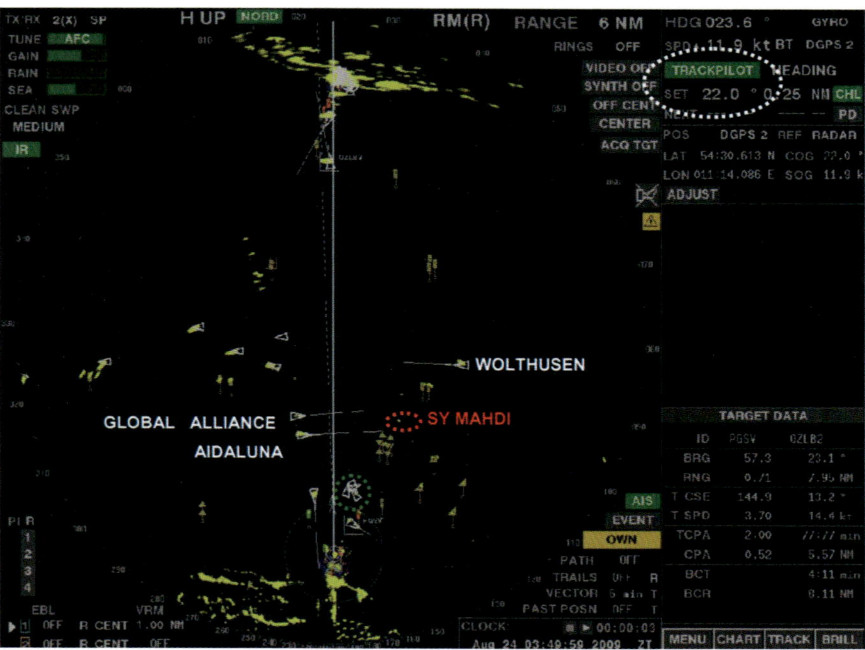

Situation 03:49:59 MESZ wie sie sich auf dem Radarbild der Fähre nach dem Auslaufen in Puttgarden darstellt. Das Bild ist in Richtung 22° orientiert. Am oberen Bildrand ist die Küste von Lolland zu erkennen. Die MAHDI ist als kleiner Punkt oberhalb der Bohrplattform sichtbar. Von links nähern sich die GLOBAL ALLIANCE und die AIDA LUNA an.

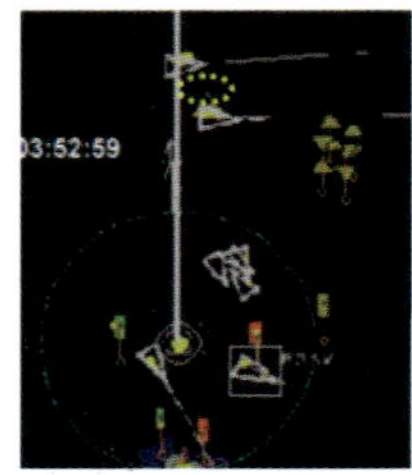

Um 03:52:59 Uhr ist die MAHDI im Radarschatten der Bohrplattform verschwunden. Oberhalb der AIDA LUNA ist ein Scheinecho (gelber Kreis) aufgetaucht.

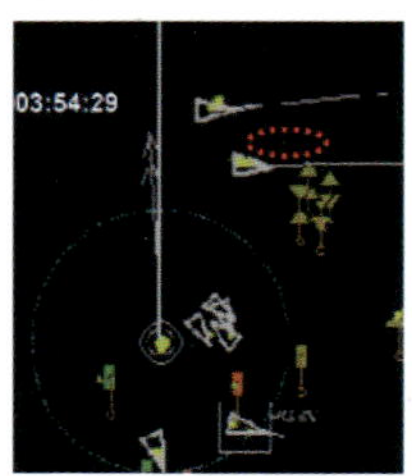

Um 03:54:29 Uhr ist die MAHDI kurz sichtbar auf dem Radar, bevor sie ein weiteres Mal verdeckt wird – diesmal von der AIDA LUNA. Um 03:55:29 Uhr taucht die MAHDI wieder auf dem Radarbild auf, wird von der Crew aber erst um 03:59:30 Uhr bemerkt: »optisch in Form eines hellen roten Toplichts auf Augenhöhe« der Brückenbesatzung. Um genau 04:00:00 Uhr kollidieren Fähre und Yacht miteinander.

Die Abbildungen zeigen, dass sich die MAHDI kaum von den regelmäßig auftretenden Scheinechos im Radarbild abhebt.

Im Fall von ELLA'S PINK LADY geht der Untersuchungsbericht der Frage nach, wieso die automatische Alarmfunktion des Radars die Skipperin nicht alarmiert hat. Die Seglerin hatte vor dem Cat-Nap den inneren Alarmring auf 2 sm und den äußeren auf 4 sm gesetzt und den Alarm scharf geschaltet. Würde nun ein Echo einen dieser Ringe queren, würde das Radar einen akustischen Alarm generieren. Der Frachter hätte mit Sicherheit in diesem Distanzbereich ein Radarecho erzeugt. Er befand sich allerdings nur noch 1 sm von der Segelyacht entfernt, weshalb der Alarm bei der gewählten Einstellung nicht ausgelöst werden konnte. Weshalb der Seglerin das Echo des Frachters nicht aufgefallen war, oder ob sie es für eine Seegangsreflektion hielt, ließ sich nicht klären. Ein beitragender Faktor könnte jedoch in der Darstellung der Information auf dem Display des Kartenplotters gelegen haben. Dieser wurde im Split-Screen-Modus betrieben – auf der linken Bildschirmhälfte wurde die Seekarte in North-up-Ausrichtung, auf der rechten das Radarbild in Head-up-Ausrichtung zur Anzeige gebracht. Bei dem anliegenden SSE-Kurs waren dadurch beide Anzeigen nahezu entgegengesetzt orientiert, sodass die SILVER YANG auf der Kartenseite als AIS-Symbol unterhalb der Yacht angezeigt worden wäre, auf der Radarseite jedoch oberhalb, was die Seglerin verwirren und zu der falschen Schlussfolgerung hätte verleitet haben können, die SILVER YANG stelle kein Kollisionsrisiko dar.

Weder auf dem Frachter noch an Bord der Segelyacht wurden die AIS-Informationen bewusst wahrgenommen oder die Alarmfunktionen genutzt. Dabei bietet gerade AIS eine Vielzahl an möglichen Alarmeinstellungen, beispielsweise einen Alarm, der auslöst, wenn der berechnete CPA mit einem anderen Fahrzeug einen vom Nutzer definierten Wert unterschreitet. Eigentlich gibt es keinen guten Grund, weshalb eine Seglerin, die einen Radaralarm nutzt, nicht auch dieses Tool einsetzt. Zumal die Gefahr von Fehlalarmen deutlich geringer ist als bei Radar, außer, dass sie nicht weiß, dass es diese Funktion gibt oder wie man sie am Gerät einstellt.

AIS ist ein Transceiversystem für die Schifffahrt, mit dem primären Ziel, eine bessere situative Aufmerksamkeit in Bezug auf den Schiffsverkehr bei den Besatzungen zu schaffen und Kollisionen zu vermeiden. Die schiffseigenen Positionsangaben werden zusammen mit zusätzlichen Schiffsdaten wie Schiffsname, Schiffstyp, Rufzeichen, MMSI, Kurs und Geschwindigkeit über Grund usw. über UKW-Funk zwischen den Transceivern der Schiffe ausgetauscht. Die AIS-Transceiver vom Typ A, die von der Berufsschifffahrt genutzt werden, koordinieren untereinander Zeitfenster von wenigen Millisekunden, in denen sie ihre jeweiligen Datenpakete mit einer Sendeleistung von 12,5 W versenden. Die Zeitslots sind so kurz, dass theoretisch bis zu 4500 Schiffe innerhalb von einer Minute eines dieser Datenpakete versenden könnten. Wenn die Kapazität es erlaubt, dann dürfen auch die Typ-B-Transponder, die in der Sportschifffahrt eingesetzt werden, zum Zuge kommen und ihre Informationen mit deutlich geringerer Sendeleistung von 2 (ältere Geräte) bis 5 Watt versenden. Standardmäßig wird Ihr AIS-B etwa alle 30 Sekunden ein Datenpaket auf den Weg schicken, wenn Sie sich schneller als mit 2 kn bewegen, andernfalls alle 3 Minuten. Die Darstellung der jeweiligen Schiffe mitsamt den dazugehörigen Informationen erfolgt bei vernetzten Navigationsinstrumenten auf dem Kartenplotter. Spätestens auf 8 sm Entfernung sollte ihre Yacht auf dem Kartenplotter eines Ozeanriesen mit allen im Transceiver abgespeicherten und vom internen GPS ermittelten Schiffsdaten auftauchen. Die Auswertung des Schiffsdatenschreibers der SILVER YANG hat ergeben, dass ELLA'S PINK LADY bereits 38 Minuten vor der Kollision auf dem Kartenplotter angezeigt wurde. Allerdings war an Schiffsinformationen lediglich die MMSI, nicht aber die anderen statischen Informationen wie Schiffstyp und Schiffsname dargestellt worden. Ein Problem, das bei einigen älteren AIS-A-Transpondern besteht.[31]

Dass diese statischen AIS-Daten fehlerhaft oder unvollständig sind, ist übrigens keine Seltenheit: Etwa 2 % aller Schiffe haben eine falsche MMSI abgespeichert, 6 % senden falsche oder gar keine Informationen zum Fahrzeugtyp, und bei knapp einem Drittel der Fahrzeuge ist der Status (nur bei AIS-A-Transceivern einstellbar) nicht korrekt. Zahlreiche Maschinenfahrzeuge fahren unter dem Status »sailing«, obwohl dieser Status eigentlich nur Segelfahrzeugen vorbehalten ist oder zeigen an, sie seien vor Anker, obwohl sie sich in Fahrt befinden. Fehler bei den Angaben zu Position, Kurs und Geschwindigkeit treten ebenfalls auf, sind aber nur selten zu beobachten.[32] Wenn Sie das nächste Mal eine Charteryacht übernehmen, kontrollieren Sie doch mal mit einer der zahlreichen AIS-Apps auf Ihrem Handy, ob und welche Informationen Ihre Yacht per AIS versendet.

	Radar	AIS (passiv)	AIS (aktiv)	Radarreflektor (aktiv)	Radarreflektor (passiv)
Informationsgehalt für andere Schiffe	keiner	keiner	detailliert: Position, Kurs, Geschwindigkeit, Schiffsname, Rufzeichen, MMSI, Schiffstyp usw.	deutlich verbesserte Sichtbarkeit auf Radar	verbesserte Sichtbarkeit auf Radar
Informationsgehalt auf Eigenschiff	verbesserte Erkennung anderer Schiffe, ggf. auch von Seezeichen, Eisbergen und Uferkonturen	verbesserte Erkennung anderer Schiffe, wenn diese über AIS-Sender verfügen und ggf. von Seezeichen (AtoNs), Empfang von AIS-Notsendern, sehr hoher Informationsgehalt		optische/ akustische Warnung bei Erfassung durch Radar	keiner
Warnfunktionen	Ja, Distanz und ggf. CPA/TCPA-Alarm	Ja, über CPA-, TCPA- und Distanzalarm, aber nur vor Schiffen mit AIS-Sender		optische/ akustische Warnung bei Erfassung durch Fremdradar	keine
funktioniert unabhängig von Systemen außerhalb des Eigenschiffes	Ja	Nein, ist abhängig von GPS und AIS anderer Schiffe und der Qualität der AIS-Informationen der anderen Schiffe		Nein	Nein
Fehlerquellen					
Störung Stromversorgung	führt zu Ausfall des Systems	führt zu Ausfall des Systems		führt zu Ausfall des Systems	keine Auswirkung
anlageninterne Fehler und Einschränkungen	Störung des Antennenkabels, fehlerhafte Einbindung in integrierte Navigationssysteme, ungenügende räumliche Auflösung bei kleinen Antennen	Störung des Antennenkabels/-splitters, fehlerhafte Einbindung in integrierte Navigationssysteme, falsche/unvollständige Programmierung der Schiffsdaten, Ausblendung oder Nichterkennen von AIS-Zielen		Störung des Antennenkabels, falsche Verkabelung	Ungeeigneter Anbringungsort
externe Fehlerquellen	Fremdechos, Störechos	GPS-Ungenauigkeiten, Signalstörungen und Signalverfälschungen		Abschattungen des Signals	Abschattungen des Echos
Bedienung/ Interpretation	komplexe Bedienung: fehlerhafte Alarmeinstellung, Range, Gain usw. Schwierige Interpretation der Radarechos, Gefahr von Mode Confusion (North-up vs. Head-up)	Bedienung und Interpretierbarkeit weniger komplex als Radar, dennoch: fehlerhafte Alarmeinstellung, Gefahr von Mode Confusion		einfache Bedienung und Interpretierbar-keit	
Kosten					
Preis	2000–3000 € + Display	400–600 € + Display	800–1300 € + Display	900–1300 €	50–100 €

Vergleich der verschiedenen technischen Systeme zur Kollisionsverhütung.

07

SCHWERE SEE

Die Wellenhöhe in Seegangsprognosen und ihre Bedeutung in der Praxis

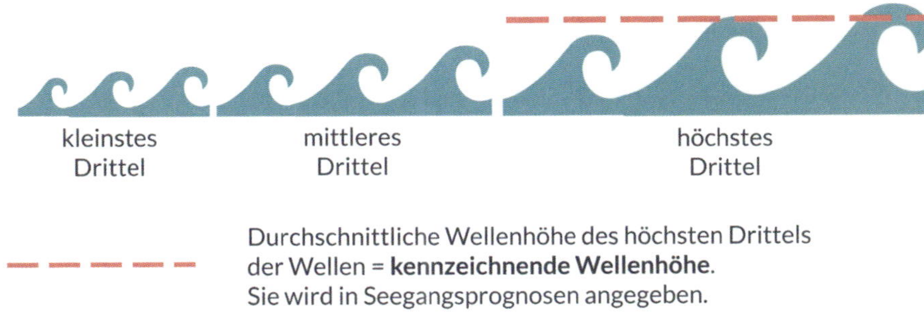

Durchschnittliche Wellenhöhe des höchsten Drittels der Wellen = **kennzeichnende Wellenhöhe**. Sie wird in Seegangsprognosen angegeben.

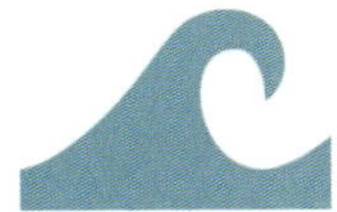

Jede 100. Welle ist 1,5 x größer als die kennzeichnende Wellenhöhe. Eine solche Welle tritt etwa alle zehn Minuten auf.

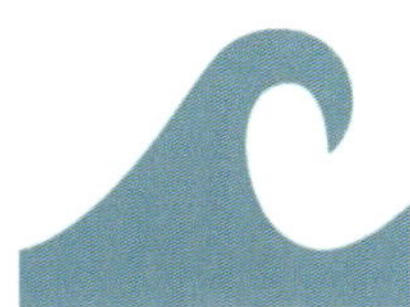

Jede 3000. Welle ist 2 x größer als die kennzeichnende Wellenhöhe. Eine solche Welle tritt etwa alle fünf Stunden auf.

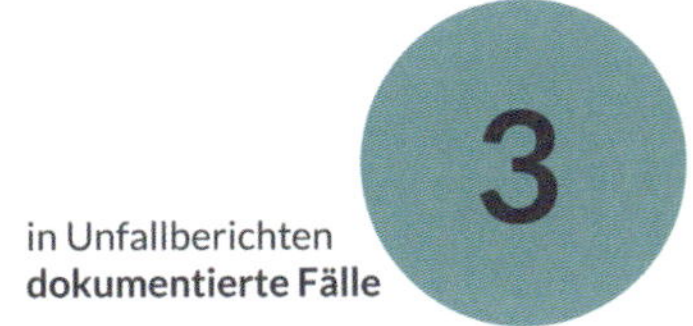

—

In aller Regel, so heißt es, sei das Boot bei Sturm stärker als die Besatzung. Doch in extremen Bedingungen können auch Yachten über ihre Limits beansprucht werden und Crews über ihre Grenzen hinauswachsen.

—

ESSENCE

SCHIFFBRUCH OHNE RETTUNGSFLOSS [33]

Die ESSENCE ist eine *Bavaria 47 Ocean,* Baujahr 1999. Nicht nur die Modellbezeichnung, sondern auch die CE-Klassifikation in der Kategorie A legen eine Ozeantauglichkeit der Yacht nahe. Die Yacht fährt unter neuseeländischer Flagge und musste sich daher, wie wir vom Fall der PLATINO wissen, einer strengen Begutachtung vor dem Verlassen der Küstengewässer des Inselstaates unterziehen. Die ESSENCE befindet sich auch auf einer ähnlichen Route wie die PLATINO, allerdings ist sie in entgegengesetzter Richtung unterwegs: Am 8. Oktober 2019 wird auf den Fidschi-Inseln ausklariert und Kurs auf das 1400 Seemeilen südliche gelegene Örtchen Tauranga an der Küste der neuseeländischen Nordinsel genommen. An Bord der ESSENCE befinden sich das Eignerehepaar, deren Schwager und ein Freund der Familie – allesamt hochseesegelerfahren. Die Eigner haben mit der Yacht bereits eine Weltumsegelung erfolgreich gemeistert, und so wird die ESSENCE routiniert vorbereitet, als am 12. Oktober eine deutliche Wetterverschlechterung mit 45 kn Wind aus ENE für die Gewässer nördlich von Neuseeland für den 14. Oktober vorhergesagt wird: Sturmsegel und der Treibanker werden vorbereitet und die Segelroute nach Opua in der Bay of Islands umgeplant, um die Reisezeit zu verkürzen. Die Bucht ist dafür bekannt, auch bei auflandigem Wind jederzeit anlaufbar zu sein. Nachdem am frühen Morgen des 14. die Eignerin mit ihrem Mann die Sturmfock am separaten Vorstag gesetzt und das dritte Reff ins Großsegel gebunden hat, wird die Wache um 09:00 Uhr an den Skipper und seinen Segelfreund übergeben. Inzwischen liegt eine ausgewachsene Windstärke 9 an. Die Crew ist sich der Gefahr des Querschlagens und Kenterns bewusst und der jeweilige Rudergänger ist hochkonzentriert dabei, die Yacht in den hohen Wellen so zu steuern, dass diese von achtern einfallen. Die Windstärke nimmt in den nächsten Stunden weiter zu, und so kommt es am Vormittag in brechenden Wellen zu zwei Kenterungen bis etwa 80° Krängungswinkel. Dabei werden die Solarpaneele vom Heckkorb gerissen, ansonsten kommen Yacht und Crew unbeschadet davon. Um 17:00 Uhr, so die realistische Annahme der Segler zu diesem Zeitpunkt, würde die ESSENCE sicher im Hafen von Opua liegen. Um 11:35 Uhr nimmt die Eignerin auf UKW-Kanal 16 Kontakt zum *New Zealand's Marine Operations Center* auf, um die Ankunft der ESSENCE zu melden und gibt einen Positionsreport durch. Mit der Küstenfunkstelle wird ein stündlicher Funkkontakt vereinbart, beginnend um 13:00 Uhr, um regelmäßige Updates der Position an Land zu übermitteln.

Gegen Mittag erreicht der Wind erstmals 60 kn. Um 12:30 Uhr wird die ESSENCE von einem weiteren heftigen Brecher erwischt, kentert abermals und schlägt mit dem Rumpf seitlich im Wellental auf. Der Segler, der sich mit dem Skipper im Cockpit aufhält, erinnert sich, im freien Fall in die Sicherungsleine gestürzt und im nächsten Moment von dieser unter Wasser hinter der Yacht hergezogen worden zu sein. Er fühlt, wie das Wasser und die Lifeline an ihm reißen, seinen Körper verbiegen und denkt sich in diesem Moment: »Du musst es einfach nur aushalten – es geht vorbei.« Das Nächste, woran er sich erinnert, ist, dass er sich in die Großschot verheddert auf dem Achterdeck wiederfindet. Der Skipper hilft ihm, sich aus dem Wirrwarr von Leinen und Lifebelt zu befreien. Eine erste Schadensanalyse der beiden ergibt: Der Mast steht noch, die Steuerung funktioniert, nur die Elektronik an der Steuersäule ist zerstört. Das Einzige, was die ESSENCE vorrübergehend daran hindern würde, weiter zu segeln, ist der Umstand, dass sich die Großschot in den Resten des Bimini verfangen hat. Diese Einschätzung ändert sich jedoch, als sie einen Blick in den Salon werfen: Die beiden Segler im Salon stehen knietief im Wasser. Blut tropft der Eignerin von einer Wunde am Kopf. Die Treppe am Niedergang wurde weggerissen.

Doch das Schlimmste: Die Salonfenster auf der Steuerbordseite sind nicht mehr da! Mit jeder Welle ergießt sich ein Schwall Wasser ins Schiff. Der Versuch, Polster in die offenen Fenster zu stopfen, scheitert und die Wassermassen, die sich ins Schiff ergießen, lassen allein den Versuch, dagegen anzupumpen, als reine Kraftverschwendung erscheinen. Die Eignerin setzt einen Notruf über UKW ab, aber in dem Durcheinander und durch den Ausfall des Kartenplotters kann keine Position ermittelt werden. Die Küstenfunkstelle antwortet besonnen mit der Aufforderung: »Turn on your EPIRB!« Doch auch die EPIRP ist aus der Wandhalterung im Salon herausgerissen worden und unauffindbar. Ein Mitsegler entsinnt sich, dass er eine PLB in seiner Kabine im Vorschiff verstaut hat und begibt sich auf die Suche. Dabei stellt er fest, dass die Vorschiffsluke aufgesprungen ist und auch von dort Wasser in großer Menge in die Kajüte eindringt. Die PLB wird gefunden und aktiviert und die Crew bereitet sich auf das Verlassen der Yacht vor. Dabei muss sie die nächste unerfreuliche Entdeckung machen: Die Halterung für die Rettungsinsel, die sich auf dem Achterdeck befindet, ist leer, die Rettungsinsel davongespült!

Eine Ersatzrettungsweste, der Grab-Bag, Schokolade und eine 4-Liter-Flasche Wasser werden ins Cockpit geholt. Jeder der vier trinkt und isst auf die Schnelle so viel wie möglich. Die Crew bespricht, die Relingspforte zu öffnen und einzeln von Bord zu gehen. Erst im Wasser wolle man sich aneinander picken, um das Risiko, sich beim Verlassen des Schiffes irgendwo zu verfangen, zu minimieren. Als der Bug der Yacht unter den Wasserspiegel sinkt, ist es so weit: Die Crew verlässt das sinkende Schiff; zuletzt der Skipper mit der Rettungsstabboje in der Hand.

Im Wasser gelingt es der Crew, zusammenzubleiben. Immer wieder werden sie von Brechern überspült. Schließlich entsinnt sich einer der Segler, dass sich ein UKW-Handfunkgerät im Grab-Bag befindet. Der Skipper aktiviert es, und zur Überraschung aller meldet sich ein Suchflugzeug der *Royal New Zealand Air Force* zurück: In 10 Minuten sei es an der Unglücksstelle. Die Crew schöpft Mut. Tatsächlich werden die Schiffbrüchigen kurze Zeit später von der Besatzung der ORION gesichtet (erkannt wurde die Rettungsstabboje). Diese lässt eine lange, mit Flaggen und Fallschirmen bestückte Leine zu Wasser, an deren Ende sich ein Rettungsfloß befindet. Unter Aufbietung aller Kräfte schafft es die Crew, zu dieser Leine zu schwimmen und sich in einem 20-minütigen Kampf mit den Elementen bis zur Rettungsinsel zu ziehen. Dort angekommen schaffen es aber nur die beiden Mitsegler, sich in das Floß zu ziehen. Die beiden Eigner haben sich in der Leine und den Lifebelts verheddert und nicht mehr die Kraft, sich daraus zu befreien und hochzuziehen. Die Crew muss hilflos zusehen, wie den Skipper und seine Frau die Kräfte verlassen, aber sie schaffen es noch, ihre Köpfe vom Rettungsfloß aus über Wasser zu halten. Als der Rettungshubschrauber eintrifft, wird zuerst der entkräftete Skipper geborgen, danach seine Frau und schließlich die beiden Mitsegler aus der Rettungsinsel. Der Skipper verstirbt bei der Bergung. Die ESSENCE wurde nicht mehr gefunden.

Zwei der zahlreichen Fragen, welche die Unfalluntersuchung von maritimeNZ versucht zu klären, sind:

- ***Welchen Umweltbedingungen war die Essence zum Unglückszeitpunkt ausgesetzt?***
- ***Was ist mit den Salonfenstern passiert?***

Die Wettervorhersage vom frühen Morgen des 14. Oktober verheißt ungemütliche Stunden auf See und liest sich auf dem Sofa deutlich angenehmer als in der Navigationsecke einer Segelyacht, die im entsprechenden Revier unterwegs ist:

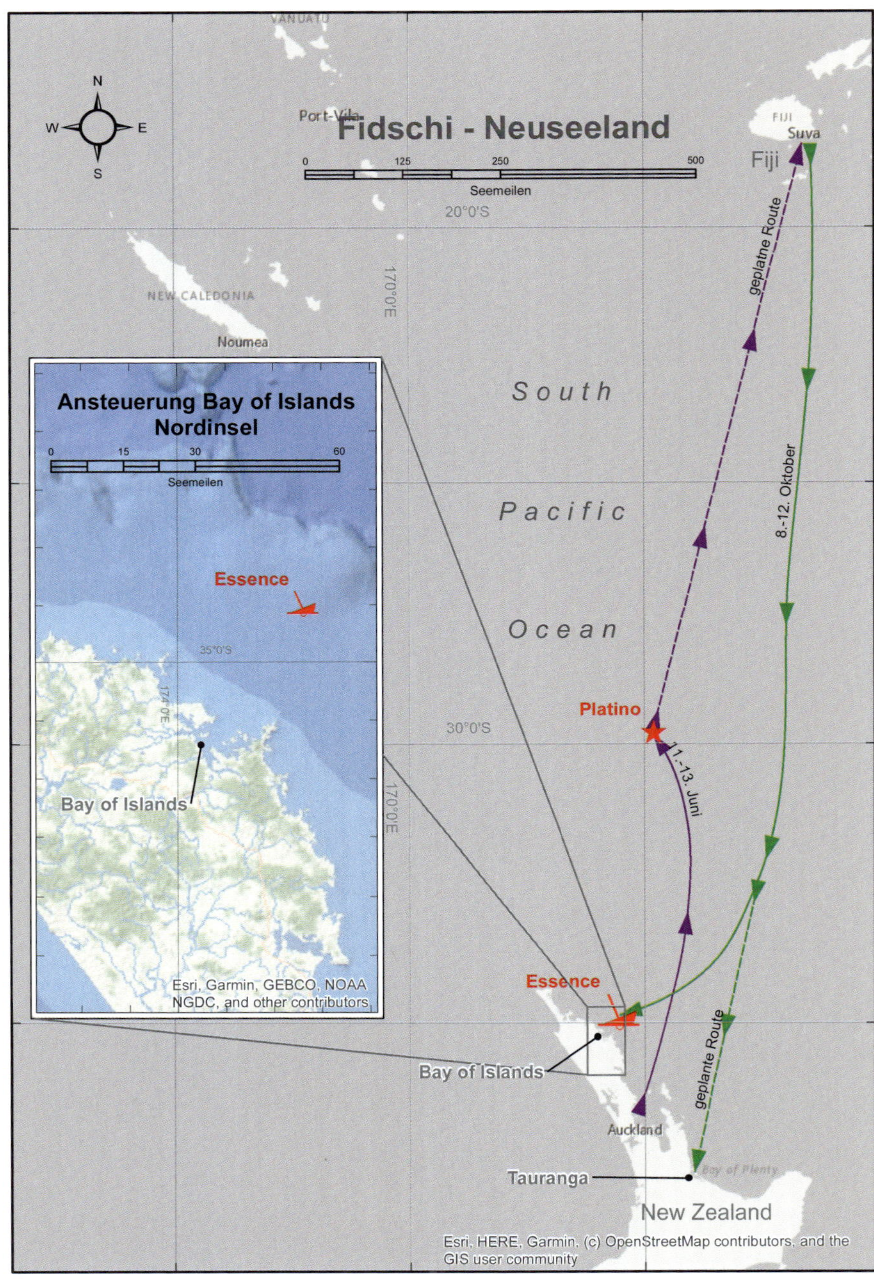

Die Reiserouten der PLATINO *(lila) von Neuseeland nach Fidschi und der* ESSENCE *(grün) von Fidschi nach Neuseeland mit den jeweiligen Unfallpositionen.*

BRETT
GALE WARNING IN FORCE
EASTERLY 15 KNOTS.
RISING TO EASTERLY 30 KNOTS EARLY THIS MORNING, AND TO 40 KNOTS THIS AFTERNOON.
TURNING NORTHWEST 35 KNOTS LATE THIS EVENING. SEA BECOMING VERY ROUGH.
EASTERLY SWELL RISING TO 4 METERS.
POOR VISIBILITY IN RAIN WITH POSSIBLE THUNDERSTORMS.

Tatsächlich war die Yacht wesentlich schwererem Wetter ausgesetzt als in der Vorhersage angekündigt: Eine Wetterstation in einigen Seemeilen Entfernung von der ESSENCE registriert kurz vor dem Unfall Wind aus 100° mit 48 kn (Bft. 10 – »schwerer Sturm«), in Böen 60 kn (Bft. 11 – »orkanartiger Sturm«). Eine Seegangsmessstation ermittelt eine signifikante Wellenhöhe von um die 4,5 m mit einer maximalen Höhe von über 6 m bei einer etwas verkürzten Wellenperiode von 8 Sekunden, hervorgerufen durch einen über dem Schelfbereich mit 0,8 kn SSE-setzenden Strom, der teilweise gegen die Wellenrichtung steht.

Die Salonfenster der *Bavaria 47 Ocean* haben eine Fläche von 1852 cm^2 und somit das Doppelte der Fläche, ab der in den neuseeländischen Regularien Sturmblenden hätten an Bord sein müssen. Entsprechende Abdeckungen für die Fenster befanden sich an Bord, wurden aber nicht eingesetzt. Nun würden wahrscheinlich die meisten Leser vermuten – und auch mir ging es beim ersten Lesen des Berichts so –, die Fenster wären vom Wasser eingedrückt worden. Die Crew unter Deck hat allerdings beobachtet, dass die Fenster beim Aufprall der Yacht im Wellental nach außen aus dem Kajütaufbau herausgeflogen sind. Eine mögliche Erklärung für diese Beobachtung wäre eine starke Verwindung von Rumpf und Deck durch die beim Aufprall auftretenden Kräfte in Kombination mit einem plötzlichen Überdruck in der verschlossenen Kabine – hervorgerufen durch ein Zusammenquetschen des Bootskörpers –, wodurch die Fenster aus ihrer Verbindung herausgerissen und nach außen geschleudert worden sein könnten. Diese Erklärungsmöglichkeit wird unterstützt von den Aussagen der Segler, wonach sich bereits vor dem Unglück die Kabine heftig verzogen hat. Der Bericht hält Folgendes fest:

Zur Sturmtaktik

- ***Die Crew der Essence segelt in den SE-Sektor eines Tiefdruckgebietes (entspricht dem NE-Sektor auf der***

Nordhalbkugel) ein. Dieser Sektor sei grundsätzlich der gefährlichste Bereich eines Zyklons, da dort die Isobaren am stärksten gekrümmt und am dichtesten beieinander liegen. Seefahrer sollten ein Befahren dieses Sektors bei ihrer Reiseplanung möglichst vermeiden.

- *Das Ablaufen vor der See mit Sturmbesegelung oder vor Top und Takel könne eine gute Möglichkeit sein, einen Sturm abzuwettern, setze aber konzentriertes Rudergehen voraus, um ein Querschlagen in brechender See zu vermeiden.*

Es wird auf das Buch *Heavy Weather Sailing* von Adlard Coles als maßgeblichem Ratgeber für Schwerwettersegeln verwiesen. Das Buch wird inzwischen vom Co-Autor Peter Bruce herausgegeben und ist bei Delius Klasing in deutscher Übersetzung unter dem Titel *Schwerwettersegeln* erhältlich.

Zu Fenstern und Sturmblenden

- *Große Fenster auf Yachten sind verwundbar gegenüber den Kräften, die in schwerer See bei Kenterungen auftreten können. Wären die Sturmblenden an Bord der Essence rechtzeitig montiert worden, sei es wahrscheinlich, dass die Yacht nicht gesunken wäre.*

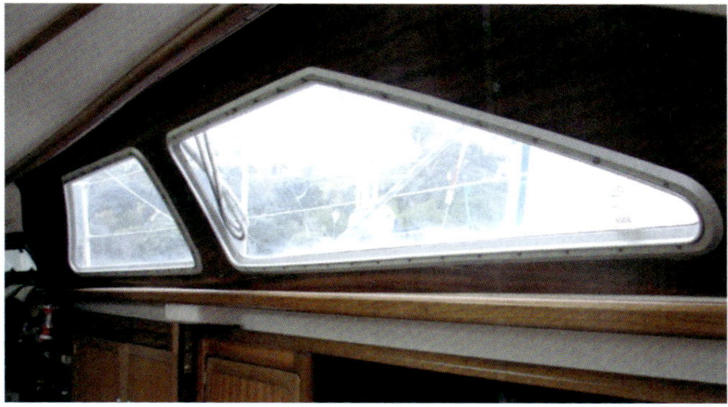

Salonfenster einer Bavaria 47 Ocean.

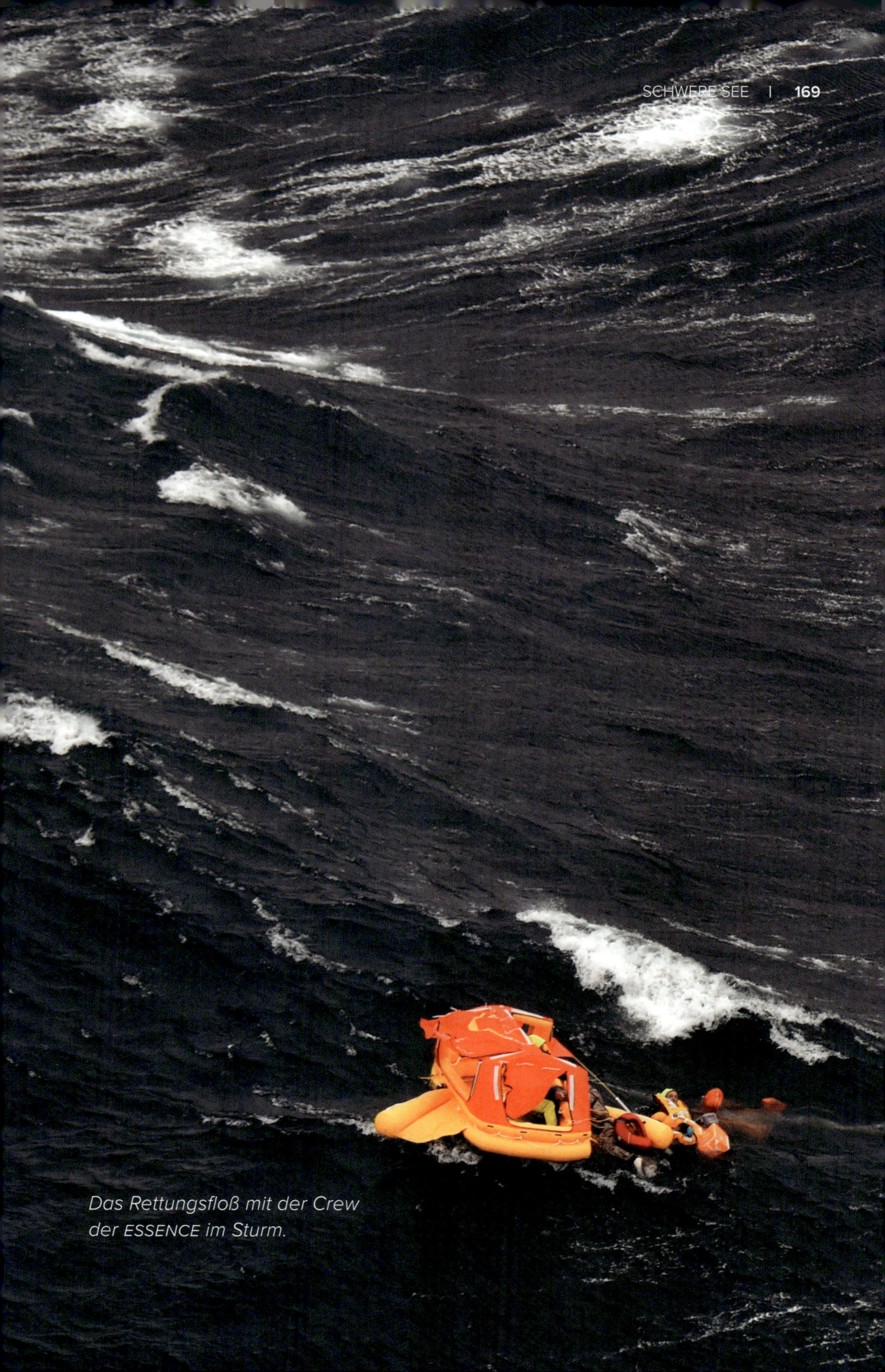

Das Rettungsfloß mit der Crew der ESSENCE im Sturm.

—

LOA ZOUR

WESHALB EINE OZEANPASSAGE GUT GEPLANT WERDEN MUSS [34]

Ebenfalls im Jahr 2019 gerät die LOA ZOUR – eine *Bavaria 39* – in der äußeren Biskaya unerwartet in den Sommersturm *Miguel*. Am Abfahrtstag holt die fünfköpfige Crew Wettervorhersagen für die etwa 485 sm lange Überfahrt (s. Karte im Kapitel *Passage Planning*) von Cork, Irland nach A Coruna, Spanien über Wetterapps ein. Auf Basis dieser Vorhersagen rechnen die Segler mit maximal Bft. 6–7 beim Passieren einer Kaltfront im späteren Verlauf der Reise. Die ersten zwei Tage ist das Wetter auch entsprechend der Vorhersagen: SW Bft. 4–6 und SW Bft. 3–5, und die Yacht macht gute Fahrt Richtung Süden. Am dritten Tag legt der Wind zu und erreicht Geschwindigkeiten oberhalb derer, die am Abreisetag vorhergesagt waren, sodass Rollgroß und Rollgenua gerefft werden müssen. Am Morgen des vierten Tages nimmt der Wind jedoch für die Crew überraschend ab, und die Yacht fährt wieder unter Vollzeug durch eine hohe Dünung von 3–4 m aus SW-licher Richtung. Am Nachmittag nimmt der Wind jedoch unvermittelt zu und frischt innerhalb kurzer Zeit auf Bft. 8 auf. Der Skipper hält dies fälschlicherweise für den Durchzug der vor vier Tagen vorhergesagten Kaltfront mit Bft. 6–7. Der Wind nimmt zwar kurzzeitig wieder ab, nur um dann abermals zuzunehmen: nun auf Bft. 10, in Böen Bft. 11. Mit einer derartigen Wetterverschlechterung hat niemand an Bord gerechnet. Auch deshalb nicht, weil über die Handy-Apps auf See keine Wettervorhersagen eingeholt werden können. Kurz nacheinander zerfetzen die gerefften Rollsegel, und auch die Sprayhood hält den Elementen nicht mehr stand. Die Crew bringt nun den Seeanker aus, um die Yacht mit dem Bug gegen die brechenden Seen zu halten. Doch das Ergebnis ist unbefriedigend: Immer wieder wird der Bug der Yacht aus dem Wind gedrückt, sodass die Yacht querschlägt und von den Brechern gefährlich gekrängt wird. Selbst mit Motorunterstützung ist eine Stabilisierung der Lage nicht möglich. Die Crew sucht Zuflucht in der Kabine, wo sie sich aber kaum halten kann und mit ansehen muss, wie regelmäßig Wasser durch die Lüftungen und Schlitze zwischen den Niedergangsschotten eindringt. Der Skipper sagt später aus, er habe aus der Kabine heraus mindestens zwei Mal gesehen, wie der Mast das Wasser berührt habe.

Um 20:30 Uhr sieht er die Lage als so gefährlich für die Crew und die Yacht an, dass er entscheidet, den Seenotfall auszurufen. Die EPIRB wird aktiviert und ein Segler sendet über UKW-Sprechfunk Mayday aus. Gegen 20:50 Uhr empfängt die Crew eine Funknachricht der spanischen Küstenwache über UKW, in der sie darüber informiert wird, dass ein Rettungshubschrauber zu ihr unterwegs sei. Kurz darauf trifft der Hubschrauber ein. Da die Yacht sich jedoch zu heftig im Seegang bewegt und ein Hochseilen von Bord der Yacht zu riskant ist, wird beschlossen, die Crewmitglieder einzeln aus dem Wasser abzubergen. Bevor sie die Yacht verlassen, sichern sie diese, indem sie den Motor abschalten, den Batteriehauptschalter ausstellen und den Niedergang verschließen. Die Rettung aus dem Wasser gelingt, und die komplette Crew wird nach A Coruna geflogen.

Wind und Seegang zu dieser Zeit laut Hubschrauberbesatzung: 60–80 kn Windgeschwindigkeit bei einer Wellenhöhe zwischen 4 und 6 m. Der Skipper schätzte die Wellenhöhe auf 15 m. Da der Rettungshubschrauber die Wellenhöhe beim Abbergen aber recht gut feststellen kann (und muss) ist wohl eher von 4–6 m auszugehen. Es ist interessant, wie sehr hier die Wahrnehmung des Seglers von der Realität abweicht.

Zwei Tage nach der Rettung wird die Yacht 43 Seemeilen nördlich der spanischen Küste gesichtet. Der Sturm ist inzwischen abgezogen, und die Crew chartert ein Boot, um die LOA ZOUR zu bergen. Tatsächlich gelingt es, die Yacht wiederzufinden. Das Wasser steht bis zur ersten Stufe des Niedergangs. Nachdem die Crew das Boot gelenzt hat, lässt sich sogar der Motor wieder starten, und die Yacht kann bis nach A Coruna in den Hafen gefahren werden.

In seiner Analyse stellt der Bericht des MCIB fest, dass die Yacht schlecht auf schweres Wetter vorbereitet gewesen sei (keine Sturmfock an Bord) und der Skipper sich nicht der für die Sportschifffahrt anzuwendenden Regeln des SOLAS-Kapitels V/34 bewusst war. SOLAS Kapitel V/34 – hat das etwas mit Ihnen als Freizeitsegler zu tun? Womöglich hat es das, denn es handelt sich hierbei um die (international verbindlichen) Regeln zur »sicheren Schiffsführung und Vermeidung gefährlicher Situationen«, sprich: der nautischen Reiseplanung und -überwachung. Weil dieser Punkt immer wieder als ein beitragender Faktor in den Unfallberichten auftaucht, werde ich Ihnen das Thema im Anschluss an dieses Kapitel etwas ausführlicher vorstellen. Nur so viel sei hier vorweggenommen: Die LOA ZOUR ist konstruktiv lediglich nach CE Kategorie B ausgelegt, d. h. Wind bis Bft. 8 und Wellen bis 4 m. Unter den Punkt Reiseplanung fällt definitiv die grundlegende Frage, ob die Yacht für die geplante Reise überhaupt geeignet ist. Für eine Reise mit dem Charakter einer Ozeanpassage, wie der hier unternommenen, ist das für eine Yacht der Kategorie B zumindest fraglich, wenngleich im Sommer das Auftreten eines Sturms dieser Heftigkeit eher unwahrscheinlich ist. Wenn Sie im Besitz eines deutschen Segelscheins sind, könnten Sie sich mit gutem Grund bei den Themen *Passage Planning, Preparations for Offshore Passages* und *Heavy Weather Sailing and Preparations* entschuldigen, denn suchen Sie nach diesen Themen einmal in einem SKS- oder SSS-Lehrbuch, werden Sie zu diesen Stichpunkten nur wenige Absätze finden; im SHS-Buch schon gar nicht, denn Seemannschaft ist dort nicht mehr Bestandteil des Prüfungsstoffes. In den Ausbildungsrichtlinien zu den irischen *Yachtmaster Coastal* und *Offshore Skipper Certificate of Competence* sind diese Themen jedoch ausbildungs- und prüfungsrelevant. Der Skipper der LOA ZOUR ist im Besitz dieses *Coastal Yachtmaster.*

Die LOA ZOUR ist, wie auch die MERI TUULI, mit einem Navtex-Empfänger ausgerüstet. Doch ebenso wie auf der Meri Tuuli sichtet niemand an Bord der Loa Zour die Navtex-Meldungen. Woher mag die Scheu kommen, sich mit Navtex-Meldungen und Warnungen zu befassen? Möglicherweise liegt es an der teils etwas kryptischen Form der Informationsdarstellung. Mit einem deutschen Short Range Certificate (SRC) ist man berechtigt, am GMDSS teilzunehmen und lernt dazu viel Wissenswertes, u. a. auch, dass Navtex Teil dieses Systems ist. Nur was konkret von diesem Informationssystem an praktischem Nutzen für den Segler erwächst, bleibt im Rahmen der Ausbildung (und Prüfung) zum SRC meist leider völlig unerwähnt, ganz zu schweigen davon, mal einige Navtex-Meldungen im Theorieunterricht zu entschlüsseln.

Auch ein Mittelwellen-/Langwellenradioempfänger ist an Bord. Es werden aber keine Seewetterberichte im Verlauf der fünftägigen Reise eingeholt, sondern allein auf Basis der am Abreisetag per Wetterapps eingeholten Vorhersagen entschieden. Wetterupdates per Handy-App stehen im Laufe der Reise außerhalb der Reichweite des Handynetzes – also etwa 3–4 Stunden nach dem Auslaufen – nicht mehr zur Verfügung. Jedoch, so stellt der Untersuchungsbericht heraus, hätte die Crew selbst dann, wenn sie den Wetterbericht mit den an Bord zur Verfügung stehenden Funkempfängern regelmäßig gecheckt hätte, dem erstmals 17 Stunden vor dem Eintreffen vorhergesagten Sturm, der in jedem Fall die Konstruktionsgrenzen der Yacht überschritten hätte, auf der gewählten Reiseroute westlich der äußeren Biskaya nicht mehr entkommen können. Wohl aber, so das MCIB, wäre ggf. Zeit geblieben, die Yacht auf derartig schlechtes Wetter besser vorzubereiten.

FAZIT
SCHWERE SEE

Über die Strategien, wie Sie mit einer Yacht am besten durch schweres Wetter kommen, sind ganze Bücher geschrieben worden, und es ist unmöglich, in einem kurzen Absatz dieses Thema vollumfänglich zu behandeln. Ich kann hier nur versuchen, die ganz wesentlichen Grundlagen anzureißen. Gefährlich für seegehende Yachten im Sturm sind Kenterungen (gemeint hier: Krängung bis ca. 90° und mehr). Kenterungen kommen allein durch ***brechende Wellen*** zustande, und zwar dann, wenn die ***Yacht quer zum Brecher*** kommt. Als Faustformel gilt: Beträgt die Höhe der brechenden Welle 60 % der Rumpflänge der Yacht, wird diese mit hoher Wahrscheinlichkeit kentern – und zwar relativ unabhängig von Rumpfform und Stabilitätsumfang. Eine stabile Yacht richtet sich jedoch deutlich schneller wieder auf als eine weniger stabile. Die Wahrscheinlichkeit, einen Sturm zu überstehen, erhöhen Sie also, wenn sie ***brechende Wellen und Querschlagen*** vermeiden. Alle Techniken, bei denen Sie noch aktiv Rudergehen, eignen sich, um möglichst den Brechern aus dem Wege zu gehen, erfordern jedoch viel Können, Konzentration und Durchhaltevermögen vom Rudergänger. Die passiven Techniken sollen lediglich ein Querschlagen verhindern, haben aber den Vorteil, dass sich eine erschöpfte Crew etwas erholen kann. Je nach Yachttyp, Ausrüstung an Bord, Seeraum und Crewgröße bzw. -fähigkeit, können Sie in Ihrem nächsten Sturm Folgendes ausprobieren:

STURMTAKTIKEN

AKTIV

PASSIV

HECK ZUM WIND

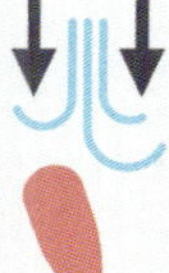

Aktiv:

- Mit einem Winkel von etwa 15° vor dem Wind ablaufen – unter Sturmfock oder vor Top und Takel (Taktik der SY *Essence*).

Es kann noch Strecke gesegelt und Brechern ggf. ausgewichen werden.

Passiv:

- Ausbringen eines Treibankers oder sehr langer Leinen über das Heck, um die Yacht mit dem Heck in Richtung der Wellen auszurichten und sie beim Surfen ins Wellental abzubremsen, um ein Unterschneiden zu vermeiden.

BUG ZUM WIND

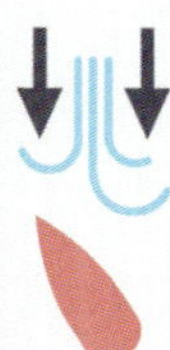

Aktiv:

- Unter Sturmfock und/oder Trysegel in einem Winkel von 50° am Wind segeln (eventuell mit Motorunterstützung). Eignet sich für Yachten mit sehr breitem Heck und wenig Auftrieb im Bugbereich, die Gefahr laufen, auf Raumschotskurs im Wellental zu unterschneiden.

Es wird kein Raum nach Lee aufgegeben, Brecher können aktiv um- oder durchfahren werden.

Passiv:

- Ausbringen eines Seeankers über den Bug, um die Yacht mit der Nase im Wind zu halten (Taktik der SY *Loa Zour* – die Yacht hat den Sturm letztlich unbeschadet überstanden).
- Unter Sturmfock und/oder Trysegel mit einem Winkel von etwa 30° zum Wind beidrehen.

Die passiven Taktiken entlasten die Crew vom Rudergehen.

PASSAGE PLANNING
SICHERE SCHIFFSFÜHRUNG UND VERMEIDUNG GEFÄHRLICHER SITUATIONEN

!

»Natürlich plant man seine Reise, dies gebieten doch schon die Regeln der guten Seemannschaft«, mögen Sie mir vielleicht beim Lesen der Überschrift dieses Kapitels entgegenhalten. »Das mag sein«, möchte ich Ihnen antworten, doch vor allem gebietet dies Regel 34, Kapitel V der SOLAS-Konvention. Bei etwa jedem zweiten Unfall spielt mangelnde Reiseplanung eine Rolle, und ich bin mir sicher, fast jeder der beteiligten Skipper hätte vorher von sich selbst behauptet, er halte sich im Wesentlichen an die Regeln der guten Seemannschaft. Schwieriger wird es mit einer Antwort auf die Frage, was denn diese Regeln oder die SOLAS V, Regel 34 konkret für Ihren nächsten Segeltörn bedeuten. Denn dazu werden Sie weder in der SOLAS noch bei einer Internetrecherche zum Stichwort »gute Seemannschaft« eindeutige Antworten finden. Ich möchte einen Versuch wagen, mich mit Ihnen bei diesem Thema vom Allgemeinen ins Konkrete zu begeben und dies am Beispiel der Reise der LOA ZOUR veranschaulichen.

Für die sichere Schiffsführung würde ich anraten, die folgenden sieben Punkte zu bedenken, bevor Sie in See stechen:

1. ***Den Bau- und Ausrüstungszustand der Yacht***
   und die sich daraus ergebenden Einschränkungen für das Fahrtgebiet.
2. ***Erfahrung, Können und Fitness der Crew***
   und die sich daraus ergebenden Einschränkungen.

3. ***Wetter und Seegang:***
   Damit sind, in Abhängigkeit vom Umfang des geplanten Törns, nicht nur der Wetterbericht für die kommenden Tage, sondern auch ganz grundsätzlich die für das Fahrgebiet zu einer bestimmten Jahreszeit zu erwartenden Wetter- und Seegangsverhältnisse gemeint.
4. ***Gezeiten:***
   Soll der Törn in einem Revier mit nennenswerten Gezeiten stattfinden? Dann müssen Gezeitenströme und Wasserstände für die geplante Route berechnet und berücksichtig werden.
   In Revieren wie dem Wattenmeer, der Bretagne oder den Hebriden bestimmen die Gezeiten den Törn – wer hier nicht gründlich plant und rechnet, der wird nur im besten Fall lediglich mit frustrierter Crew zurückkehren.
5. ***Navigatorische Gefahren:***
   Das bedeutet das Studium von (nicht veralteten) Seekarten, nautischen Unterlagen und Revierführern, aber auch von aktuellen Meldungen über Navigationsgefahren (z. B. per Navtex oder ELWIS.de).
6. ***Erarbeiten eines sicheren Plan B:***
   Szenarien durchdenken dafür, wenn Dinge nicht so laufen, wie geplant. Sei es eine Wetterverschlechterung, eine Verletzung an Bord oder der Ausfall von Bordsystemen, z. B. der Stromversorgung und Planung der Reise so, dass stets eine sichere Handlungsoption besteht.
7. ***Informieren von Personen an Land über die Reise:***
   Es soll sichergestellt sein, dass jemand an Land über den Verlauf und Zeitplan der Reise informiert ist. Hierfür eignet sich z. B. auch die SafeTRX-App der DGzRS.

Ich behaupte, diese sieben Punkte begleiten Sie bei der Vorbereitung eines einwöchigen Chartertörns im Sommer auf der Ostsee genauso wie bei einer 500-sm-Überführung am Rand des Atlantischen Ozeans. Allerdings werden bei Letzterer die für die jeweiligen Punkte zu erledigenden Aufgaben nicht nur umfangreicher, sondern einige – vor allem die Punkte 1, 2 und 6 – auch deutlich komplexer. Nehmen wir also an, Sie möchten im nächsten Sommer von Cork nach A Coruna segeln, um danach in Küstennähe die Iberische Halbinsel und das Mittelmeer zu bereisen.

Fangen wir mit Punkt 1 der Reiseplanung an: Bau und Ausrüstungszustand der Yacht. Wenn Sie nicht gerade über die Anschaffung einer neuen Yacht für das Sabbatical auf See oder den Ruhestand nachdenken, dürfte die

Yacht für Ihren Törn meist gegeben sein. Ihre *Bavaria 39* mit CE-Kategorie B bleibt eine *Bavaria 39* mit ebendiesen Limitierungen. An der Ausrüstung können Sie jedoch etwas ändern. Aber an welchen Leitlinien sollen Sie sich orientieren, wenn Sie diese Strecke segeln möchten? Dazu könnten Sie die *Offshore Special Regulations*[IV] von *World Sailing* zurate ziehen. Dabei handelt es sich um die Richtlinien für die Ausrüstung von und den baulichen Anforderungen an Yachten, die an Regatten teilnehmen wollen. Die Anforderungen variieren mit dem Fahrtgebiet. Unsere Reise von Irland nach Spanien auf direktem Wege würde mindestens dem Fahrtgebiet 2 zugeordnet werden: »längere Wettfahrten entlang oder nicht weit entfernt von der Küstenlinie, bei denen von den Booten ein hohes Maß an Unabhängigkeit verlangt wird.« Regattateilnahmen auf solchen Revieren sind Yachten der CE-Kategorie A vorbehalten. Die *Bavaria 39* hat aber nur die CE-Kategorie B – signifikante Wellenhöhe bis 4 Meter und Wind bis Bft. 8. Sie könnten Ihre Reise so planen, dass Sie im Fahrtgebiet 3 bleiben, d. h. »auf offener See [...] relativ geschützt oder nahe der Küstenlinie«. Der Unterschied von »nahe« zu »nicht weit entfernt« von der Küstenline, mag Spielraum für Interpretationen eröffnen, aber folgende Überlegung könnte für Ihre Planung hilfreich sein: Wenn ich mir nicht sicher sein kann, mit meiner Yacht auch Wellen von mehr als 4 Meter Höhe abwettern zu können, sollte ich nur so weit raus aufs Meer fahren, dass ich innerhalb eines Zeitraums von etwa 24 Stunden den nächsten sicheren Hafen erreichen kann. Wie komme ich auf diese Zahl? Gehen wir davon aus, dass Wettervorhersagen für den Nordatlantik für die nächsten 24 h richtig liegen, Sie etwa alle 12 h Wetterbericht empfangen und dass es etwa 10 h Wirkdauer braucht, bis sich bei Bft. 8 eine 4 m hohe See entwickelt hat, dann ergibt sich ein Zeitraum von 22–34 h von der Ankündigung im Wetterbericht bis zur 4-Meter-Welle unter Ihrem Kiel. Vorausgesetzt, es herrscht nicht schon vorher eine Dünung in dieser Größenordnung, wie es bei der Reise der LOA ZOUR der Fall gewesen ist. Legen wir eine Bootsgeschwindigkeit von etwa 5–6 kn zugrunde, kommen wir also auf eine maximale Entfernung von etwa 120–150 sm zum nächsten sicheren Hafen (was mit Sicherheit eine sehr großzügige Auslegung des Fahrgebiets 3 wäre). Wenn der Dieseltank vor der Abreise bis zum Tankstutzen gefüllt wurde, ließe sich diese Distanz auf den meisten Yachten auch noch unter Motor bewältigen. Ein Blick in die Ausrüstungsanforderungen für die Fahrtgebiete 2 und 3 kann also eine gute Orientierung für die Vorbereitung der Reise sein. Ich möchte hier nur noch auf die Punkte Sturmbesegelung, Kommunikationsgeräte und Erste-Hilfe-Ausrüstung eingehen.

[IV] In deutscher Übersetzung zu finden, wenn Sie »Sicherheitsrichtlinien der Kreuzerabteilung« in Ihre Suchmaschine eingeben.

Sie haben sich Bft. 8 als erträgliches Limit gesetzt? Dann brauchen Sie eine ***Besegelung,*** mit der Sie unter diesen Bedingungen noch in der Lage sind, vernünftig zu segeln. Eine Schwerwetterfock, die sich unabhängig von einer Lieknut am Profilvorstag setzen lässt, ist für Ihre Reise nach Spanien deshalb eine Investition, die ihr Geld wert sein könnte. Dazu sollten Sie sich Beratung von einem Segelmacher ihres Vertrauens holen. Es gibt inzwischen Starkwindsegel, die Sie fliegend, ohne ein Behelfsstag anschlagen zu müssen, setzen können. Ein tiefes drittes Reff im Groß, dass dessen Vorliekslänge um 40 % verkürzt, ist eine andere sinnvolle Vorgabe in den OSR für das Fahrtgebiet 3.

Für den Bereich ***Kommunikation*** sollten Sie sich zwei grundsätzliche Fragen stellen: Wie bekomme ich Wettervorhersagen an Bord, und wie kann ich im Notfall Hilfe anfordern? Auf den Handyempfang und somit die Nutzung populärer Wetterapps, ist nur bis wenige Seemeilen vor der Küste Verlass. Über ihre UKW-Sende- und Empfangsanlage können Sie Küstenfunkstellen bis etwa 30 sm Distanz zum Sender empfangen. Dies entspricht der GMDSS-Area A1. Bis zu einer Entfernung von 150 sm vom Sender können Sie sich sicher sein, Wettervorhersagen und meteorologische Warnungen mithilfe eines Navtex-Empfängers an Bord zu erhalten. Mit einem Lang- und Mittelwellenempfänger können Sie auf diese Distanz und darüber hinaus in manchen Regionen ebenfalls noch Radiosender (z. B. BBC Radio 4) empfangen, auf denen Seewetterberichte in gesprochener Sprache gesendet werden. Oder Sie verwenden eine Empfangsanlage, welche die z. B. vom Deutschen Wetterdienst erstellten und von Radio Pinneberg im Funkfernschreibeverfahren gesendeten Informationen decodieren kann. Dafür müssen Sie sich aber im Vorfeld über die Radiostationen, Sendezeiten und Frequenzen informieren – mithin, es braucht dann eine dezidierte Funkplanung. Wem das zu kompliziert, zu teuer oder zu altmodisch ist, der nehme sich ein Satellitentelefon mit auf die Reise, über das die Daten der gewohnten Wetterapps an Bord geholt werden können. Allerdings sollte auch dieser Übertragungsweg im Vorfeld der Reise einmal getestet werden. Weitere Vorteile dieser Technik bei einer geplanten Reise wie in unserem Beispiel, sind die, dass Sie sich das Gerät einfach ausleihen können, keine komplizierten Einbauten an Bord vornehmen müssen und zuletzt natürlich der, dass Sie damit kinderleicht telefonieren können. Womit wir bei der nächsten Frage angekommen wären, nämlich derjenigen, wie Sie sich im Notfall Hilfe holen können. In der GMDSS-Area A1 ist dafür der UKW-DSC-Funk vorgesehen – ein Muss auf jeder seegehenden Yacht. Eine EPRIB besticht durch ihre einfache Bedienung und die globale

Abdeckung des Systems. Aber wie gut fühlen Sie sich mit der Vorstellung, bei einem Notfall mitten auf dem Weg zwischen Irland und Spanien, wenn Sie die Notmeldung per EPIRB abgesetzt haben, weil Sie über UKW-Funk dort draußen niemanden erreicht haben, keinerlei Bestätigung darüber zu bekommen, ob Ihr Notruf empfangen wurde und ohne Information darüber, ob und wann Hilfe bei Ihnen einträfe?

Kommt es an Bord zu lebensbedrohlichen ***medizinischen Zwischenfällen*** – sei es durch Krankheit, Verletzung oder Über-Bord-Gehen –, müssen deutlich längere Zeiträume als an Land überbrückt werden, bis der oder die Betroffene abgeborgen und medizinisch versorgt werden kann. Je weiter weg vom Land Sie sich befinden, desto länger dauert es und desto mehr kommt es auf Ihre Fähigkeiten als Ersthelfer und die Ausstattung Ihrer Bordapotheke an. Eine Bergung mit dem Rettungshubschrauber ist auf See alles andere als einfach und schon an sich ein mittleres Risiko für alle Beteiligten. In dem Moment, wo Sie sich mit Ihrer Yacht außerhalb der Reichweite eines Rettungshubschraubers begeben, erreicht allerdings das Maß der medizinischen Selbsthilfe, zu der Sie an Bord in der Lage sein sollten, eine andere Dimension. Sie sollten bei Reisen derart weit weg vom Land auf dieses Szenario vorbereitet sein. Aber wie weit kommt ein Rettungshubschrauber für einen Einsatz hinaus aufs Meer? Hubschrauber sind so verschieden wie Segelyachten, aber mit folgenden Annahmen bekommen Sie einen Eindruck von der Größenordnung:

- ***Zeit, die ein Hubschrauber in der Luft bleiben kann: 3 h***
- ***Geschwindigkeit: 150 kn***
- ***Nehmen wir weiter an, der Pilot des Hubschraubers möchte mit Restkraftstoff im Tank für 30 Minuten Flugzeit wieder landen und dass für die Rettungsaktion ebenfalls eine halbe Stunde veranschlagt wird, dann bleiben je eine Stunde für den Hin- und den Rückflug, womit wir auf eine Einsatzreichweite von 150 sm kommen. Kommt Starkwind ins Spiel, verringert sich die Reichweite.***

Man kann also grob festhalten: Ab 120–150 sm Distanz von der Küste beginnt das wahre Hochseesegeln. Und damit wären wir bei Punkt 2 der Reiseplanung: der Crew. Verfügt Ihre Crew über die ***physische und mentale Fitness,*** die für ein solches Abenteuer Voraussetzung ist? Ist sie bereit und in der Lage, im Zweifel nicht nur mit »stürmischem Wind« (Bft. 8), sondern mit einem Sturm und 6 m hohen Wellen fertig zu werden? Haben Sie sich als Skipper oder dessen Stellvertreter die notwendigen seemännischen

Fertigkeiten aneignet? Sind Personen an Bord, die eine erweiterte medizinische Erstversorgung leisten können? Diese Fragen sollten Sie alle mit »Ja« beantworten können, wenn Sie sich für den direkten Weg von Irland zur Iberischen Halbinsel entscheiden. Die OSR verlangen für das Fahrtgebiet 2 für jedes Crewmitglied die Teilnahme an einem Hochseesicherheitskurs und für mindestens einen Segler in der Crew die Teilnahme an einem medizinischen Training.

Punkt 6 der Reiseplanung ist der sichere Plan B. Was ist darunter zu verstehen? Ein sicherer Hafen an sich ist noch kein sicherer Plan B, denn dieser sichere Hafen muss zugleich ein sicher erreichbarer Hafen sein. Sicher erreichbar ist ein Hafen grundsätzlich nur, wenn Sie die nautischen Unterlagen für dessen Ansteuerung an Bord haben – und zwar in Papierform als Backup für einen Ausfall des Kartenplotters. Die Ansteuerung sollte bei (fast) jedem Wetter und (fast) jeder Windrichtung, bei jedem Tidenstand sowie bei Tag und Nacht möglich sein. Zusätzliches Kriterium bei einem technischen Problem an Bord kann die Infrastruktur des Hafens sein. Ich nutze für meine Plan-B-Planung bevorzugt den *Reeds Nautical Almanach* in Kombination mit den Seekarten aus dem Hause *Imray*. Der *Reeds* ist zwar über 1000 Seiten stark, hat aber den Vorteil, dass Sie mit ihm alle Informationen über die europäische Atlantikküste von Hafenplänen über Revierinformationen bis hin zu Gezeitentafeln an Bord haben. Sie finden darin außerdem unkompliziert Ihre Plan-B-Häfen, denn alle Häfen, die darin mit dem Symbol von drei kleinen Steuerrädern gekennzeichnet sind, erfüllen die oben genannten Kriterien für die Ansteuerung. Sind diese Häfen zusätzlich mit drei grünen Daumen gekennzeichnet, werden sie dort die meisten technischen Probleme lösen können. Die *Imray*-Karten haben ein etwas gewöhnungsbedürftiges Kartenbild, aber den Vorteil, dass sie aus wenigen Karten maximal viele Informationen ziehen können. So enthalten die Küstenkarten im Maßstab 1:80.000 bis 1:110.000 zusätzlich zahlreiche Ansteuerungspläne in den Maßstäben 1:15.000 bis 1:30.000 für die wichtigsten Yachthäfen. Mit je einer dieser Küstenkarten zusammen mit dem Reeds haben Sie für jeden Plan-B-Hafen an der Biskaya alle Informationen, die Sie für eine sichere Ansteuerung brauchen.

Ich möchte die Überlegungen zur Reiseplanung in der nachfolgenden Karte veranschaulichen. Der Umweg für die vorsichtigere Reiseroute beträgt ca. 50 sm.

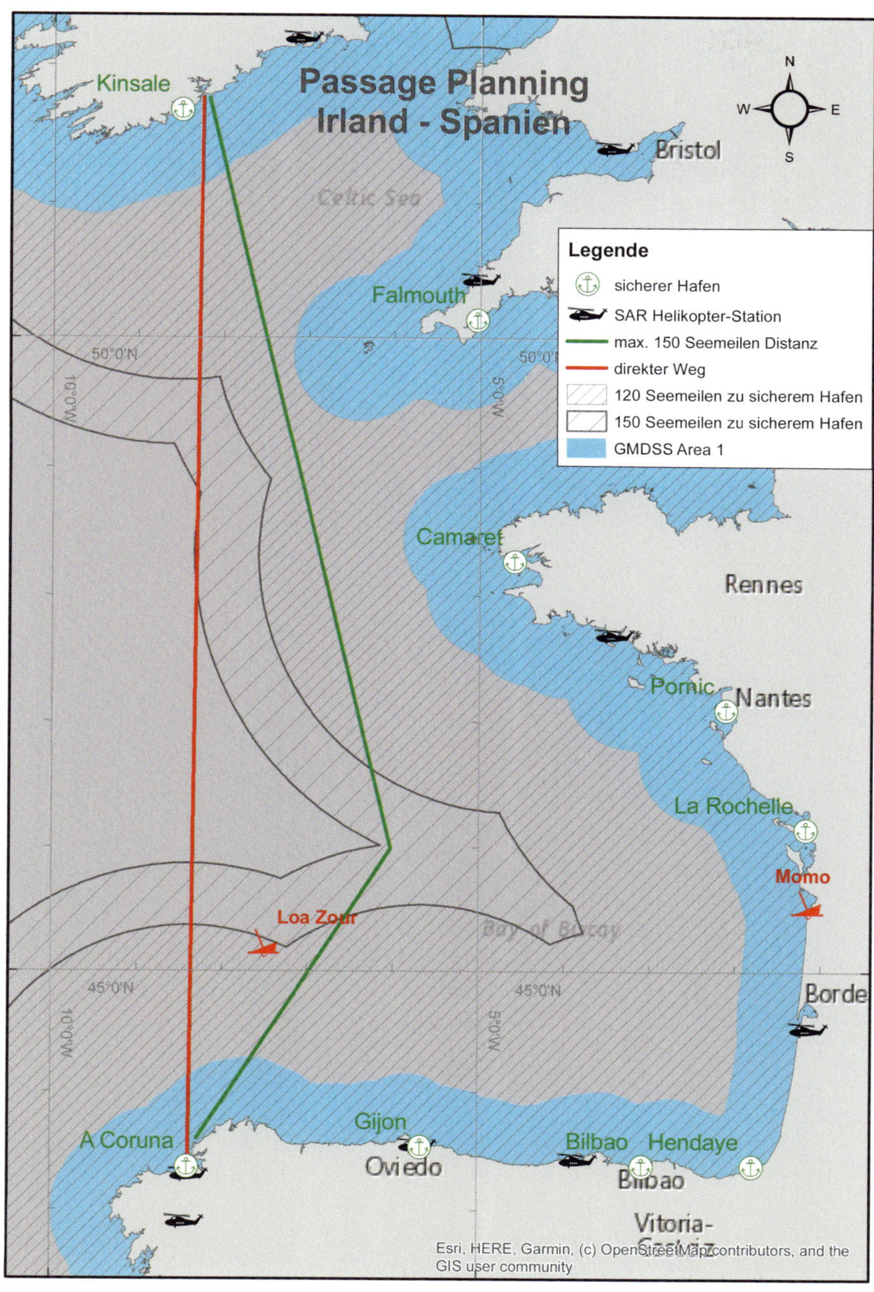

Auf der gewählten Reiseroute (rot) hatte die LOA ZOUR keine Chance, vor Eintreffen des Sturms einen sicheren Hafen zu erreichen.

08
KIELVERLUST

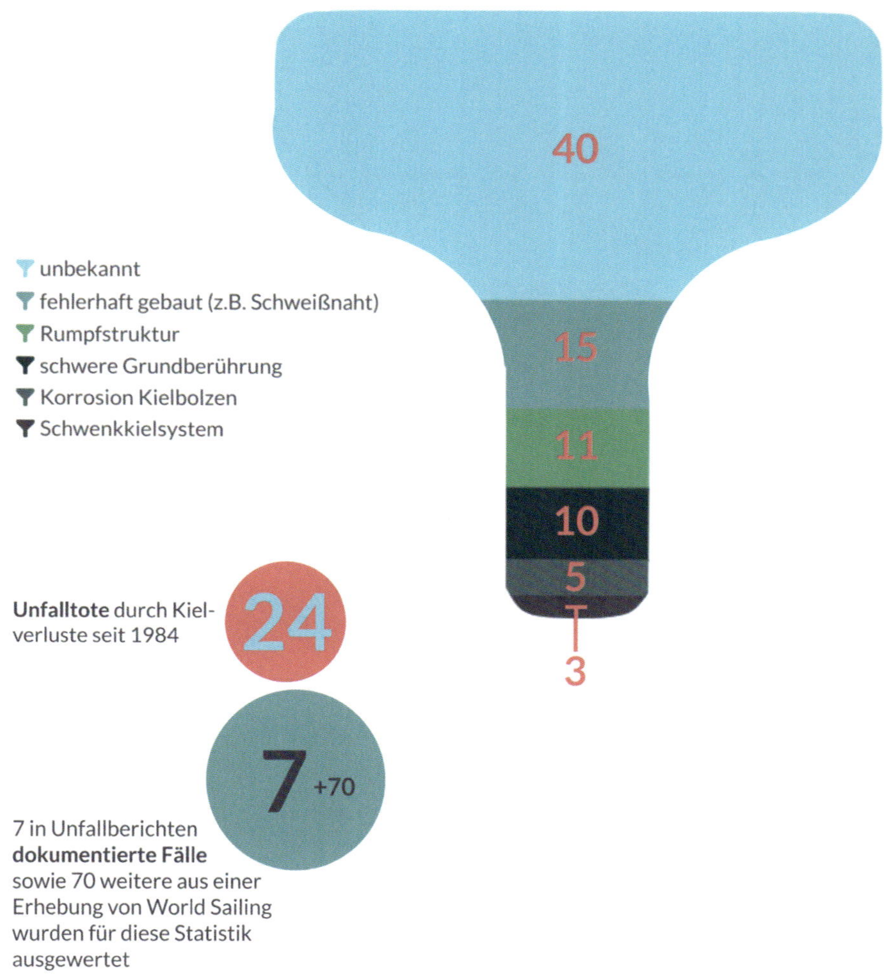

–

Kielverlust ist zwar kein häufiges Phänomen, aber es gelangt häufig ins Augenmerk der Untersucher, denn die Folgen sind durchweg fatal für Yachten und Besatzung. Betroffen sind vermehrt Rennyachten, aber auch Fahrtenyachten mit weniger ausgereizten Kielkonstruktionen erleiden Havarie. Fast allen Kielverlusten gehen eine oder mehrere Grundberührungen voraus, weshalb dieser Aspekt im zweiten Fall genauer analysiert wird. Oft weisen die Konstruktionen schon Mängel auf, die dann infolge ungünstiger Fehlerverkettungen zum Verlust des Kiels führen.

TYGER OF LONDON[35]

KIELVERLUST VOR TENERIFFA

Was diesen Fall von allen anderen Kielverlustfällen unterscheidet, ist der Umstand, dass alle Crewmitglieder den Unfall überleben. Das ist allerdings nicht zuletzt dem beherzten Eingreifen der Crew einer in der Nähe segelnden Yacht zu verdanken, die innerhalb kürzester Zeit am Unglücksort eintrifft und alle verunglückten Segler aus dem Wasser bergen kann.

Am 7. Dezember 2017 läuft die TYGER OF LONDON, eine *Comet 45S,* um 09:30 Uhr aus dem Hafen von San Sebastian auf La Gomera mit dem Ziel Marina San Miguel auf Teneriffa aus. Um 17:00 Uhr, auf Kreuzkurs bei Bft. 6–7, etwa eine Seemeile südlich von Punta Rasca und nur noch wenige Meilen vom Ziel entfernt, hört die Crew einen lauten Knall. Die Yacht krängt sofort nach Steuerbord, kentert. Die Crew löst ihre Lifelines, und alle fallen aus dem Cockpit nach Lee ins Wasser. Der Skipper der Yacht ST. BARBARA V, einer *Rustler 42*, die nur 200 m entfernt ist, alarmiert das MRCC und beginnt sofort, die verunglückte Crew aus dem Wasser zu bergen.

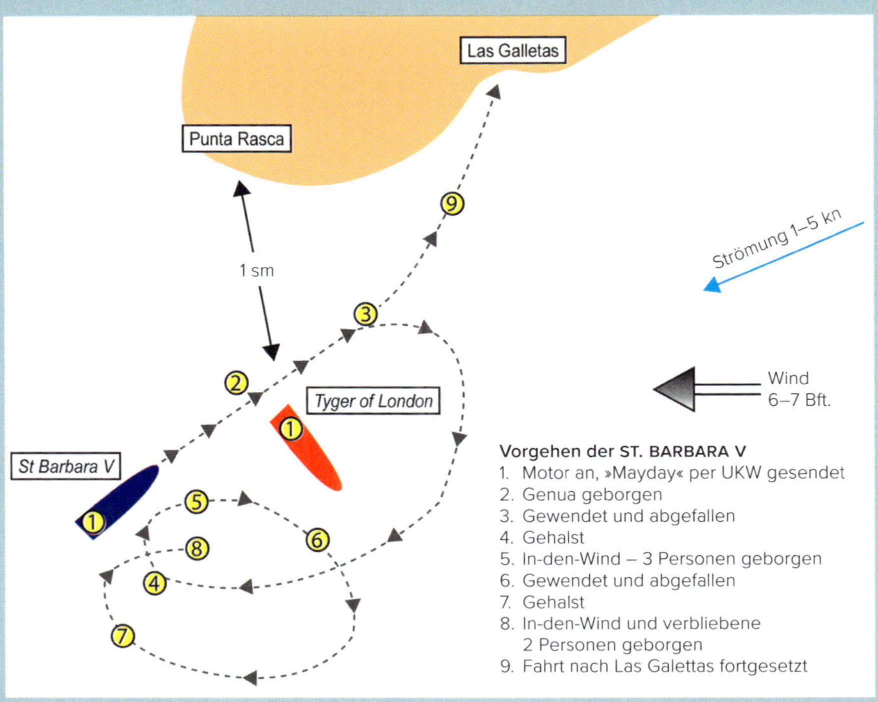

Kartenskizze des MAIB zum Rettungsmanöver der ST. BARBARA V.

DAS RETTUNGSMANÖVER DER ST. BARBARA V.

Der Unfallbericht beschreibt das Bergemanöver der ST. BARBARA V, das als vorbildlich gelten kann, wie folgt: Der Motor wird gestartet, Rufkontakt zur im Wasser treibenden Crew aufgenommen und die Anzahl der Crewmitglieder erfragt, fünf Crewmitglieder werden gesichtet, der Notruf abgesetzt, die Genua geborgen und innerhalb von nur zwei Aufschießern werden alle fünf Verunglückten über die Badeleiter am Heck an Bord gebracht. In der Kabine wird den Schiffbrüchigen Erste Hilfe geleistet: Sie bekommen trockene Kleidung und warme Getränke. Der Rettungshubschrauber, der kurze Zeit später eintrifft, kann nach kurzer Rücksprache mit der ST. BARBARA V wieder zu seiner Basis zurückfliegen. Die ST. BARBARA V segelt in den nächstgelegenen Hafen Las Galletas. Die fünf Segler kommen für die Nacht an Bord anderer hilfsbereiter Yachten unter und fliegen am nächsten Tag wie geplant nach Hause.

Drei Tage später, am 10. Dezember, wird die TYGER OF LONDON zehn Meilen von der Unglücksposition entfernt gefunden. Taucher entfernen Mast, Segel und Saildrive vom Boot. Der Rumpf wird vom Versicherer geborgen und für eine eingehende Untersuchung nach Teneriffa gebracht.

Die Untersuchung der Versicherung und des MAIB ergeben Folgendes:

- *Die TYGER OF LONDON wurde mit der Option eines flacheren Kiels ausgeliefert. Diese Version des Kiels war nicht CE-konform.*
- *Die Kielaufhängung wurde abweichend von den technischen Zeichnungen des Konstrukteurs von einem Subunternehmer angefertigt, und die Schweißverbindung zwischen Kielplatte und den Rüsteisen, welche den Kiel halten, wurde nicht korrekt ausgeführt. Dies hat im Lauf der Zeit zu einem Übermüdungsbruch der Verbindung zwischen Kiel und Kielplatte geführt.*
- *Im März 2014 wurden erstmals Risse entlang der Rumpf-Kiel-Verbindung festgestellt. Diese wurden verfüllt und der Bereich geschliffen und sodann angestrichen.*
- *Im Februar 2016 wurde die Rumpf-Kiel-Verbindung einmal komplett freigelegt. Die Yacht wurde angehoben und der Kiel von drei oder vier Personen bewegt. Dabei wurde keine Bewegung in der Kielstruktur beobachtet.*
- *Im Oktober 2016 fand ein erneutes in-water survey der RYA (über die die Yacht eine kommerzielle Zulassung hatte)*

statt – mit nur wenigen Befunden, die allesamt nichts mit der Kielverbindung zu tun hatten.

- *Grundberührungen:*
    - *2007–2013: einige Grundberührungen mit weniger als 1 kn Fahrt*
    - *2014: zwei Grundberührungen bei langsamer Fahrt beim Anlaufen von Liegeplätzen*
    - *2016-2017: keine Grundberührungen*
- *Die Rettungsinsel war in einer Backskiste im Cockpitboden verstaut. Dadurch war sie nach der Kenterung nicht mehr zugänglich für die Crew.*

Die Untersucher des MAIB merken darüber hinaus an, dass bei der sehr ungewöhnlichen Kielkonstruktion der *Comet 45S* die Ermüdung der Kiel-Kielplatten-Verbindung selbst bei gründlicher Untersuchung nicht hätte entdeckt werden können, da die Schweißnähte, die versagt haben, von der Bleiummantelung komplett verdeckt wurden.

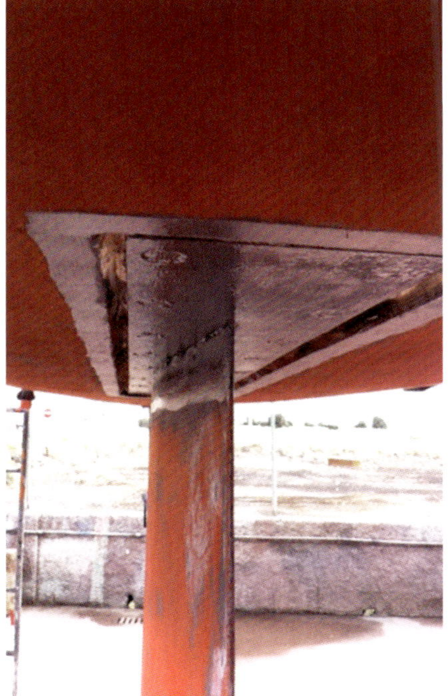

Kiel der TYGER OF LONDON.

Wir müssen als Segler in einigen Belangen – vor allem, was die strukturelle Festigkeit der Rumpfkonstruktion und der Rumpf-Kiel-Verbindung anbelangt – auf die Fähigkeiten des Konstrukteurs, die Qualität der Arbeit der Yachtwerft und die Gewissenhaftigkeit der dort arbeitenden Handwerker vertrauen. Im Baujahr der TYGER OF LONDON existierte noch keine verbindliche Konstruktionsrichtlinie für Ballastkiele von Segelyachten. Inzwischen gibt es den verbindlichen ISO-Standard 12215-9 für die Konstruktion von Yachtrümpfen und »Rumpfanhängen«. Eine Kielkonstruktion wie die der TYGER OF LONDON wäre heute für einen Neubau nicht mehr zulässig.

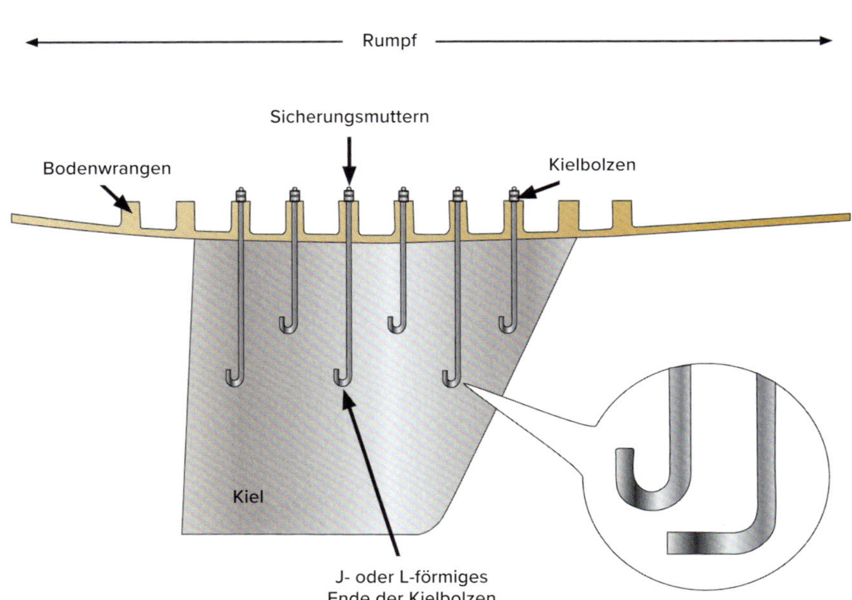

Konventionelle Kielaufhängung:
Die Kielbolzen sind in den Bleikörper eingegossen.

CHEEKI RAFIKI[36]

KIELVERLUST IM NORDATLANTIK

Weitaus tragischer endete im Mai 2014 ein Kielverlust für die vierköpfige Crew der CHEEKI RAFIKI im Nordatlantik. Nach zweitägiger Suche wurde zwar der Rumpf der gekenterten und kiellosen *Bénéteau First 40.7* gefunden, von den vier Crewmitgliedern fehlt jedoch jede Spur. Über diesen Vorfall wurde in Segelmagazinen viel berichtet. Aus dem 76-seitigen Bericht des MAIB können aber auch acht Jahre nach dem Unfall noch einige spannende Informationen gezogen werden.

Zum Zeitpunkt des Unglücks ist die Yacht acht Jahre alt. In den Jahren zuvor wurde sie kommerziell für skippered race-only charters hauptsächlich bei Regatten in Großbritannien eingesetzt. Ab 2011 wurde das Programm auf die Teilnahme an der ARC und diversen Regatten im Winterhalbjahr in der Karibik erweitert. In der Wintersaison 2013/14 nahm sie nach der ARC an den Regatten *Round Barbados, Caribbean 600* und *Antigua Sailing Week* teil. Für das Management der Yacht war die Firma *Stormforce Coaching* verantwortlich. Nach der *Antigua Sailing Week* sollte die CHEEKI RAFIKI nonstop von Antigua nach Southampton gesegelt werden. Eine Reise von nicht weniger als 4000 Seemeilen, für die als Crew der 22-jährige Andrew Bridge als Skipper, James Male als stellvertretender Schiffsführer sowie zwei erfahrene Mitsegler an Bord gehen.

Während der *Antigua Sailing Week* war der Geschäftsführer der Firma selbst als Skipper an Bord. Bevor die Regattaserie beginnt, taucht er das Unterwasserschiff der Yacht noch einmal ab, um Bewuchs zu entfernen und eine visuelle Inspektion des Unterwasserschiffs vorzunehmen, bei der er keine Beschädigungen feststellt. Während der *Antigua Sailing Week* segelt die Yacht ohne Auffälligkeiten.

Danach besprechen der Manager und der designierte Skipper das Routing der Ozeanpassage. Sie soll direkt bis nach England führen, ggf. mit einem Zwischenstopp auf den Azoren, falls weitere Vorräte oder Ersatzzeile benötigt werden. Der Geschäftsführer steht für tägliche E-Mail-Korrespondenz zur Verfügung und ist, falls es sein muss, auch telefonisch per Satellitentelefon von der Yacht aus erreichbar. Die Reise beginnt am 4. Mai 2014. Am 5., 6. und 7. Mai kommen per E-Mail Wetterinfos vom Chef. Das Wetter ist im Grunde typisch für die Jahreszeit und das Seegebiet: schwachwindig. Und so wird viel in Richtung Norden motort, um in bessere Winde zu kommen. Nach zwei Tagen kommt dem Skipper der Gedanke in den Sinn, dass ein

Tankstopp auf den Azoren wohl kaum vermeidbar sein wird. Am 7. schlägt auch der Chef vor, bis nach Bermuda unter Motor zu fahren und gleich dort aufzutanken. Allerdings kann der Skipper keine Seekarte von Bermuda an Bord finden, weshalb er am 8. schreibt, dass er die Insel nicht anlaufen möchte. Am 10. Mai, also nach sechs Tagen auf See, kann endlich gesegelt werden. Da befindet sich die Yacht erst 250 sm ESE-lich von Bermuda. Am 9. Tag auf See – es ist der 12. Mai und die ersten 1000 sm sind geschafft – kann der Kurs endlich nach Osten geändert werden. Das Wetter ist jetzt im Wesentlichen gut, abgesehen von einigen Stunden Bft. 5 mit Regenschauern am Morgen. Aber auch dies ist nichts Ungewöhnliches auf dieser Route.

Am 14. Mai freut sich die Crew mittags über ein Etmal von 176 Meilen und schreibt weiter: »just hit a big wave and it fixed the stereo.«

Die nächste E-Mail vom 15. Mai 20:22 Uhr UTC sollte die letzte E-Mail von Bord der CHEEKI RAFIKI sein: »we have been taking on a lot of water yesterday and today. today seems worse i think stbd water tank has split so that it drained checked hull and sea cocks for damage but can't see any. i will go for a swim when weather improves in about 24 hours we are currently monitoring the situation horta is 900 miles away. our position is 38 38N 048 59W any thoughts from your end i will check emails in 2 hours.«

In dieser Nacht hat der Wind vermutlich auf 30–35 kn aus Nord aufgefrischt. Der Geschäftsführer in der Heimat scheint zunehmend beunruhigt zu sein, da keine Rückmeldungen auf seine E-Mails mehr kommen. In der Nacht kommt es noch zu zwei telefonischen Kontakten zwischen dem Skipper und seinem Chef, in denen der Skipper beschreibt, dass der Wassereinbruch zugenommen habe, dass es sich um Salzwasser handle, aber kein Leck gefunden werden könne.

Der Geschäftsführer alarmiert daraufhin das MRCC in Falmouth und übermittelt diesem die letzte bekannte Position der CHEEKI RAFIKI von 20:22 UTC. Danach versendet er eine E-Mail mit ausführlicher Anweisung für die Lecksuche und -bekämpfung. Dabei denkt er sogar an eine Begutachtung der Kielbolzen und deren Umgebung.

Um 03:30 UTC kommt es zum letzten Telefonat, in dem es trotz Verständigungsschwierigkeiten gelingt, die Position zu übermitteln, und der Geschäftsführer versteht noch die Worte »this is getting worse«. Dann bricht die Verbindung ab.

Um 04:10 UTC am 16. Mai empfängt das MRCC in Boston (USA) einen PLB-Alarm des Skippers. Nach Rücksprache mit dem MRCC Falmouth und dem Geschäftsführer leitet das MRCC Boston die Suche nach der CHEEKI RAFIKI ein. Um 11:00 UTC trifft ein Flugzeug der US Coast Guard am von der PLB übermittelten Ort ein, findet allerdings nur einen treibenden Fender und einige andere schwimmende Gegenstände.

Um 14:00 UTC am 17. Mai sichtet ein Containerschiff einen gekenterten, kiellosen Rumpf, der die Größe der CHEEKI RAFIKI hat.

Um 09:40 UTC am 18. Mai wird die Suche eingestellt. Am 20. Mai wird die Suche jedoch auf Bitten der britischen Regierung wieder aufgenommen. Am 23. Mai wird der Rumpf erneut gefunden und kann durch einen Schwimmer der US-Navy untersucht werden. Es ist der Rumpf der gesuchten Yacht. Die Rettungsinsel befindet sich noch in ihrer Stauposition hinter dem Steuerrad. In der folgenden Nacht wird die Suche nach den Seglern endgültig eingestellt.

Was passierte während der letzten Stunden auf und mit der CHEEKI RAFIKI und ihrer Crew in der Nacht vom 15. auf den 16. Mai und was führte zum Unglück?

Es gibt nur wenige Anhaltspunkte dafür, was zum Verlust des Kiels der CHEEKI RAFIKI geführt hat. Zeugen des Vorfalls gibt es keine, der Rumpf der Yacht wurde nicht geborgen. Die wenigen Hinweise beschränken sich auf ein Foto des Rumpfes, das von Bord der USS AUSTIN am 23. Mai aufgenommen wurde, die E-Mails des Skippers und Berichte über Reparaturen des Rumpfes infolge vergangener Grundberührungen. Daraus gelingt den Unfalluntersuchern allerdings eine erstaunlich genaue Rekonstruktion des Unfallhergangs.

Auf dem Foto konnten die Experten erkennen, dass

- ***die beiden vorderen 24-mm-Kielbolzen abgeschert sind,***
- ***der achterne 24-mm-Bolzen abgeschert ist und Rost erkennen lässt – der Bolzen kann durch Korrosion geschwächt gewesen sein,***
- ***die Unterlegscheiben der drei mittleren Bolzenpaare mit der fehlenden Rumpfsektion herausgerissen worden sind.***

Da der Unterwasserbereich keine weiteren Schäden als die, die direkt mit dem Kielverlust in Zusammenhang stehen, aufweist, ist es unwahrscheinlich, dass die Yacht mit einem Gegenstand kollidiert ist. Am wahrscheinlichsten ist, dass sich der Kiel in dem schweren Seegang infolge einer geschwächten Rumpfverbindung anfangen konnte zu bewegen, dadurch diese sukzessive weiter geschwächt hat, was zum stetig zunehmenden Wassereinbruch führte, bis er schließlich abgebrochen ist und einen Teil des Rumpfes mit sich gerissen hat. Dadurch ist die Yacht vermutlich sehr schnell gekentert.

Um zu verstehen, was hier mit einer »geschwächten Rumpfverbindung« gemeint ist, muss man wissen, wie Yachten vom Typ der *Bénéteau First 40.7* – ebenso wie die meisten anderen Yachten heutzutage – gebaut werden: Es wird eine Rumpfschale gefertigt. Um die nötige Stabilität in diese Schale zu bekommen, wird ein zweites Bauteil – die sogenannte Matrix oder Innenschale – mit einer Struktur aus Quer- und Längsverstrebungen laminiert. Diese wird dann bündig in die Rumpfschale geklebt und voilà: Fertig ist die Rumpfstruktur à la française.

Die *First 40.7* wird von *Bénéteau* als CE-A-zertifizierte Yacht nach den Zeichnungen und Berechnungen von Farr Yacht Design gebaut. Die Konstruktion und die Qualitätsstandards der Werft sind laut den Ermittlungen des MAIB nicht zu beanstanden.

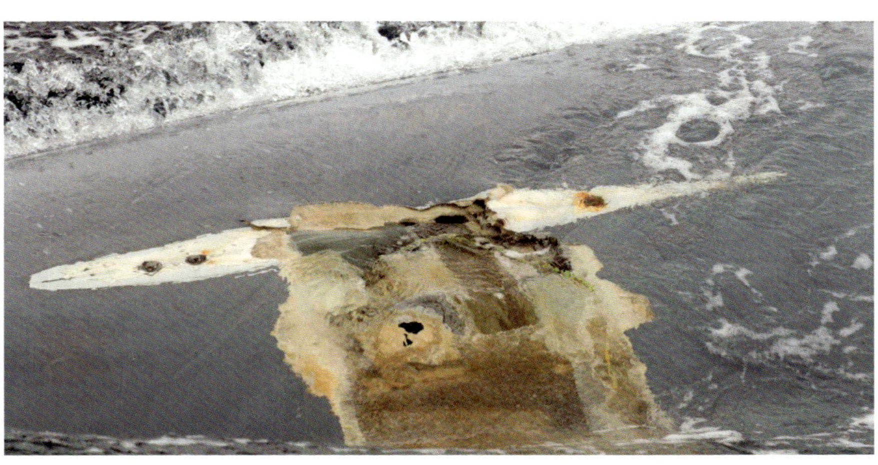

Der Rumpf der CHEEKI RAFIKI. Zu erkennen: Kielbolzen und vom Kiel herausgerissene Rumpfsektion.

Während ihrer Untersuchungen zu dem Unfall musste das MAIB jedoch feststellen, dass es öfter zu Matrixablösungen (also Ablösungen der Klebeverbindung zwischen Rumpf und Matrix) bei *Bénéteau-First-40.7*-Yachten gekommen ist. Insbesondere im Bugbereich vermutlich durch Stampfen in der See, im achterlichen Bereich und um den Kielbereich. Dort in der Regel im Zusammenhang mit Grundberührungen. Die MAIB-Inspektoren untersuchten vier *Bénéteau-First-40.7*-Yachten, und alle litten unter Matrixablösung im hinteren Kielbereich in Folge von Grundberührungen. Eine fünfte zeigte Zeichen von Matrixablösungen im vorderen und hinteren Bereich der Kielaufhängung. Nach einem Aufruf an alle Zertifizierungsstellen im Land wurden zwölf weitere Fälle bekannt.

Das Thema Grundberührungen wird daher genauer unter die Lupe genommen. Mindestens diese Grundberührungen gingen bei der CHEEKI RAFIKI dem Unglück voraus:

- ***August 2007: »light grounding« im Solent während der Cowes Week. Daraufhin wurde ein »Hammertest« gemacht, Teile der Matrix herausgeschnitten und neu anlaminiert – der Kiel wurde nicht entfernt.***
- ***Oktober 2007: Im Bereich der Bleibombe wird eine Verformung entdeckt, ausgeschliffen und verfüllt. Der Vorfall, der zu der Verformung geführt hat, ist unbekannt.***

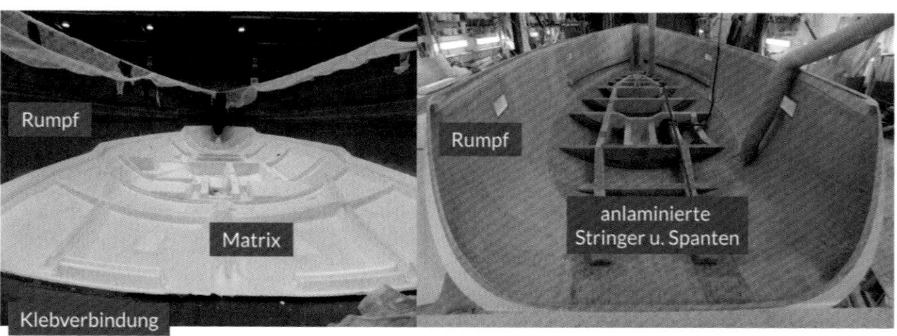

Links der Rumpf einer Bénéteau mit eingeklebter Innenschale.
Im Vergleich dazu rechts der Rumpf einer Hallberg-Rassy mit anlaminierten Stringern und Wrangen und ohne doppelten Boden.

- *2010 Round the Island Race: In einem Wellental im Solent »it (the boat) dropped on the ground«.*
- *2011: bei einem Training für das Fastnet Race kommt es zu einer »leichten« Grundberührung auf Sand im Solent.*
- *Mindestens zwei Grundberührungen auf einem Flach in der Hafeneinfahrt zum Dauerliegeplatz in der Shamrock Marina.*
- *2014 vermutete Grundberührung während der Antigua Sailing Week: Zeugen wollen gesehen haben, dass die CHEEKI RAFIKI bei der Regattawoche auf Grund gelaufen sei. Auswertungen von AIS-Daten und dem Plot auf dem Smartphone eines Crewmitglieds widerlegen diese Behauptungen jedoch.*

In Anbetracht der Auswirkungen, die Grundberührungen auf die Festigkeit der Verbindung zwischen Rumpf und Matrix haben können und der Schwierigkeit, diese Ablösungen festzustellen, sei es möglich, dass einige der »leichten« Grundberührungen der CHEEKI RAFIKI die Integrität des Rumpfes im Bereich der Kielaufhängung signifikant geschwächt hätten, so das MAIB.

Die E-Mail des Skippers von 20:22 UTC deutet darauf hin, dass er den Rumpf und die Seeventile auf Lecks überprüft, aber keine Beschädigungen gefunden hat. Er wählt den Weg der E-Mail als Kommunikation und schlägt vor, sich in zwei Stunden wieder per E-Mail zu melden. Beides können Hinweise darauf sein, dass er die Lage der Yacht und der Crew noch nicht als hochgradig gefährdet eingeschätzt hat. Um 22:21 UTC ruft er den Manager an, und schildert ihm eine Verschlimmerung der Situation. Er scheint zunehmend besorgt über die Lage, er verringert aber weder die Fahrt der Yacht, wie sich aus den Positionsdaten des Satellitentelefons rekonstruieren lässt, noch sendet er einen Notruf ab oder aktiviert die EPIRB. Er hat auch nicht die E-Mails des Managers heruntergeladen. Es spricht also vieles dafür, dass er die Situation bis 03:30 UTC (dem letzten Telefonat) nicht als lebensbedrohlich einstuft. Da er die Hinweise aus den E-Mails seines Chefs nie gelesen hat, ist es vorstellbar, dass er weder einen Wassereinbruch über die Kielbolzen je in Betracht gezogen noch den Rumpfbereich dort auf Risse untersucht hat und sich infolgedessen zu keinem Zeitpunkt der Gefahr eines Kielverlustes bewusst gewesen ist. Der Kielverlust hat letztlich sehr plötzlich stattgefunden, denn die Crew konnte weder die EPIRB aktivieren noch das Rettungsfloß ausbringen. Aufgrund ihrer Stauposition war die Rettungsinsel nach der Kenterung nicht nutzbar für die Crew. Auf einer relativ kleinen Yacht ist ein guter Stauort für ein Rettungsfloß allerdings immer schwierig zu finden: Ist es an Deck verstaut, kann es sich zwar selbst entfalten, wenn es mit einer hydrostatischen Auslöseautomatik ausgestattet ist, allerdings besteht auf einer kleinen Yacht, bei der regelmäßig und ggf. viel Wasser überkommt, damit auch die Gefahr, dass es weggerissen wird (s. ESSENCE). Ist es in einer Backskiste untergebracht, ist es zwar geschützt, aber schwer zugänglich. Ein guter Kompromiss könnte eine stabile Halterung für das Rettungsfloß am Heckkorb sein.

Sicherlich kann dieser tragische Unfall mit einer gewissen Berechtigung als Folge der zahlreichen Grundberührungen der CHEEKI RAFIKI betrachtet werden. Dem Betreiber der Yacht ließe sich ohne Weiteres vorwerfen, nach den Grundberührungen die Yacht nicht gründlich genug untersucht und durch qualifizierte Firmen repariert haben zu lassen. So hat es schließlich auch das Gericht am Winchester Crown Court in England gesehen, das die Betreiberfirma zu einer Geldbuße von 50.000 GBP und den Manager zu 15 Monaten Gefängnishaft auf Bewährung wegen des Unvermögens, die Yacht entsprechend den Vorgaben des »Merchant Shipping Act« sicher zu betreiben, verurteilt hat. Diese sehr juristisch geprägte Sichtweise auf Unfälle als Endstation einer im Nachhinein ersichtlichen Kausalkette, greift aber zu kurz, wenn es darum geht, sinnvolle Erkenntnisse aus dem tragischen Tod von vier Seglern zu ziehen, wie ich im Folgenden zeigen möchte. Nehmen wir einmal an, alle Skipper der CHEEKI RAFIKI hätten gewissenhaft jede Grundberührung an den Chef gemeldet, und nehmen wir weiter an, der Chef hätte daraufhin jeweils umgehend die Yacht zum nächsten Travellift beordert, an Land kranen und von einem Fachbetrieb inspizieren lassen. Hätte der Unfall dann vermieden werden können? Zweifel daran sind mehr als berechtigt, denn für die Art und Weise, wie eine Yacht mit Matrixbauweise korrekt zu inspizieren und zu reparieren ist, gab es im Jahr 2014 keine gängigen Verfahren, wie die Untersucher bei einer Befragung von fünf Werftbetrieben herausgefunden haben. Von diesen

- *waren drei der Ansicht, dass für die Reparatur einer Matrixablösung der Matrixflansch entfernt, der Rumpf neu präpariert und die Matrix mit Glasfasermatten wieder an den Rumpf laminiert werden müsse,*
- *vertrat ein Betrieb die Auffassung, man solle den Flansch intakt lassen und lediglich den Kleber wegschleifen, dann die Matrix wieder ankleben und an laminieren,*
- *meinte einer, keine der beiden Methoden sei geeignet.*

Einigkeit bestand jedoch darüber, dass der gesamte Kiel entfernt werden müsse, um eine Matrixablösung zu reparieren und dass es sehr schwierig sei, eine Matrixablösung überhaupt festzustellen. Insbesondere im Bereich der Kielaufhängung, weil dort die Matrix durch die Kielbolzen an den Rumpf gepresst wird. Um eine Ablösung festzustellen, würde man mit einem Hammer auf die Matrix schlagen und hören, wie sich der Klang verändere. Wenn sich die Klebeverbindung gelöst habe, die Matrix jedoch durch die Bolzen weiterhin an den Rumpf gepresst werde, dann lasse sich das mit dem Hammertest allerdings nicht feststellen.

Der Bericht stellt außerdem heraus, dass *Bénéteau* kein klares Verfahren veröffentlicht habe, wie eine Matrixablösung festgestellt und repariert werden müsse und in welchem Fall es notwendig sei, dafür den Kiel zu entfernen. Es gebe keine Richtlinie oder einheitliches Verständnis davon, wie Yachten mit einer Matrixbauweise gewartet, inspiziert und ggf. repariert werden müssen.

Die nächste Schwäche im oben geschilderten Gedankenexperiment ist die, zu glauben, dass jeder noch so kleinen Grundberührung mit derartiger Konsequenz nachgegangen werden könnte. Sicherheit wird nicht in einem Vakuum erzeugt! Mir fallen spontan schon drei gewichtige Gründe ein, die gegenüber einem solchen Umgang mit einer leichten Grundberührung in die Waagschale fallen: erstens wollen wir unseren Segelurlaub genießen, zweitens stehen Infrastruktur und qualifiziertes Personal nicht unbegrenzt und überall zur Verfügung und drittens die finanziellen Kosten. Der letzte Punkt wird mittlerweile von einigen Yachtversicherern entschärft, indem sie die Kosten für das Kranen und die Untersuchung übernehmen, was löblich ist. Was die Bootslifte und Werftbetriebe anbelangt, sind Reviere wie die Ostsee sicherlich gut aufgestellt, aber wie sieht es in der Karibik aus, wo es auf den gesamten *Windward Islands* nur eine Handvoll funktionierender Travellifte gibt? Von qualifiziertem Personal ganz abgesehen. Lassen Sie Ihre Yacht dann als Decklast auf einem Frachter zurück nach Europa fahren, um sie dort vom Werftbetrieb ihres Vertrauens untersuchen zu lassen? Oder warten Sie lieber zwei Monate, bis der nächste Travellift wieder funktioniert und der Gutachter für die Untersuchung eingeflogen ist, während die *Antigua Sailing Week* ohne Sie stattfindet und der Beginn der Hurrikan-Saison näher rückt? Womit wir dann auch schon bei der Frage wären, wie viel Ihrer kostbaren Urlaubszeit Sie für eine Bootsinspektion opfern wollen. Kaum jemand wird auf eine Abwägung der Schwere der Grundberührung und des Aufwands, den eine Inspektion mit sich bringt, gegenüber der Gefahr eines Kielverlustes verzichten.

Wie können wir aber diese Abwägung sinnvoll treffen? Wie unterscheidet sich eine leichte von einer mittleren oder schweren Grundberührung? Das hat auch die Inspektoren des MAIB interessiert, und deshalb haben sie Yachteigner und professionelle Skipper befragt, wie deren Verständnis von einer leichten Grundberührung sei und welche Bedeutung sie einer solchen beimessen. Nahezu alle Befragten vertraten die Ansicht, Grundberührungen würden nun einmal passieren, insbesondere bei Regatten, und dass nach einer leichten Grundberührung keine Inspektion nötig sei. Unterschiedliche Definitionen leichter Grundberührungen wurden genannt, darunter:

a Grounding
- *where the vessel did not stop*
- *where the vessel only bounced over the bottom*
- *where no person was knocked of their feet as a result of the grounding*
- *where the vessel grounded at slow speed*
- *where the vessel grounded on a soft bottom*

Zu dem Thema wurden ebenfalls drei RYA-Yachtmaster-Prüfer befragt, die drei weitere Definitionen zur Frage einer leichten Grundberührung beisteuerten. Nach einer solchen sei – nach Ansicht dieser Experten – keine Inspektion notwendig. Allerdings sei eine Grundberührung ein handfester Grund, um einen Prüfling in der Segelscheinprüfung durchfallen zu lassen. Nun sind Grundberührungen in der Sportschifffahrt ein beinahe alltägliches Risiko, und das Risiko mag bei Regatten noch größer sein. Allein: Die Entscheidung, ob eine Inspektion im Nachgang erfolgen muss, liegt zunächst in der subjektiven Einschätzung des Skippers. Und die Untersuchung hat gezeigt, dass die Bandbreite an Einschätzungen, was als leichte Grundberührung eingestuft werden muss, groß ist. Bezogen auf die CHEEKI RAFIKI scheint eine Konsequenz dieser Umstände zu sein, dass die als leicht eingeschätzten Grundberührungen zu einer unbemerkten Matrixablösung im Kielbereich und einer Schwächung der Rumpf-Kiel-Verbindung geführt haben.

—

FAZIT

KIELVERLUST

Das Thema Kielverlust ist besonders komplex. Es hängt mit Grundberührungen, Konstruktion, Bauqualität und dem regulatorischen Rahmen zusammen. Um hier etwas Ordnung in das Wuling zu bringen, möchte ich fünf einfache, sehr verallgemeinerte, aber begründete Behauptungen aufstellen:

1. *Gemäßigte Langkieler älterer Bauart mit S-Spant und Bleikiel sind weniger anfällig. Ihr Kiel hat eine größere Auflagefläche am Rumpf und durch den geringeren Tiefgang eine geringere Hebelwirkung bei Grundberührungen. Der S-Spant bedingt hohe Wrangen, die mehr Last aufnehmen können. Blei ist weich und kann einen Teil der Aufprallenergie bei Grundberührungen in Verformungsenergie umwandeln.*
2. *Neuere Konstruktionen mit U-Spant und tiefen, schmalen Kielflossen aus Stahl können weniger zusätzliche Last aufnehmen. Sie sind anfälliger für Schäden im Kielbereich.*
3. *Visuelle Begutachtung des Kielbereichs:*
   Selbst wenn alles einwandfrei aussieht, kann es unbemerkte Schäden geben, wie die beiden Fälle gezeigt haben. Aber wenn Sie sehen, dass
   - *die Kielbolzen nicht mehr in Position sind,*
   - *Haarrisse um die Kielbolzen und an den Bodenverstrebungen auftreten oder*
   - *Risse von außen an der Kielnaht sichtbar sind,*

   sollten Sie Ihre Yacht gründlich checken lassen.
   Mittels Ultraschalluntersuchungen lassen sich Ablösungen mittlerweile zuverlässig feststellen.
4. *Keinesfalls sollten Sie mit einer Yacht unbegleitet auch nur eine Kabellänge aus dem Hafen fahren, wenn der Kiel wackelt. Nicht einmal zur nächsten Reparatur-Werft (so wie es die unglücklichen Crews zweier Yachten getan haben, deren Fälle[37] ich hier nicht geschildert habe).*
5. *Informieren Sie Ihre Versicherung lieber einmal zu viel als zu spät über Grundberührungen.*

Seien Sie bei beim Thema Grundberührung und Kiel sensibel. Die Wahrscheinlichkeit, dass Sie ein Kielverlust trifft, ist zwar sehr gering, aber wenn er Sie trifft, sind Ihre Selbsthilfemöglichkeiten extrem eingeschränkt und Ihr Überleben ist reine Glückssache.

FAKTOR MENSCH:
WEGE AUS DER MENTALEN FALLE

!

Als mehrmaliger Weltumsegler, Bezwinger des Kap Hoorn auf der eigenen Segelyacht und Überquerer des Südatlantiks in einer einmotorigen Cessna, Astronavigations-Experte und Autor zahlreicher Sach- und Erlebnisbuch-Longseller bei Delius Klasing hat Bobby Schenk meine volle Anerkennung. Aber leider muss ich ihn noch einmal unvorteilhaft zitieren[38], um zu zeigen, wie Sie Unfälle besser nicht betrachten. Nämlich als »eine Folge von vorangegangenen Fehlleistungen – jede für sich gesehen leicht vermeidbar«. An einem nicht näher bestimmten Fall einer 10-m-Yacht veranschaulicht besagter Autor dieses simple Unfallmodell:

Fehler Nummer 1:
Die Yacht läuft bei Sturmwarnung aus.
Fehler Nummer 2:
Als sie bei acht Windstärken ihr Ziel in Luv – natürlich – nicht mehr ansegeln konnte, versuchte der Skipper, das Ziel mithilfe der Maschine doch noch durchzusetzen, anstatt abzulaufen und bequem vor dem Wind einen anderen Hafen zu erreichen, um dort das schlechte Wetter abzuwettern.
Fehler Nummer 3:
Bei ständiger Lage von 30 Grad am Wind verlor der Borddiesel bald seine notwendige Schmierung und lief, logisch, sauer. Langsam wurde die Yacht bei zunehmendem Sturm auf die Leeküste abgetrieben. Statt nun die Brisanz des Unternehmens einzusehen und per Funk um Hilfe zu rufen, versuchte der Skipper – »Schließlich bin ich Segler!« – weiter, sich freizukreuzen.

Was schließlich mit dem oder den Seglern und der Yacht passiert, bleibt unerwähnt – ich vermute nichts Gutes. Natürlich ist das nicht entscheidend. Es geht Herrn Schenk ja auch darum, die Leser seines Textes wachzurütteln: »Seht her: 1, 2, 3 – Schiffbruch! Also macht keine Dummheiten, und bleibt bei Sturmwarnung im Hafen!«

Zu dieser »Unfallanalyse« möchte ich einige Gedanken äußern, bevor wir uns mit der grundsätzlichen Frage beschäftigen, weshalb es immer wieder vorkommt, dass sich selbst erfahrene Segler hin und wieder in Situationen manövrieren, die sich im Rückblick für sie selbst, oder von Land aus betrachtet für andere, als im günstigsten Falle haarsträubend darstellen.

Zu »Fehler Nummer 1«: Es gibt vielleicht nicht viele gute Gründe, aber immerhin gibt es welche, auch bei Sturmwarnung (Bft. 7 und mehr) auszulaufen. Sogenannter externer Druck z. B., weil die Charteryacht zurück zur Charterbasis muss oder der Urlaub zu Ende geht, könnten eine Rolle spielen. Aus Perspektive des Skippers kann auch die Erwartungshaltung der Crew ein solcher externer Faktor sein. Es könnte aber auch geboten sein, wenn der aktuelle Hafen bei den vorhergesagten Wetterverhältnissen nicht mehr sicher ist.

Bei »Fehler Nummer 2« zeigt sich, auf welch verlorenem Posten sich der Skipper unter Bobby Schenks strengem Blick befindet. Mit Motorunterstützung 50° am Wind zu segeln, ist eine der Sturmtaktiken, die Peter Bruce im Buch *Schwerwettersegeln* erläutert und dort mehrere Erfahrungsberichte wiedergibt, in denen mit genau dieser Taktik Stürme erfolgreich bewältigt wurden. Wie »bequem« mitunter ein Hafen bei Bft. 8 »vor dem Wind« erreicht werden kann, zeigen die Unfälle der LILLA W und MOMO. Was nicht heißen soll, dass es nicht vielleicht objektiv bessere Optionen gegeben hätte als diejenige, welche die besagte Crew verfolgt hat. Aber ein Fehler wird aus der Wahl dieser Taktik wahrlich erst, wenn man weiß, dass die Sache nicht gut ausgegangen ist.

Das ist sie offenbar deshalb, weil der Motor schließlich ausgefallen ist. Weil, so jedenfalls die Vermutung, die Yacht ständig 30° Lage geschoben habe – womit wir bei »Fehler Nummer 3« wären. Nehmen wir einmal an, die Unfalluntersuchung hätte in diesem Fall tatsächlich plausibel rekonstruiert, dass die Schräglage dauerhaft bei 30° gelegen hat und deshalb der Motor ausgefallen ist. Wäre es dann nicht das Naheliegendste, jeder Yachteignerin oder jedem Skipper zu raten, einen Blick ins Betriebshandbuch des

Motors zu werfen, um sich im Klaren darüber zu sein, wo beim jeweiligen Motor das Limit für den Betrieb bei Schräglage liegt? Es gibt Modelle, die bis 30° Schräglage betrieben werden können, bei anderen ist bereits bei 20° Schluss. Vielleicht war dem Skipper sogar bewusst, bis zu wie viel Grad Krängung er den Motor betreiben kann, nur hat er die Schräglage der Yacht vielleicht falsch eingeschätzt? Dann wäre die naheliegendste Empfehlung, jede Yacht mit einem Krängungsmesser auszustatten. Sie werden jedenfalls nach diesem Ausrüstungsstück für rund 15 €, mit dem dieser Unfall vielleicht hätte vermieden werden können, in der aktuellen Ausgabe der *Offshore Special Regulations* vergeblich suchen.

Richtig interessant wird es bei der Frage, weshalb der Skipper danach weiter am ursprünglichen Plan festgehalten und versucht hat, den Hafen in Luv kreuzend zu erreichen, obwohl sie »langsam auf die Leeküste abgetrieben« wurde. Ich hatte Ihnen im Kapitel über die Unfälle in den Grundseen veranschaulicht, wie wichtig eine faktenbasierte Bewertung der Situation als Grundlage für unsere Entscheidungsfindung ist. In den Grundsee-Unfällen war eine falsche Bewertung der Situation die Ursache für die falschen Entscheidungen, die getroffen worden sind. Ein anderer Faktor, der zu einem schlechten Ausgang des Entscheidungsprozesses führen kann, ist die Wahl einer falschen oder gar keiner Maßnahme. An dem ursprünglichen Plan festzuhalten, obwohl sich die Umstände verändert haben (z. B. Zunahme des Windes, Ausfall des Motors, Fitness der Crew) und nach einem alternativen Plan verlangen, ist das, was in der Human Factors-Forschung als ***Plan Continuation*** oder als ***»get there«-Mentalität*** bezeichnet wird. Bei einer Analyse von 51 Flugunfällen, bei denen falsche taktische Entscheidungen der Piloten eine Rolle gespielt haben, konnte festgestellt werden, dass 75 % dieser Entscheidungen in die Kategorie Plan Continuation gefallen sind[39]. So wurde beispielsweise von den Crews am Zielflughäfen festgehalten, obwohl die Wetterbedingungen oder technische Einschränkungen es nahegelegt hätten, besser zu einem Ausweichflughafen zu fliegen oder instabile Landeanflüge wurden nicht mit einem Durchstartmanöver abgebrochen, sondern bis zum Landeunfall fortgeführt. Die Crew in Bobby Schenks Beispiel befindet sich also in bester Gesellschaft. Was aber sind die Mechanismen, die Menschen dazu veranlassen, an einem einmal gefassten Plan festzuhalten und weiter zu fliegen, einen Berg hinaufzusteigen oder zu segeln, bis sie in einer tödlichen Falle festsitzen?

Typisch für diese Fälle ist, dass sich die Bedingungen nicht schlagartig, sondern graduell verschlechtern. So auch im obigen Beispiel: Der Motor fällt wahrscheinlich plötzlich aus, aber die Yacht wurde »langsam bei zunehmendem Sturm« auf die Leeküste versetzt. Vermutlich wird sich auch der Zustand der Crew nur langsam und kontinuierlich, vielleicht durch Seekrankheit und Ermüdung, verschlechtert haben. Ein Phänomen der menschlichen Informationsverarbeitung ist, dass frühe Hinweise, die darauf hindeuten, dass der ursprüngliche Plan der richtige ist, als bedeutsamer und stärker wahrgenommen werden als solche, die zu einem späteren Zeitpunkt nahelegen, von diesem Plan abzuweichen. Menschen nehmen diese Informationen oft sogar bewusst wahr. Sie erscheinen ihnen aber nicht bedeutsam genug, um sie in eine andere Richtung des Handelns zu lenken. Kommen Stress und Erschöpfung hinzu, wird dieser Effekt verschlimmert. Diese beiden Faktoren machen es typischerweise auch schwieriger, verschiedene Entscheidungsoptionen zu entwickeln und ihre möglichen Auswirkungen mental zu modellieren – also sich ihre Auswirkungen auf die Zukunft vorzustellen. So erfordert es z. B. ein hohes Maß an Selbstdisziplin und Überwindung, sich bei Bft. 8, für 10 oder 15 Minuten unter Deck an den Kartentisch zu setzen und eine Route zu einem alternativen Hafen auszuarbeiten – vor allem, wenn man nicht ganz seefest ist. Darüber hinaus müssen Sie die beiden Optionen gegeneinander abwägen und zuletzt die Crew dazu motivieren, die notwendigen Segelmanöver durchzuführen und eine möglicherweise noch längere Zeit auf See zu akzeptieren.

Leider kann ich Ihnen kein Patentrezept dafür präsentieren, das Sie davor bewahrt, jemals in die mentale Falle der Plan Continuation zu tappen. Allein, dass Sie von nun an über diese Falle Bescheid wissen, ist vielleicht schon die beste Maßnahme, damit Sie nicht hineinlaufen. Drei Abwehrmaßnahmen kann ich Ihnen dennoch nahelegen:

1. *Arbeiten Sie, bevor Sie bei kritischen Bedingungen auslaufen, mindestens einen zuverlässigen Plan B aus, der die Kriterien erfüllt, die ich im Kapitel zur Reiseplanung beschrieben habe. Ein bereits durchdachter, vorbereiteter und mit der Crew besprochener Plan B reduziert die innere Überwindung, die notwendig ist, um den ursprünglichen Plan fallen zu lassen, erheblich.*
2. *Setzen Sie sich Limits. Wie bei der Reiseplanung generell, sollten Sie sich Grenzen in Bezug auf Windstärke, Wellenhöhe und geplanter Reisedauer setzen. Zeichnet sich ab, dass diese Grenzen überschritten werden könnten, dann ergreifen Sie so rechtzeitig Maßnahmen, dass Sie vorher einen sicheren Hafen erreichen oder auf einen sicheren Kurs wechseln.*
3. *Setzten Sie sich Zwischenziele.*

Diese können folgendermaßen aussehen:

- *Nur, wenn wir bis Sonnenuntergang mindestens bis Tonne XY aufgekreuzt haben, segeln wir die Nacht durch. Andernfalls: Plan B.*
- *Nur, wenn nicht mehr als zwei Personen bis mittags seekrank geworden sind, segeln wir bis zum Zielhafen weiter.*
- *Wenn wir 2 sm Ablage zum ursprünglichen Kurs bekommen haben, dann wenden bzw. halsen wir.*

Die Zwischenziele und Limits können bewirken, dass bei sich langsam verschlechternden Bedingungen die entscheidenden Hinweise, die nahelegen, den Pfad des ursprünglichen Plans zu verlassen, wahrgenommen werden und genügend Gewicht finden, um Sie auf einen anderen Weg zu bringen.

Kommunizieren Sie Ihre Überlegungen zum Plan B, den Limits und den Zwischenzielen darüber hinaus mit Ihrer Crew. Sollten Sie als Skipper nämlich trotz allem in die Falle geraten sein, dann kann Ihre Crew Sie noch retten.

09
STRANDUNGEN UND GRUNDBERÜHRUNGEN

Gründe für Strandungen / Grundberührungen

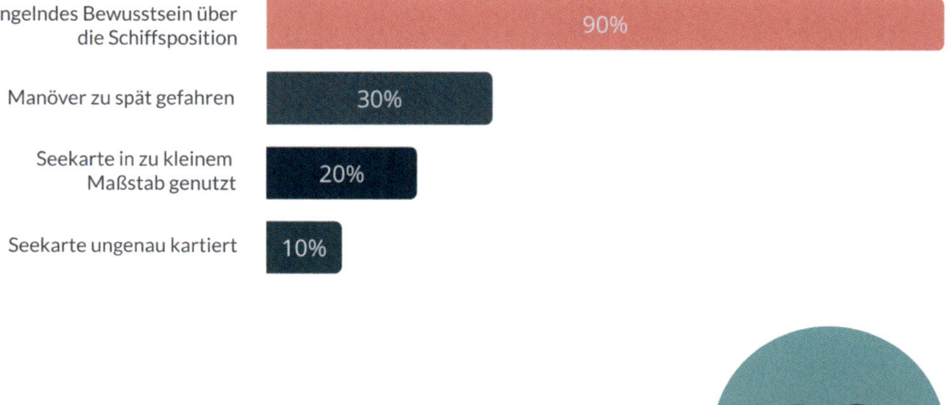

10

in Unfallberichten **dokumentierte Fälle** wurden für diese Statistik ausgewertet

–

Die beiden letzten Fälle, die ich Ihnen vorstellen möchte, sind Strandungen. Sie entwickeln sich vollkommen unterschiedlich auf Booten und mit Crews, die andersartiger nicht sein könnten. Sie lassen sich vordergründig mit Navigationsfehlern oder mangelnder guter Seemannschaft erklären. Ich möchte an ihnen allerdings lieber zwei Aspekte exemplarisch betrachten, die grundsätzlicherer Natur sind. Zum einen die Frage, wie wir aus theoretischem Wissen praktische Fertigkeiten entwickeln und ob bei diesem Prozess das Segelschein-Ausbildungssystem in Deutschland hilfreich ist. Zum anderen, wo uns moderne Technik an Bord mit unerwarteten Herausforderungen konfrontieren kann.

MADAME PELE [40]

GEFAHR DURCH LÜCKENHAFTES UND INAKTIVES WISSEN

Der Unfall der MADAME PELE ereignete sich im August 2004 an der deutschen Nordseeküste vor den Inseln Juist und Borkum. Die Yacht mit einer Rumpflänge von 10,40 m ist ein norwegischer Spitzgatter aus dem Jahr 1918. Im Laufe ihres langen Bootslebens hat die MADAME PELE mehrere Bootseigner gesehen und einige längere Werftaufenthalte für Instandhaltungsmaßnahmen über sich ergehen lassen. Als im Mai 2004 der aktuelle Eigner die Yacht erwirbt, befindet sie sich nach Angabe einer mit dem Zustand des Schiffes vertrauten Werft an der Schlei in einem »seefesten« Zustand »ohne wesentliche Mängel«. Der neue Besitzer ist zu diesem Zeitpunkt 44 Jahre alt, im Besitz eines im Jahr 1977 erworbenen Sportbootführerscheins-Binnen, des SBF-See vom Mai 2003, des Fachkundenachweises für Signalwaffen vom März 2003 und des SKS, wofür er die Prüfungen im September 2003 erfolgreich bestanden hatte. Er hat außerdem im März 2004 die Prüfungen zum SRC und UBI und im Mai 2004 sämtliche Teile der theoretischen SSS-Prüfung erfolgreich absolviert. Den geplanten 14-tägigen Ausbildungstörn in der Ostsee mit anschließender praktischer Prüfung für den SSS im August 2004 hat er jedoch abgesagt, weil er in diesem Zeitraum seine neue Yacht, die MADAME PELE, von Kappeln an der Schlei nach Emden überführen will.

Mit dabei auf diesem Törn: eine 55-jährige Mitseglerin ohne Segelscheine aber mit einigen Grundkenntnissen im Yachtsegeln.

Diese Reise beginnt am 18. August. Elf Tage später entdeckt die Besatzung eines Polizeibootes in der Osterems, am Voorentief zwischen Borkum und Juist, den etwa 1 m aus dem Wasser ragenden Holzmast der MADAME PELE. Am Nachmittag desselben Tages wird beim daraufhin eingeleiteten Rettungshubschraubereinsatz die Leiche des Schiffsführers auf der etwa 2,5 sm entfernten Kachelotplate gefunden. Die Leiche der Mitseglerin wird am 8. September auf der 10 sm entfernten Rottumerplaat entdeckt.

Die daraufhin eingeleiteten Ermittlungen der Polizei und der BSU gleichen einer kriminalistischen Arbeit: Das Wrack wird betaucht, Taucherskizzen der Yacht angefertigt, die Leichen der Segler werden obduziert, Zeugen werden befragt und Radarplots der Verkehrszentrale ausgewertet. Driftrechnungen werden erstellt und Seekartentiefen mit den Wasserständen auf den letzten rekonstruierten Positionen der Yacht korrigiert.

DIE ERGEBNISSE DER ERMITTLUNGEN

Die Leiche des Schiffsführers war mit Ölzeugjacke und -hose bekleidet. Er hatte eine aufgeblasene Rettungsweste um, die allerdings nicht verschlossen war. In den Taschen wurden die Hafengeldquittungen von Brunsbüttel, Cuxhaven und Norderney, ebenso eine Tankquittung über 15 l Diesel aus Kiel und eine Rechnung über die Reparatur der Lichtmaschine vom 20. August gefunden. Die Obduktion beider Leichen ergab, dass der Tod durch Ertrinken eingetreten war.

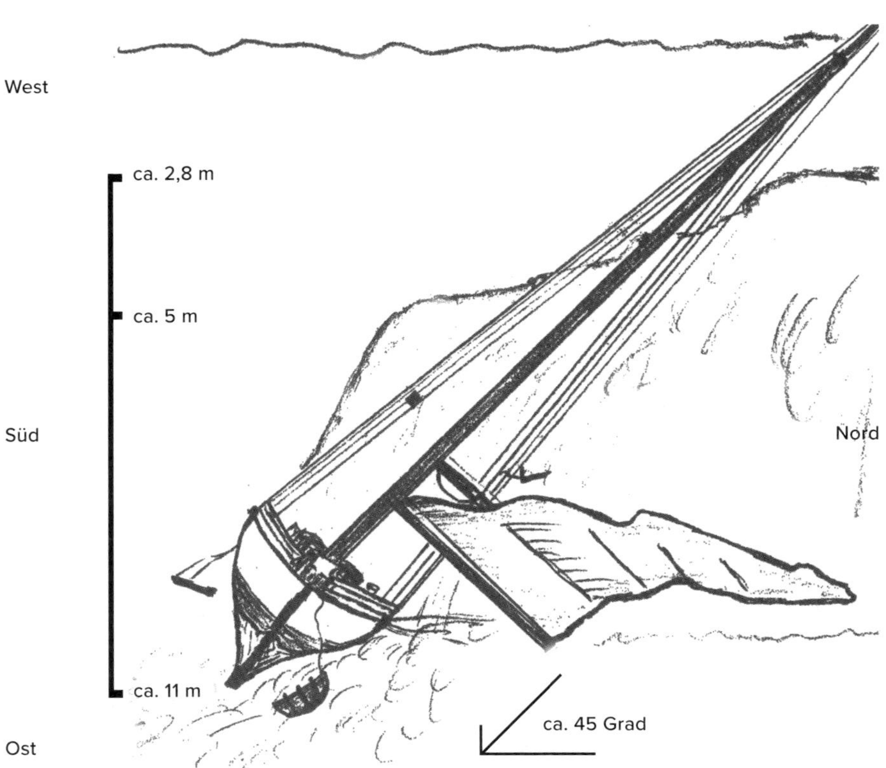

Taucherskizze der gesunkenen MADAME PELE.
Ansicht von achtern.

Bei den beiden Betauchungen der Yacht auf 11 m Wassertiefe konnten keine Beschädigungen am Rumpf, den Aufbauten und dem Rigg festgestellt werden. Lediglich das Ruderblatt stand oben am Achterschiff ab, und der Klüverbaum war gebrochen. Der Propeller war nicht verbogen und steckte frei in der Welle. Die Segel waren an den Bäumen aufgetucht. Das Schott zur Kajüte stand offen, die Schiebeluke vom Niedergang war aufgeschoben. Das 2,10 m lange Beiboot war nicht mehr an Deck verzurrt. Im Innern des Schiffes wurden keine weiteren Personen gefunden.

Als Zeugen wurden ein Bootsbaumeister, der Stegnachbar in Kappeln, der Elektriker, der am 20. August die Lichtmaschine repariert hatte, und der Vorbesitzer der Yacht befragt. Aus diesen Befragungen ließ sich u. a. ermitteln, dass

- *der Rumpf des Schiffes kräftig gebaut, an der Yacht allerdings einige Mängel festzustellen waren. Zudem hatte der Bootsbauer den Eindruck, dass der spätere Eigner nur geringe seemännische Kenntnisse habe.*
- *der Elektriker, der während der Reise bei einem Zwischenstopp an der Liegestelle Gieselauschleuse im Nord-Ostsee-Kanal die Lichtmaschine reparierte, den Zustand der elektrischen Anlage an Bord als »desolat« bewertet hat. Verbraucher- und Starterbatterie seien nicht mit der Lichtmaschine verbunden gewesen und hätten nur über das Landstromladegerät geladen werden können. Der Elektriker habe eine neue Stromversorgung zwischen Starterbatterie und Lichtmaschine verlegt. Ein Auftrag für einen Anschluss der Verbraucherbatterie sei aus Kostengründen nicht erteilt worden.*
- *die Backskistendeckel der Yacht nur vom Eigengewicht gehalten wurden und nicht verschließbar waren und beim Verkauf der Yacht das Rettungsfloß, Rettungswesten und Seekarten nicht mitverkauft wurden.*
- *der Schiffsführer geäußert habe, eigentlich Jollensegler zu sein, und er erst zweimal auf Segeltörns dabei gewesen sei.*

Eine UKW-DSC-Seefunkanlage wurde am 2. Juni 2004 bei der damaligen Regulierungsbehörde für Post und Telekommunikation auf die MADAME PELE angemeldet und ein GPS-Navigationsgerät im Sommer 2004 über den Versandhandel erworben. Dieses Navigationsgerät besitzt keine eigene Batterieversorgung und muss daher an das Bordnetz angeschlossen werden.

Aus den gesammelten Puzzleteilen konnte der Fahrtverlauf der Yacht bis Norderney rekonstruiert werden. Den Yachthafen von Norderney hat die MADAME PELE laut Zeugenaussagen am 26. August um 08:45 Uhr verlassen und ebenfalls mithilfe von Angaben anderer Yachten konnte die MADAME PELE eindeutig auf den Radaraufzeichnungen der Revierzentrale Knock von diesem Tag identifiziert werden. Auf die Seekarte übertragen ergibt sich der Fahrtverlauf entlang des Juister Riffs und nördlich der Brauernplaten.

Nach dem Auslaufen aus Norderney wurde bis circa 13:00 Uhr gesegelt, danach unter Motor und vielleicht noch mit Segelunterstützung gefahren. Bis um circa 14:40 Uhr schien an Bord alles in Ordnung gewesen zu sein. Zu diesem Zeitpunkt wehte der Wind wie am Morgen vorhergesagt aus NW mit Bft. 5–6 bei einer Wellenhöhe von 1,5 bis 2 m. Ab 14:40 Uhr scheint es Probleme an Bord gegeben zu haben, denn die Manöver sind aus navigatorischer und seemännischer Sicht nicht nachvollziehbar: Es wird mit einer Geschwindigkeit von 1,6 kn über Grund vom Osteremsfahrwasser weg auf die

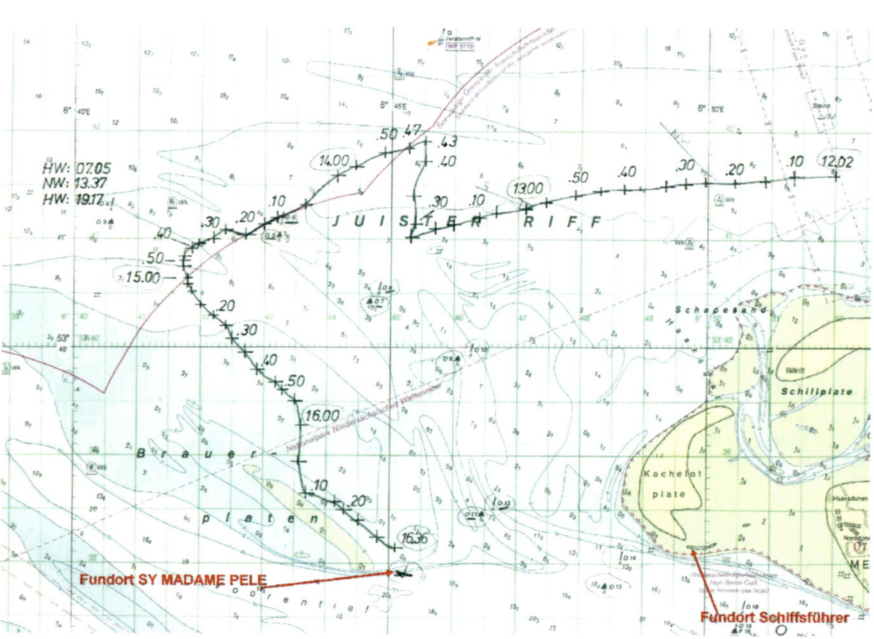

Fahrtverlauf der MADAME PELE am 26.08. ab 12:02 Uhr. Nach dem Durchzug einer größeren Regenfront mit Windgeschwindigkeiten bis Bft. 8 verliert sich das Echo um 16:36 Uhr.

Brauerplaten zugesteuert. Das Schiff scheint wegen der Geschwindigkeit trotz mitlaufendem Strom und achterlichem Wind ohne Maschinen- und Segelantrieb vor Topp und Takel getrieben zu sein. Ein kompletter Ausfall der Bordelektrik mit der Navigationseinrichtung und des Funkgeräts wird aufgrund der Anordnung der Verbraucherbatterien für wahrscheinlich gehalten. Gegen 16:05 Uhr scheint die erste Grundberührung stattgefunden zu haben und die Yacht mit einem Tiefgang von 2,10 m über das flache Wasser der Brauerplaten geschoben worden zu sein. Zu diesem Zeitpunkt zieht auch eine Regenfront über das Gebiet, in deren Durchgang die vorhergesagten Windgeschwindigkeiten mit Böen bis Bft. 8 übertroffen wurden. Der Klüverbaum und das Ruder scheinen nach der ersten Grundberührung abgebrochen zu sein. Die über das Schiff brechenden Brandungswellen, so vermuten die Unfallermittler, haben das Vollwasserlaufen der Kajüte durch den offenen Niedergang verursacht. Um 16:36 Uhr ist das Radarecho vom Bildschirm verschwunden. Die MADAME PELE wurde wahrscheinlich noch weitere drei Stunden mit auflaufendem Flutstrom über das Flach geschoben, bis es an der Kante der Sandbank ins tiefe Wasser des Voorentiefs versunken ist.

SCHLUSSFOLGERUNGEN AUS DEM FALL MADAME PELE UND EINEM ÄHNLICHEN FALL AUS DEM JAHR 2021

Die BSU fasst zum Ende ihres Berichts die Erkenntnisse aus diesem Fall zusammen. U. a.

- ***war das Fahrzeug mit dem Ausrüstungszustand, der Sicherheitsausrüstung sowie dem allgemeinen Zustand nicht unbedingt für das Fahrtgebiet geeignet.***
- ***waren die Erfahrungen und Kenntnisse des Schiffsführers für das Seegebiet nicht ausreichend.***

Als Sicherheitsempfehlung werden Segelschulen und ausbildende Segelvereine aufgefordert, noch intensiver auf die »Sicherheitsregeln für Wassersportler« in der BSH-Broschüre *Sicherheit im See- und Küstenbereich* hinzuweisen. Bei der konsequenten Einhaltung dieser Regeln »sollten Unfälle mit tödlichem Ausgang vermieden werden können.« Des Weiteren sollten Ausbilder darauf hinweisen, »dass das minimale Wissen über Seemannschaft, das bei Führerscheinprüfungen abgefragt wird« nicht die praktische Erfahrung in schwierigen Seerevieren ersetzen könne.

Zur Erinnerung: Der Schiffsführer war in Besitz von SBF, SKS, SRC, dem Fachkundenachweis für Seenotsignalmittel und hatte die theoretischen Prüfungen zum SSS bestanden. Wer sich den Prüfungen zu diesem Schein gestellt hat, der weiß: Auf diese theoretische Prüfung bereitet man sich nicht mal eben an einem Wochenende vor, sondern muss schon Zeit investieren und wirklich viel lernen und üben. In ihrem Bericht von 2004 bezeichnet die BSU das so angeeignete Wissen als »minimales Wissen über Seemannschaft«. Die entsprechende Sicherheitsempfehlung: Wo 310 Seiten Sportseeschifferschein-Lehrbuchumfang und mehrere Stunden Theorieunterricht nicht ausreichen, sollen es die 10 Sicherheitsrichtlinien aus dem Bundesverkehrsministerium geradebiegen. Was soll man von dieser Sicherheitsempfehlung halten?

Auf den Tag genau 17 Jahre später, am 26. August 2021, verunglückt erneut eine kleine Segelyacht mit drei jungen Seglern an Bord bei der Ansteuerung der Ostfriesischen Inseln – diesmal im Seegat Accumer Ee zwischen Langeoog und Baltrum[41]. In diesem Fall war der Schiffsführer lediglich im Besitz eines SBF-See. Die Untersucher der BSU richten jetzt aber ihren Blick bei der Analyse des Falls über die Reling der verunglückten Yacht hinaus und nehmen die Prüfungsanforderungen des SBF-See unter die Lupe. Mit Ausnahme grundlegendster Kenntnisse in der Gezeitenkunde (z. B. Frage 249 »Was versteht man unter Flut?«) werden keine Kenntnisse in Theorie oder Praxis, die zum sicheren Führen eines Sportbootes im Wattenmeer oder das sichere Anlaufen von Häfen mit vorgelagerten Barren erforderlich seien, geprüft. Weitere Seeunfälle aus Unkenntnis seien ohne Änderung dieser Prüfungspraxis nicht auszuschließen. Aus Sicht der BSU müsse, zur Vermeidung weiterer Unfälle dieser Art, der Fokus auf die ***Kenntnisse*** und ***Fertigkeiten der Crews*** gerichtet werden.

LÜCKENHAFTES UND INAKTIVES WISSEN ALS RISIKOFAKTOR

Kenntnisse (oder Wissen) und Fertigkeiten sind das (vorläufige) Resultat des Lernprozesses. Segler gehen normalerweise nicht unvorbereitet an Bord, sondern eignen sich im Vorfeld – wie der Skipper der MADAME PELE – mitunter sehr viel Wissen an, um ihr Vorhaben an Bord der Yacht zu realisieren. Dieses Wissen allerdings richtig anzuwenden – also in Fertigkeiten umzuwandeln – ist kein selbstständiger Vorgang. Sie brauchen dafür drei Dinge:

1. *Sie müssen sich Wissen aneignen.*
2. *Sie müssen dieses Wissen organisieren, und zwar in einer Art und Weise, die es Ihnen ermöglicht, es bestimmten Situationen zuzuordnen und es miteinander zu verknüpfen.*
3. *Sie müssen in der Lage sein, relevantes Wissen im Kontext zu aktivieren.*

Die BSU blickt, wenn sie den Fragenkatalog und die Prüfungsvorschriften für den SBF-See durchsucht, bei ihrer Analyse allein auf den ersten Punkt und stellt fest, dass das Wissen des Scheininhabers in Bezug auf das Fahrtgebiet unvollständig und lückenhaft geblieben sein musste. Dasselbe ließe sich allerdings auch über die Inhalte des SKS und SSS sagen: Sie erfahren zwar im Wetterkundeteil des SSS wie die Mittelmeerwinde Bora, Schirokko und die Etesien entstehen, aber über die Besonderheiten des Seereviers um die Ost- und Nordfriesischen Inseln erfahren Sie – nichts.

Was Sie dort allerdings lernen, ist, unter welchen Bedingungen Wellen brechen und wann Seegang gefährlich werden kann. Sie lernen, die Wasserstände in Gezeitengewässern zu berechnen und wie Sie die Gezeitenströmung bei der Navigation berücksichtigen müssen. Über das gesammelte Wissen hätte sich der Skipper der MADAME PELE die Gefährlichkeit der Situation bei auflandigem Wind und Seegang, ohne dass er je einen Blick in einen Revierführer geworfen hätte, eigentlich erschließen können. Dies würde aber voraussetzen, dass er all dieses Wissen entsprechend Punkt 2 organisiert hat, es miteinander verknüpfen und der Situation, die ihn in der Nordsee erwartet, zuordnen kann.

Wissen, das Sie abgespeichert haben, aber nicht in dem Zusammenhang aktivieren können, in dem Sie es brauchen, bezeichnet man als inertes oder inaktives Wissen. Als ich vor Jahren mit einem frisch gebackenen BR-Schein-Absolventen eine Nachtfahrt gemacht habe und ihn darum bat, mir Bescheid zu sagen, wenn wir vom weißen in den roten Sektor des Leuchtfeuers wechseln würden, schaute mich mein Mitsegler etwas ratlos an. Also blieb ich mit ihm an Deck, und wir beobachteten zusammen, wie schließlich das weiße Leuchtfeuer zu seiner Verwunderung rot wurde. In diesem Moment hat er erst richtig verstanden, was die bunten Sektoren in den Seekarten eigentlich darstellen und was das in der Praxis bedeutet. Sein Wissen über die Leuchtfeuer war bis dahin aufgrund von nicht durchgeführten Nachtfahrten inaktiv, und er brauchte diese Erfahrung, um es zu aktivieren.

Das Wissen des Skippers der MADAME PELE über Seemannschaft war – davon ist nach bestandener SSS-Theorie auszugehen – nicht »minimal«. Es mag vielleicht lückenhaft gewesen sein, aber vor allem war es noch nicht organisiert und teilweise noch inaktiv. Er war zuvor noch nie in einem Gezeitenrevier gesegelt.

Die einfache Gleichung *»mehr gesegelte Seemeilen = mehr seemännische Fertigkeiten«* mag grundlegend richtig sein. Durch strukturierte Ausbildung, bei der gezielt die Anwendung von theoretisch erlerntem Wissen in möglichst vielen verschiedenen Situationen trainiert wird, kann jedoch deutlich mehr erreicht werden. Um die für den SSS geforderten 1000 sm zu ersegeln, reicht es, in Tagesetappen dreimal von Kiel nach Stralsund und zurück zu segeln. Wer sich im Vergleich dazu für die Prüfung zum *Yachtmaster Offshore CoC* der RYA qualifizieren will, muss

- ***50 Tage auf See,***
- ***2500 sm,***
- ***5 Passagen über 60 sm,
von denen 2 als Skipper und
2 über Nacht durchgeführt worden sein müssen,***

vorweisen. Die Hälfte der Seetage muss in Gezeitengewässern gefahren worden sein. Die praktische Prüfung für den Yachtmaster dauert zwischen 10 und 18 Stunden für zwei Kandidaten. Damit diese Zeit sinnvoll verbracht werden kann, sind natürlich ein einheitlicher und verbindlicher Anforderungskatalog sowie eine transparente Prüfungsordnung Grundvoraussetzung.

Wenn die Akteure in Deutschland, die den Rahmen für die Segelausbildung und das Segelscheinsystem setzen, ein ernsthaftes Interesse daran haben, dass sich Unfälle infolge solcher Defizite bei denjenigen Seglern, die gewillt sind, in eine qualitativ hochwertige Segelausbildung zu investieren, seltener ereignen, dann sollten sie die Ausbildung vom Kopf auf die Füße stellen und sich mit zeitgemäßen Ausbildungsinhalten, Lern- und Prüfungskonzepten auseinandersetzen. Allein mit dem Durchforsten des Fragenkatalogs für den SBF-See ist diese Aufgabe nicht erledigt.

VESTAS WIND[42]

UND DAS SCHLÜSSELLOCHPROBLEM

Ich möchte zum Ende des Buches den Gedanken aus der Einleitung zur Strandung der VESTAS WIND auf einem Riff der Cargados-Carajos-Bänke im Indischen Ozean aufnehmen und mit Ihnen die Frage erörtern, ob es irgendwelche Gemeinsamkeiten zwischen dem Unfall dieser 65-Fuß-Rennyacht und den Umständen an Bord einer Fahrtenyacht gibt.

Beginnen wir mit der spezifischen Situation des *Volvo Ocean Race (VOR)* des Jahres 2014/2015. Es handelt sich bei dieser Veranstaltung um eine Regatta in elf Etappen um die Welt, an der in diesem Jahr sechs baugleiche Yachten der Einheitsklasse *VO65* mit professionellen Leistungssportlern an Bord teilnehmen. Die Crewgröße ist beschränkt auf acht Männer oder elf Frauen plus einen On-Board-Reporter, dessen Aufgabe es ist, Videomaterial und Informationen für die öffentlichkeitswirksame Vermarktung des Rennens zu liefern. An Bord der VESTAS WIND wird ein System aus zwei Wachen mit drei Personen gefahren. Skipper und Navigator sind wachfrei, müssen aber bei anspruchsvollen Segelmanövern an Deck mithelfen.

EREIGNISSE VOR DEM RENNEN

Vor der Etappe von Kapstadt durch den Indischen Ozean nach Abu Dhabi wird wegen des Risikos der Piraterie auf Anraten eines Sicherheitsunternehmens eine Sperrzone östlich Afrikas für die *VOR*-Yachten eingerichtet (s. Karte). Vier Tage vor dem Start dieser Etappe am 19.11. bildet sich eine tropische Depression in der Nähe der Insel Diego Garcia. Dieser Risikofaktor für die Yachten wird in die Risikobewertung der Rennleitung mit einbezogen und führt in Folge dazu, dass der westliche Teil der Sperrzone für das Rennen freigegeben wird, um den Crews einen größeren Spielraum zum Ausweichen des Wirbelsturms zu geben. Die Freigabe wird den Crews 24 Stunden vor dem Start der Etappe bekanntgegeben. Gleichzeitig will man jedoch vermeiden, dass diese Information von Piraten zur strategischen Planung genutzt werden könnte. Deshalb wird öffentlich eine östliche Grenze von 60° E kommuniziert, wohingegen die für das Rennen offizielle Grenze bei 65° E festgelegt wurde. Dieser Umstand führt auf einigen Booten zu Verwirrung. Durch die Verkleinerung der Sperrzone liegen die Cargados-Carajos-Bänke jetzt auf dem zeitlich kürzesten Weg zum Persischen Golf. Durch diese kurzfristige Änderung vor dem Start gibt es Beschwerden zahlreicher Yachten bei der Rennleitung darüber, dass sie einen Großteil ihrer Routenplanung umsonst gemacht hätten. In den letzten vier Tagen vor dem Start gilt es für die Crew darüber hinaus, an zwei Hafenrennen teilzunehmen, einen Segelausflug mit Sponsoren an Bord zu veranstalten und auf einer Pressekonferenz vertreten zu sein.

AUFGABENVERTEILUNG UND ARBEITSORGANISATION AN BORD DER *VESTAS WIND*

Die Wachführer:
Ihre primäre Aufgabe ist es, das Boot innerhalb eines vom Navigator oder Skipper vorgegebenen Korridors so schnell wie möglich zu segeln. Sie werden vor der Wachübernahme vom Skipper oder Navigator gebrieft – auch zur navigatorischen Situation.

Der Navigator:
Er ist verantwortlich für die komplexen Navigationssysteme und sichere Routenführung, an Bord einer Rennyacht natürlich mit einem Schwerpunkt auf der Analyse der schnellsten Route. Wenn schlafend, ist klar, dass er bei Rückfragen jederzeit geweckt werden kann. In der Nähe von Navigationsgefahren ist die Arbeitsteilung: Skipper an Deck, Navigator an der Nav-Station.

Der Skipper:
Der Schiffsführer trägt die Gesamtverantwortung für die Yacht. Seine Verantwortung für die sichere Wegführung der Yacht hat er durch Delegation an den Navigator ausgeübt. Auch er kann jederzeit von der Crew geweckt werden.

Durch die Besonderheiten der Einheitsklasse der *VO65* verfügt jede Yacht über nahezu die gleichen Hardware- und Software-Ressourcen. Es ist daher auch Aufgabe des Navigators, aus diesen Bausteinen ein brauchbares Arbeitsumfeld für die Bewältigung der Navigationsaufgaben an Bord zu schaffen. Dieses sieht an Bord der VESTAS WIND im Wesentlichen wie folgt aus:

- *Kartenplotter im Niedergang:*
  als AIS-Tracker genutzt, um die Position der Konkurrenten zu analysieren
- *ein portabler Decksbildschirm für den Kartenplotter, der aber selten genutzt wird*
- *3 GPS-Empfänger*

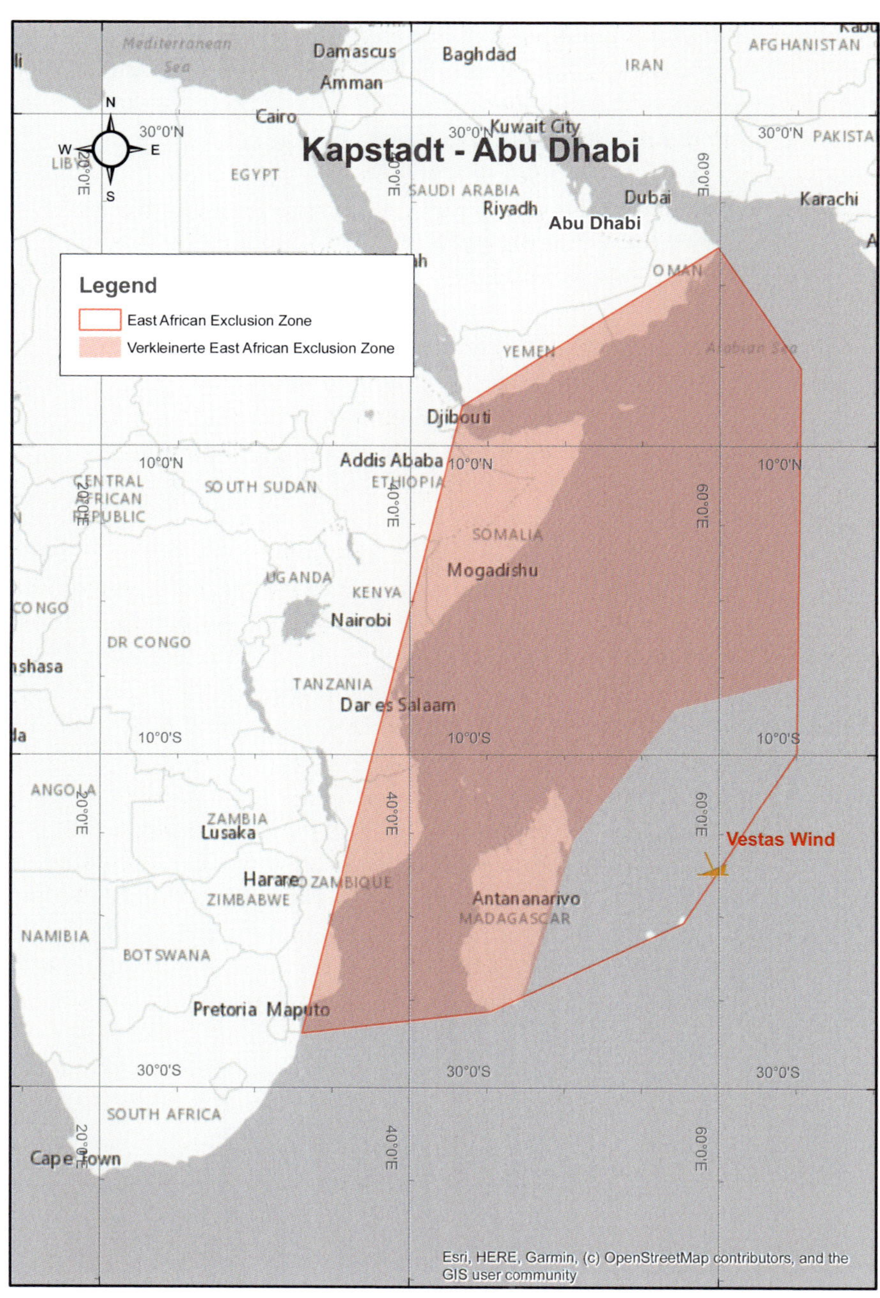

Die VESTAS WIND läuft in einem Bereich auf Grund, der bis 24 Stunden vor der Abfahrt noch in der Sperrzone gelegen hat.

In der Navi-Ecke neben diversen Instrumenten:

- *2 Laptops von Panasonic*
- *Navigations- und Routing-Software von Expedition*
- *Wetterrouting Software von Adrena (benötigt einen USB-Dongle zum Betrieb)*
- *Elektronische Seekarten von C-Map mit weltweiter Abdeckung, die sowohl mit Expedition als auch mit Adrena angezeigt werden können. Die Detailkarten sind nur mit einem USB-Dongle abrufbar.*

Der Navigator der VESTAS WIND hat die Computer wie folgt genutzt:

- *Ein Laptop für Wetterrouting: Dort sind die Adrena-Software und C-Map-Karten installiert. Der C-Map-Dongle wird jedoch auf dem anderen Rechner verwendet, weshalb auf dem Wetterrouting-Laptop nur eine grobe Weltkarte zur Verfügung steht.*
- *Ein Laptop für Performance Assessment und Navigation: Auf diesem ist die Expedition-Software mit C-Map-Karten installiert, und es wird der C-Map-Dongle für den Zugriff auf Detailkarten mit weltweiter Abdeckung genutzt.*

Ein weiteres Konzept auf anderen Booten ist:

- *Ein Laptop mit beiden Programmen und C-Map-Dongle, der andere Laptop in Reserve in wasserdichter Hülle. Dieses Konzept hat den Vorteil, dass sowohl in Expedition als auch in Adrena die C-Map-Detailkarten gleichzeitig genutzt werden können. Es führt allerdings häufig zu Systemabstürzen.*

Außerdem gibt es an Bord der VESTAS WIND 21 Papierseekarten als Backup für einen Totalausfall der elektronischen Navigation, mit denen Ausweichhäfen sicher hätten angesteuert werden können.

DIE NAVIGATORISCHEN ENTSCHEIDUNGEN WÄHREND DER REGATTA

Am achten Tag des Rennens, einen Tag vor der Strandung, ist für die Flotte der Yachten klar, dass sich die tropische Depression nicht zu einem Wirbelsturm entwickeln wird. Das Rennen geht in Bezug auf die richtige Routenwahl in eine entscheidende Phase. Skipper und Navigator besprechen die günstigste Route für die nächsten Tage, die über einen – so stellt es sich für die beiden dar – Bogen aus Unterwasserbergen zwischen La Réunion und den Seychellen führen wird. Dort wird eine Veränderung der Wassertiefe von mehreren Tausend bis auf wenige Zehner-Meter auf der C-Map-Karte erkannt. Das Gebiet wird auf der elektronischen Seekarte genauer betrachtet und als 40 m tiefer Unterwasserberg interpretiert. Der Skipper hat Bedenken wegen möglicherweise sehr steiler See über diesen Flachs, insbesondere mit dem Wissen um die nahende tropische Depression. Deshalb bittet er den Navigator um Angaben zu vorhergesagten Wellenhöhen, Strömung und noch einmal den Wassertiefen. Informationen zu Wellenhöhen und Strömung sind in der Adrena-Wetterrouting-Software abrufbar, genaue Wassertiefen jedoch nur auf dem anderen Laptop mit der Expedition-Software, in dem der USB-Dongle für die C-Map-Detailkarten steckt.

Am folgenden Tag erreicht das Feld der Rennyachten eine Position nördlich des Tiefdruckgebiets. Mehrere Squall-Lines mit Schauerböen ziehen durch das Seegebiet. Außerdem wird die taktische Entscheidung, wann der optimale Zeitpunkt für eine Kursänderung und Halse ist, auf allen Yachten diskutiert. Die zentrale Frage für diese Entscheidung ist: Wie wird sich das Tiefdruckgebiet weiterentwickeln? Auf der VESTAS WIND wird das Manöver um 14:40 Uhr durchgeführt. Der Navigator erwartet, dass die Cargados-Carajos-Bänke am frühen Abend überquert werden. Um 16:00 Uhr begibt er sich in die Koje, um zu schlafen.

Die Crew ist sich zu diesem Zeitpunkt keiner Navigationsgefahren in der Nähe ihrer Position und des zu segelnden Kurses bewusst.

Etwa eine Stunde nach Sonnenuntergang segelt die VESTAS WIND unter Code 0, Fock und einem Reff im Groß bei halbem Wind mit Bft. 4–5 mit etwa 15 kn Richtung Norden. Um 19:16 Uhr läuft sie auf einem Riff der Cargados-Carajos-Bänke auf Grund.

DIE FALSCHE KARTE IM KOPF, UND WIE SIE ENTSTANDEN IST

Das mentale Modell des Navigators, des Skippers und letztlich der gesamten Crew ist das einer Fahrt über den freien Ozean. Für den Bereich des Riffs war in den Köpfen der Segler lediglich eine 40-m-Untiefe vorhanden – also nichts, was nicht gefahrlos bei den gegebenen Seegangsverhältnissen passierbar gewesen wäre.

Was können wir aus diesem Fall lernen? Eine Maßnahme, die auf der Hand liegt: Ein Blick bei der Planung in die Papierseekarten hätte die Karte im Kopf des Navigators korrigiert. Denn tatsächlich ist die Region gut kartiert, und in allen Seekarten des UKHO, die das Gebiet in unterschiedlichen Maßstäben abbilden, ist das Riff als Land eingezeichnet und als solches gut zu erkennen. Auch die Konsultation von Seehandbüchern hätte den Navigator aufmerksam werden lassen können. Die *US Sailing Directions* beschreiben die Cargados-Bänke als »extensive group of reefs, islets and shoals«. So weit bin ich mit Herrn Schenks Analyse einverstanden. Allein für diese Erkenntnis hätte sich die Untersuchungskommission die Arbeit für ihren 81-seitigen Bericht zu diesem Unfall allerdings sparen können.

Schon der im Nachgang dieses Unfalls häufig zu lesende berechtigte Hinweis, man müsse sich beim Arbeiten mit elektronischen Seekarten immer in die höchste Zoomstufe hineinzoomen, greift im Fall Vestas Wind zu kurz. Und zwar aus folgenden Gründen:

- ***Auf dem Rechner, an dem Skipper und Navigator wegen der wettertaktischen Entscheidung gearbeitet haben, war keine höhere Zoomstufe verfügbar, da der USB-Dongle für die Detailkarten im anderen Laptop gesteckt hat. Die Frage ist ungeklärt, ob dieser Umstand den beiden in dem Moment bewusst gewesen ist.***
- ***Auf dem anderen Rechner wäre das Riff zu finden gewesen. Dort wurden aber keine Kartengrenzen, die einen Hinweis darauf liefern, dass für diesen Bereich genauere Karten verfügbar sind, dargestellt. Diese Funktion wird in der Expedition-Software erst ab einer bestimmten Zoomstufe aktiv. Es wurde also nicht weit genug hineingezoomt, um zu sehen, dass man noch weiter hineinzoomen müsste, um alle Details zur Darstellung zu bringen.***

Der Unfall hat ein Schlaglicht auf einen eklatanten Mangel bei der verwendeten Navigationssoftware geworfen: Eine der Hauptaufgaben von Seekarten ist es, den Navigator vor nautischen Gefahren zu warnen. Dies ist weder bei der Expedition-, noch bei der Adrena- Software im erforderlichen Maß zutreffend gewesen.

Bei der Routenplanung mit elektronischen Karten ergibt sich immer das Problem, dass der Bereich der Strecke anstatt auf einer etwa 1 m^2 großen Papierseekarte auf einem 20–30-cm-Display dargestellt werden muss. Die

Übersichtlichkeit bei gleichzeitiger Detailtiefe der Papierkarte weicht einer Darstellung, bei der zwangsläufig Informationen verlorengehen. Welche das sind, muss der Softwarehersteller festlegen. Wenn ein ganzes Riff einfach ausgeblendet wird, sind an dieser Stelle falsche Prioritäten gesetzt worden. Weil ein kleines Display dem Nutzer immer nur einen kleinen Ausschnitt der Fülle an Informationen anzeigen kann, die er benötigt, spricht die Human-Factors-Forschung in solchen Fällen vom ***Schlüssellochproblem***. Skipper und Navigator haben bildlich gesprochen nur durch ein Schlüsselloch auf die Seekarte geschaut, und die entscheidende Information lag außerhalb ihres Blickfeldes.

NEUE TECHNOLOGIE UND IHRE TÜCKEN

Neue Technologie bringt viele neue Möglichkeiten der Optimierung mit sich. Sie hat auch das Potenzial, die Sicherheit zu verbessern. Das ist oft der Fall, nur leider nicht in dem Ausmaß, das wir erwarten. Das Problem der ***Mode Confusion*** habe ich Ihnen im Zusammenhang mit den Autopiloten dargelegt. Aber auch die Nutzung von GPS, Kartenplotter und Routing-Software sind kein reiner Gewinn aufseiten der Sicherheit. So erhöht sich durch sie zwar die Genauigkeit und Verfügbarkeit der Schiffsposition auf ein Niveau, von dem Seefahrer früherer Zeiten nur träumen konnten. Dieser Sicherheitsgewinn wird aber teilweise wieder verspielt, wenn jetzt näher an Untiefen und Küsten herangesegelt wird. Ihre Nutzung kann außerdem zum Verlernen wichtiger Fertigkeiten führen, die bei einem Ausfall des Systems plötzlich gebraucht werden: Wie gut ist ein Navigator im Koppeln oder der Positionsbestimmung durch Versegelungspeilung, wenn er es jahrelang nicht mehr praktiziert oder es eigentlich nie bis zur Routine erlernt hat? Und gibt es diese Rolle des Navigators in der Crew überhaupt noch? Neue Technologie ist zudem oft schlecht angepasst an die Arbeitsabläufe oder die Umstände, unter denen sie genutzt wird. In diesem Fall: Laptops, auf denen beide Softwarepakete parallel laufen, stürzen ab. Splittet man die Software auf zwei Rechner, kann nur eine Software den Seekarten-Dongle nutzen. Die Praktiker, die in diesem Umfeld arbeiten, müssen sich dieses oft für ihre spezifischen Einsatzzwecke zurechtbiegen. Kurzum: Neue Technologie führt zu Fehleranfälligkeiten in Bereichen, die es vorher gar nicht gab. Sie kann die Tür zu neuen, unerwarteten Systemzusammenbrüchen öffnen. Der Klassiker der Strandung infolge eines ungenauen Schiffsortes ist fast vollständig eliminiert. Yachten laufen heutzutage aus anderen Gründen auf Grund als in den 1980er-Jahren.

ERFAHRUNGEN, DIE SIE MIT DEN OCEAN RACERN TEILEN

Als weitere beitragende Unfallfaktoren vermuten die Untersucher Übermüdung bei Skipper und Navigator sowie externen Druck. Letzterer kann sehr vielfältig zutage treten. Er führt aber fast immer dazu, dass man in einen Zielkonflikt mit der Sicherheit gerät: Die Crew der VESTAS WIND möchte nicht möglichst sicher von Kapstadt nach Abu Dhabi segeln, sondern möglichst schnell. Die Betreiber hinter den Teams und dem *Volvo Ocean Race* sind nicht an einem Wettbewerb für sicheres Segeln interessiert, sondern an medialer Aufmerksamkeit und am Ende daran, Geld zu verdienen. Wer glaubt, vollkommen frei von solchen Konflikten zu sein, irrt: Sicherheit ist immer ein Kompromiss.

Die Erfahrung, die viele Freizeitsegler am offensichtlichsten mit der VESTAS-Crew teilen, ist der Umstand, trotz Kartenplotters mit permanent vorhandener Schiffsposition auf Grund zu laufen. Das geht aus den Daten eines großen Yachtversicherers hervor, wonach die Zahl der Grundberührungen in den letzten Jahren zu- und nicht abgenommen hat. Es handelt sich bei solchen Unfällen einzeln betrachtet immer noch um Unfälle infolge individueller Navigationsfehler der Skipper oder Navigatoren. Sie sind aber in ihrer Gesamtheit gesehen Folge eines technischen Wandels an Bord von Yachten. Dieser beschränkt sich nicht auf die Gefahren durch hinter Zoomstufen auf dem Kartenplotter verborgene Informationen. Vielleicht sind Sie schon einmal mit einer mit der neusten Generation an Navigationsdisplays ausgestatteten Charteryacht unterwegs gewesen? Dann erging es Ihnen vielleicht wie jener Crew, in der sich zwei Segler einen halben Tag in der Programmierung der Display-Architektur verloren haben, weil sie damit beschäftigt gewesen sind, ohne Anleitung an Bord der Charteryacht wenigstens die drei elementaren Angaben Wassertiefe, Fahrt durchs Wasser und Windgeschwindigkeit in der Vielzahl von Daten- und Darstellungsoptionen in lesbarer Größe auf den Anzeigeinstrumenten zur Darstellung zu bringen. Dass Übermüdung oft auch im Freizeitsegelbereich ein nicht zu vernachlässigender Faktor ist, wurde bereits besprochen. Genauso sieht es beim externen Druck aus. Die Zwänge, die auf einer Freizeityacht mitsegeln, mögen weniger und anders ausgeprägt sein als jene auf einer *VO65*. Aber sie sind auch bei uns an Bord ein steter Begleiter.

Die Zutaten, die zum Unfall der VESTAS WIND geführt haben, segeln an Bord von jeder Yacht mit. Uns als Crews obliegt die Aufgabe, zu verhindern, dass sie sich zu einem explosiven Cocktail vermischen.

Die Crew der VESTAS WIND beim Bergen von Ausrüstung von ihrer gestrandeten Yacht.

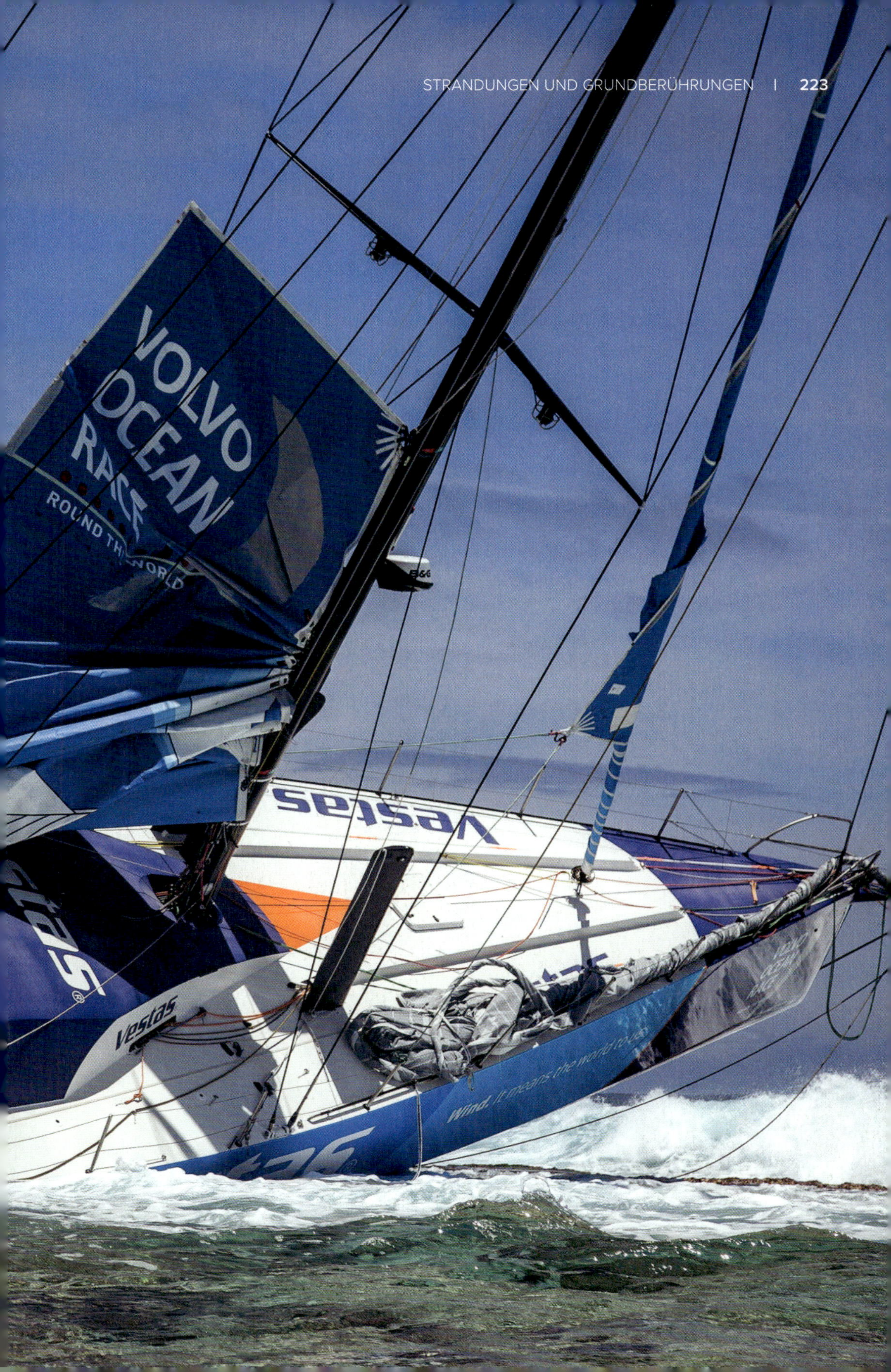
VOLVO OCEAN RACE
ROUND THE WORLD
Vestas
Wind. It means the world to us

RISIKOMANAGEMENT *AUF SEGELYACHTEN*

!

Vor und während eines Segeltörns müssen Sie – insbesondere als Skipperin oder Skipper, aber in geringerem Maße auch als verantwortungsvolles Crewmitglied – eine Reihe von Entscheidungen in einem Umfeld voller potenzieller Gefährdungen treffen. Die meisten von Ihnen werden noch keine schweren Unfälle beim Segeln erlebt haben, was dafür spricht, dass Sie mit Ihren bisherigen nautischen Entscheidungen meist richtig oder zumindest nicht grob danebengelegen haben. Sie lesen dieses Buch aber – so jedenfalls meine Hoffnung – nicht nur wegen des leichten Schauders beim Nachvollziehen dramatischer Situationen auf Yachten, deren Crews Sie glücklicherweise nicht angehört haben, sondern um so viel wie möglich daraus zu lernen. Das können sehr konkrete Erkenntnisse aus den Fallberichten sein. Vielleicht überdenken Sie jetzt den Stauort oder die Befestigung Ihrer Rettungsinsel an Bord oder nutzen beim nächsten Törn konsequenter Ihren Lifebelt, selbst wenn Sie sich dafür von Ihren Mitseglern dumme Sprüche anhören müssen. Das allein schon würde mich als Autor freuen und meiner monatelangen Recherche- und Schreibarbeit einen Sinn verleihen. Ich hoffe allerdings auch, dass ich Sie bis hierher bei meinen Gedanken zur Sicherheit im Yachtsport mitnehmen konnte und lade Sie ein, noch einen Schritt weiterzugehen, um ihren Blick von konkreten Handlungsempfehlungen oder Ausrüstungsdetails hin zu einer grundsätzlichen Perspektive aufs Segeln zu erweitern: einer Perspektive, aus der heraus Sie besser in der Lage sind, Gefahren zu erkennen und Risiken zu minimieren.

In den drei Abschnitten zum ***Faktor Mensch*** haben wir uns mit den individuellen Risikoexpositionen der Crewmitglieder und derjenigen durch Interaktion innerhalb der Crew befasst. Für die Gefährdung von Yachten durch verschiedene ***Gefahren der nautischen Umwelt,*** wie Sturm, Grundseen oder Kollisionen habe ich Ihnen Fallbeispiele geschildert. Und mit dem Thema der Eignung der ***Yacht und*** ihrer ***Ausrüstung*** haben wir uns im Abschnitt Passage Planning auseinandergesetzt. Bei der Diskussion um die Frage, welche Maßnahmen Sie nach einer Grundberührung sinnvoll ergreifen sollten, ist deutlich geworden, dass wir nicht unabhängig von äußeren Umständen und Einschränkungen handeln. Solche ***external pressures*** treten in ganz anderer Weise auch im Fall der VESTAS WIND hervor, bei dem die Crew in einem extrem kompetitiven Umfeld agiert. Im Kapitel über die Unfälle in Grundseen habe ich Ihnen die Bedeutung der situativen Aufmerksamkeit als Grundlage für eine fundierte Gefahreneinschätzung und Entscheidungsfindung dargelegt.

Gefährdungen für einen Segeltörn können sich also in vier verschiedenen Feldern verbergen:

1. *der Leistungsfähigkeit der Crew*
2. *der Seetüchtigkeit der Yacht sowie dem Umfang und Zustand ihrer Ausrüstung*
3. *der nautischen Umwelt*
4. *externem Druck*

Sich über mögliche Gefährdungen im Klaren zu sein, ist eine wichtige Voraussetzung für eine Risikobewertung. Nicht jedes denkbare Ereignis an Bord zieht schwere Konsequenzen nach sich, und das Auftreten mancher Ereignisse ist sehr viel wahrscheinlicher als dasjenige anderer. Das Risiko eines Ereignisses ist definiert als das Produkt aus Schadensschwere mal Eintrittswahrscheinlichkeit. Dementsprechend können Sie ein potenziell gefährliches Ereignis in einer sogenannten Risikomatrix verorten.

Wie Sie Risiken bewerten können, möchte ich an zwei Beispielen veranschaulichen. Das erste kommt aus dem Gefahrenbereich ***Seetüchtigkeit der Yacht***: Ein Kielverlust tritt selten auf, die Auswirkungen sind allerdings katastrophal, denn es besteht Lebensgefahr für die gesamte Crew, und Sie können davon ausgehen, dass die Yacht danach ein Totalverlust ist. In der Risikomatrix wäre es folglich in der dritten Zeile der ersten Spalte als »ernstes

Risikomatrix				
Eintritts-wahrscheinlichkeit	Ereignisschwere			
	katastrophal	schwer	mittel	gering
sehr wahrscheinlich	hoch	hoch	ernst	akzeptabel
gelegentlich	hoch	ernst	akzeptabel	niedrig
selten	ernst	akzeptabel	akzeptabel	niedrig
unwahrscheinlich	akzeptabel	akzeptabel	akzeptabel	niedrig

Risikomatrix: Risiko ist das Produkt aus Eintrittswahrscheinichkeit (linke Spalte) und Ereignisschwere (oberste Zeile).

Risiko« einzuordnen. Nach einer schweren Grundberührung könnte dieses Risiko (je nach Bauart der Yacht) jedoch eine Zeile höher gerutscht sein. Kämen Sie gar auf die Idee mit einer Yacht, deren Kiel bereits wackelt, in See zu stechen, würden Sie sich im Feld oben links wiederfinden und würden ein »hohes Risiko« eingehen.

Das zweite Beispiel ist ein kombiniertes Risiko aus dem Bereich ***Crew« und »Umwelt***: Die Auswirkungen einer Patenthalse hängen von den Umweltbedingungen ab. Je stärker der Wind, desto schwerer der mögliche Schaden – jedoch wäre der Schaden nicht so schlimm wie bei einem Kielverlust. Bei einer Patenthalse können sich bei viel Wind Menschen schwer verletzten, und die Yacht kann schwer beschädigt werden (Spalte »schwer«). Dagegen wären bei Bft. 1 die Folgen geringfügig (Spalte »gering«). Die Eintrittswahrscheinlichkeit einer Patenthalse hängt von der Leistungsfähigkeit des Rudergängers und vom Seegang ab. Dass eine gut erholte, konzentrierte und geübte Regattaseglerin beim Rudergehen auf einem Urlaubstörn bei ruhiger See eine Patenthalse fährt, ist unwahrscheinlich. Anders sieht es bei einem weniger geübtem Rudergänger aus, der in kabbeliger See nach einer durchwachten Nacht deutliche Erschöpfungsanzeichen zeigt. Dann wird eine Patenthalse ein wahrscheinliches Ereignis. Das Risiko einer Patenthalse kann also – in Abhängigkeit von Crew und Wetter – in einem Korridor vom Feld »niedrig« (4. Spalte / 4. Zeile) bis zum Feld »hoch« (2. Spalte / 1. Zeile) eingeordnet werden.

Natürlich können Sie nicht für jedes denkbare Ereignis an Bord deren Schadensschwere und Eintrittswahrscheinlichkeit berechnen. Dazu fehlt es allein schon an den nötigen Informationen. Die Risikomatrix dient vielmehr als Gedankenmodell, mit dem Sie Risiken qualitativ bewerten können.

Von der Risikobewertung ist es nur noch ein kleiner Schritt zu einem einfachen Risikomanagement mithilfe der **TEAM**-Checkliste (siehe folgende Seite). TEAM steht als Abkürzung für die vier verschiedenen Möglichkeiten, mit einem Risiko umzugehen: Transferieren, Eliminieren, Akzeptieren und Minimieren.

Ein hohes Risiko – also den roten Bereich der Risikomatrix – sollten Sie niemals akzeptieren. Vielleicht können Sie ein rotes Ereignis mit geeigneten Maßnahmen noch in ein gelbes Feld mit »ernstem Risiko« verschieben. Diese Risikokategorie sollten Sie nur akzeptieren, wenn sich bestimmte Gefahren nicht umgehen lassen oder Sie sich temporär von diesem Risiko im Gegenzug große Vorteile versprechen. Aber vergessen Sie dabei nicht, dass Risikomanagement wie ein Sparkonto ist: Abheben fällt immer leichter als Einzahlen!

Für alle Ereignisse, die Sie von vornherein im gelben Risikobereich verorten, sollten Sie Maßnahmen zu Risikominimierung ergreifen. Versuchen Sie stets im ***grünen Bereich*** zu bleiben.

Beispiel

Paul und Susanne bereiten sich auf ihren ersten Chartertörn vor. Paul hat im Frühjahr die Prüfungen zum SKS bestanden und 300 sm beim Ausbildungstörn in der Ostsee gesammelt. Susanne ist passionierte Jollenseglerin, hat aber keinerlei Erfahrung auf seegehenden Yachten und ist bisher nur auf Binnenrevieren gesegelt. Die beiden überlegen, im Herbst für eine Woche eine 34-Fuß-Yacht im nördlichen Ijsselmeer zu chartern, um von dort aus einen Törn zu den Westfriesischen Inseln Texel, Vlieland und Terschelling zu unternehmen.

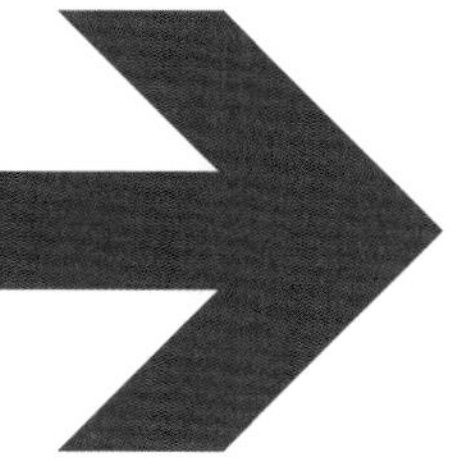

Auflösung siehe folgende Seite

CREW

Paul und Susanne sind unerfahren in Bezug auf das Gezeitenrevier und ungeübt im Umgang mit einer großen Segelyacht. Dadurch erhöhen sich also ganz grundsätzlich die Eintrittswahrscheinlichkeiten von gefährlichen Ereignissen. Um mit diesem Risiko umzugehen, könnten sie es

- Transferieren, indem sie nicht selbst chartern, sondern sich gemeinsam bei einer Segelschule für einen Ausbildungstörn in dem Revier anmelden
- Eliminieren, indem sie den Törn absagen und stattdessen eine Ferienwohnung auf Texel mieten
- Akzeptieren und trotzdem auf eigene Verantwortung lossegeln
- Minimieren, indem Sie einen kompetenten Mitsegler mitnehmen, der geübt im Umgang mit Yachten ist und / oder indem sie sich besonders gründlich auf das Fahrtrevier sowie das Segeln in Gezeitengewässern vorbereiten.

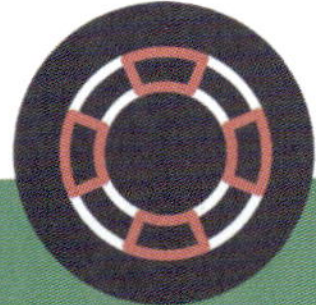

YACHT UND AUSRÜSTUNG

Bei ihrer Ankunft an Bord stellt Paul fest, als er die Self-Check-Funktion der EPIRB aktiviert, dass die EBIRB nicht funktioniert. Darauf angesprochen antwortet der Vercharterer, dass er die EPIRB nicht auf die Schnelle reparieren lassen könne. Eine defekte EPIRB stellt zwar keine Gefahr an sich dar. Sie ist aber ein Mittel, mit dem sämtliche Risiken, die zu einem Seenotfall werden können, auf der Skala der Ereignisschwere ein Stück weit minimiert werden. Als Skipper könnte Paul das höhere Risiko durch die defekte EPIRB

- Transferieren und den Vercharterer um den Tausch der Yacht mit einer anderen, deren EPRIB funktioniert, bitten*
- Eliminieren, indem er den Törn absagt
- Akzeptieren und trotzdem lossegeln
- Minimieren und sich z.B. vom Vercharterer einen AIS-Notsender mitgeben lassen.

*oder um die funktionierende EPIRB einer anderen Yacht, wobei diese im Notfall dann unter falscher MMSI senden würde

UMWELT

Auf der avisierten Route muss die Crew Wattrücken überqueren und Seegatten passieren. Zur geplanten Reisezeit ist die Starkwindwahrscheinlichkeit in dem Revier doppelt so hoch wie im Sommer. Paul und Susanne könnten das Umwelt-Risiko

- Transferieren, indem sie einen kompetenten professionellen Skipper anheuern
- Eliminieren, indem sie den Törn absagen und stattdessen eine Ferienwohnung auf Vlieland mieten
- Akzeptieren und trotzdem lossegeln
- Minimieren, indem sie den Törn in den Sommer vorverlegen oder indem sie die Reiseroute ändern und im Ijsselmeer bleiben.

EXTERNER DRUCK

Die beiden haben einen ambitionierten Törnplan. Für den Fall, dass sie die Yacht nicht rechtzeitig zum Ende des Törns wieder in den Ausgangshafen bringen und dem Vercharterer deswegen Einnahmen aus der Folgecharter entgehen, sieht der Chartervertrag saftige Regressansprüche vor. Ein hoher finanzieller Druck, der in eine *Plan-Continuation-Falle* führen kann. Paul und Susanne können mit diesem Risiko umgehen, indem sie es

- Transferieren und vor dem Törn eine „Charter-Folgeschaden-Versicherung“ abschließen
- Eliminieren, indem sie den Törn absagen
- Akzeptieren und trotzdem lossegeln
- Minimieren, indem sie ihre Reiseroute anpassen oder die Yacht für einen längeren Zeitraum chartern.

–

FAZIT
SICHERHEIT IM YACHTSEGELN ERHÖHEN
WAS FOLGT AUS DER NEUEN SICHT AUF YACHTUNFÄLLE?

Wenn Sie sich die Bereiche Crew, Yacht, Umwelt und externer Druck noch einmal vergegenwärtigen, dann ist eines auffällig: In allen vieren spielt der Mensch eine entscheidende Rolle. Die Bereiche Crew und externer Druck sind rein menschlich. Die Yacht und ihre Ausstattung sind technisch geprägt. Allerdings entscheidet ein Eigner oder eine Skipperin darüber, ob er oder sie einen Ausrüstungszustand akzeptiert oder was er oder sie mit der Yacht vorhat. Die nautische Umwelt ist, mit Ausnahme der Verkehrssituation, überwiegend durch die Kräfte von Wind und Welle geprägt. Aber auch in diesem Bereich ist der Mensch entscheidend bei der Einschätzung dieser Kräfte. Sie können folgerichtig in jedem Unfall, den ich Ihnen geschildert habe, auch einen menschlichen Fehler finden.

Die neue Sicht auf diese Fehler, aus deren Perspektive die Fälle in diesem Buch betrachtet wurden, macht deutlich: Wenn wir bei der Entwicklung der Kompetenzen von Seglerinnen und Seglern ansetzen, haben wir den größten Sicherheitsgewinn zu erwarten. Ich hoffe, mit diesem Buch einen kleinen Beitrag dazu leisten zu können. Vielleicht gibt es Impulse, die Ausbildungskonzepte in der Segelausbildung weiterzuentwickeln. Und vielleicht ergeht es Ihnen nach der Lektüre dieses Buches so wie mir, nachdem ich als angehender Segler das Buch *Yachtunfälle* von Joachim Schult gelesen habe: Die Lehren aus den geschilderten Fällen sind immer in meinem Hinterkopf mitgesegelt und haben mein Verhalten auf See geprägt. Kommen Sie allzeit sicher an Ihr Ziel.

ANHANG

A

AIS

Automatic Identification System,
Ein Funksystem, das durch den Austausch von Schiffsdaten die Sicherheit und Lenkung des Schiffsverkehrs verbessert.
AIS-Notsender können eine Notposition so übermitteln, dass sie auf den AIS-Anzeigen von Empfängern als Notsymbol angezeigt werden

ARC

Atlantic Rally for Cruisers,
Populäre Fahrtensegelrally von den Kanaren in die Karibik.

AtoN

Aids to Navigation
sind AIS-Sender, die auf Seezeichen installiert sind, damit deren Sichtbarkeit auf dem Kartenplotter erhöht wird und zusätzliche Informationen bereitgestellt werden können. Virtuelle AtoNs können als Symbol auf dem Kartenplotter erscheinen und dort z. B. die Position einer vertriebenen Tonne darstellen oder rein virtuell vor etwas warnen, wie der Grenze eines Windparks o. ä. Der Sender sitzt in diesem Fall nicht dort, wo das virtuelle AtoN angezeigt wird.

Australian Transport Safety Board

Autralische Seeunfalluntersuchungsbehörde.

B

Baumnock

Äußeres Ende eines Baums, hier: des Großbaums

BEAmer

Bureau d'enquête d'accidents à la mer,
Französische Seeunfalluntersuchungsbehörde.

Bimini

Sonnensegel oder Dach (Hard-Top) über dem Cockpit zum Schutz vor der Sonne.

Boatmaster Certificate

Neuseeländische Bescheinigung über theoretische Grundlagenkenntisse zur Küstenseefahrt.

BR-Schein

Ehemals freiwilliger Führerschein des DSV für das Führen von Yachten in Küstennähe. Wurde vom SKS abgelöst.

BSH

Bundesamt für Seeschifffahrt und Hydrografie.

BSU

Bundesstelle für Seeunfalluntersuchung.

Bullenstander
Vom Großbaum zu einem Beschlag auf dem Vorschiff gelegte, kräftige Leine, die gegen das unbeabsichtigte Umschlagen des Großbaums sichert.

C **Coffee Grinder**
Große Doppelkurbel-Schotwinde auf großen Rennyachten.

CPA
Closest Point of Approach.
Bezeichnung aus der Radarnavigation für den berechneten Punkt des kleinsten Abstandes zwischen zwei Fahrzeugen. Für die Beurteilung der Verkehrssituation ist vor allem dieser kleinste Abstand zwischen den Fahrzeugen ein relevantes Maß.

D **DGzRS**
Deutsche Gesellschaft zur Rettung Schiffbrüchiger.

DSC
Digital Selective Calling,
Digitales Anrufverfahren im Seefunk, das zusätzlich zum Sprechfunk genutzt wird.

Dünung
Lange, gleichmäßige und flach gewölbte Wellen, in die eine Windsee nach dem Nachlassen der Windeinwirkung übergeht.

Dyneema
Sehr feste und dabei leichte und dehnungsarme synthetische Chemiefaser.

E **EPIRB**
Emergency Position-Indicating Radio Beacon
Funkbake zur Kennzeichnung der Seenotposition.

G **GMDSS**
Global Maritime Distress and Safety System,
Weltweites Seenot- und Sicherheitsfunksystem zur Hilfe bei Seenotfällen.

Grabbag
Tasche mit Notfallutensilien, die im Falle der Evakuierung einer Yacht ins Rettungsfloß mitgenommen wird.

Granny Gybe
Umgangssprachlich für Q-Wende.

Großschottraveller
Schlitten oder mit Laufrollen versehener Beschlag, der den Fußblock der Großschot hält und auf der Travellerschiene hin und her bewegt werden kann.

Grundsee
Kurze, steile und überbrechende See. Sie entsteht, wenn eine aus tiefem Wasser kommende See auf flachere Stellen aufläuft. Eine G. wühlt den Meeresgrund auf und ist mit Sand durchsetzt.

H

Head-up
Nach der Vorausrichtung ausgerichtete Kartendarstellung. Die Vorausrichtung befindet sich oben im Bild.

K

Kabellänge
Nautisches Längenmaß; entspricht einer zehntel Seemeile, also 185 Metern.

kognitive Fähigkeiten
Zu den kognitiven Fähigkeiten zählen u. a. Wahrnehmung und Aufmerksamkeit, Erinnerung und Lernen, Problemlösung und Kreativität, Planen und Orientierung, Selbstbeobachtung und Wille.

L

Leesegel
An einer Koje aufgespanntes Segeltuch, durch das der Schlafende gegen Herunterfallen geschützt wird.

Low Friction Ring
Sehr glatter Ring, durch den eine Leine geführt wird und mit dem, wie mit einem Block, die Zugrichtung einer Leine verändert werden kann.

LRC
Long Range Certificate
Seefunkzeugnis für UKW-, KW- und GW-Funk und Teilnahme am GMDSS.

Lümmelbeschlag
Beschlag am inneren Ende des Großbaums, mit dem dieser beweglich am Mast befestigt ist.

M

MAIB
Marine Accident Investigation Board,
Seeunfalluntersuchungsbehörde des Vereinigten Königreichs.

Mayday-Relay
Weiterleitung einer Mayday-Meldung.

MCIB
Marine Casuality Investigation Board,
Irische Seeunfalluntersuchungsbehörde.

MOB
Man Over Board - deutsch: Mensch-über-Bord.

MRCC
Maritime Rescue Coordination Centre,
Leitstelle zur Koordinierung maritimer Such- und Rettungsdienste.

N **NAVTEX**

NAVigational TEXt Messages,
Funkfernschreibverfahren, das als Teil des GMDSS zur Verbreitung von Sicherheits- und Wetterinformationen dient.

North-up

Nach Norden ausgerichtete Kartendarstellung. Norden liegt oben im Bild.

O **OSR**

Offshore Special Regulations,
Ausrüstungsrichtlinien für Yachten, die an Regatten teilnehmen; herausgegeben von World Sailing. Die deutsche Übersetzung wird als OSR-Sicherheitsrichtlinien von der Kreuzerabteilung des DSV herausgegeben.

P **Personenkilometer**

Kennzahl für die Transportleistung beim Transport von Personen. Sie ergibt sich aus dem Produkt zwischen der transportierten Anzahl von Personen und der dabei zurückgelegten Wegstrecke in Kilometern.

PLB

Personal Locator Beacon,
Für den personenbezogenen Einsatz optimierte Funkbake zur Kennzeichnung der Notposition.

Püttingauge

Fester Beschlag, der an der Außenhaut oder Fußreling sicher befestigt ist.

R **Recorder (VDR)**

Nach SOLAS für ausrüstungspflichtige Schiffe vorgeschriebenes System zur Datenaufzeichnung von zahlreichen Schiffssystemen.

Reeds Nautical Almanach

Jährlich erscheinender englischsprachiger nautischer Almanach für einen Großteil der europäischen Küstengewässer.

REM-Schlafphase

Von engl. Rapid Eye Movement; Schlafphase, die durch schnelle Augenbewegungen bei geschlossenen Lidern gekennzeichnet ist und in der die meisten Träume stattfinden. Diese Phase nimmt etwa 20 % des Schlafes ein.

Ruderkoker

Röhrenförmige, wasserdichte Durchführung durch das Achterschiff des Bootsrumpfes für den Ruderschaft.

RYA
Royal Yaching Association,
Dachverband für den Segelsport im Vereinigten Königreich.

S

SBF-See
Sportbotführerschein See;
Bootsführerschein vorgeschrieben für Boote mit Motorantrieb.

Seegatt
Allgemein ein schiffbarer Durchlass. In der Nordsee: die meist relativ schmalen Strömungsrinnen zwischen den Friesischen Inseln.

Seemannschaft
Nach Leon Schulz beschreibt S. die Kunst, einen Überblick über alle wesentlichen Kompetenzen, Systeme und Einflussfaktoren beim Segeln zu haben und jedem einzelnen Aspekt in sich gerecht zu werden, um dann alle Aspekte so miteinander zu kombinieren, dass sie sich harmonisch ergänzen und als komplexes System funktionieren.

SeeSchStrO
Seeschifffahrtsstraßen-Ordnung.

SHS
Sporthochseeschifferschein,
Segelschein für weltweite Fahrt.

SKS
Sportküstenschifferschein,
Segelschein für den Küstenbereich.

SMAIC
State Marine Accident Investigation Commision,
Polnische Seeunfalluntersuchungsbehörde.

Snatch-Block
Ein Block, dessen Backe aufgeklappt werden kann, um eine Leine einzulegen oder herauszunehmen.

SOLAS
International Convention for the Safety of Life at Sea,
Internationales Übereinkommen von 1974 zum Schutz des menschlichen Lebens auf See.

Spraycap
In der Rettungsweste integrierte Haube, die sich die Person über den Kopf und die Oberseite der Rettungsweste ziehen kann. Sie bietet Schutz vor dem Einatmen von Wasser.

Squall-Line
In einer Linie angeordnetes System aus konvektiven Schauer- und/oder Gewitterwolken.

SRC
Short Range Certificate,
Seefunkzeugnis für UKW-Funk und Teilnahme am GMDSS.

SSB
Single Side Band,
Spektrum- und energieeffiziente Modulationsart zur Sprachübertragung.

SSS
Sportseeschifferschein,
Segelschein für die Randmeere Nordsee, Ostsee und Mittelmeer sowie alle küstennahen Seegewässer.

Standard Operating Procedures (SOPs)
Verbindliche textliche Beschreibung der Abläufe von Vorgängen einschließlich der Prüfung der Ergebnisse und deren Dokumentation. S. finden insbesondere Anwendung in sicherheitskritischen Bereichen.

Steuerbordbug
Ein Boot segelt über S., wenn die Segel über der Steuerbordseite stehen. Der Wind fällt dann von der entgegengesetzten Backbordseite ein.

Streckgurt
Längs an Deck gespannter Gurt zum Einhaken einer Sicherungsleine/eines Lifebelts.

Süll
Umrandung des Cockpits, um an Deck übergekommenes Wasser abzuleiten.

Sundowner
Umgangssprachliche Bezeichnung für Drink zum Sonnenuntergang.

T **TCPA**
Time of Closest Point of Approach,
Bezeichnung aus der Radarnavigation für den berechneten Zeitpunkt des kleinsten Abstandes zwischen zwei Fahrzeugen.

Treibanker
Treibanker fallen in zwei Kategorien: Seeanker in Form eines Fallschirms werden an einer langen Trosse über Bug ausgebracht und sollen die Yacht mit der Nase im Wind halten. Treibanker (im eigentlichen Sinne) werden über Heck nachgeschleppt und sollen die Geschwindigkeit des Bootes verringern.

Tropische Depression
Vorstufe eines tropischen Wirbelsturms.

U **UKHO**
United Kingdom Hydrographic Office.

USB-Dongle
Ein mit einer Software ausgelieferter Kopierschutzstecker, der auf eine USB-Schnittstelle des Rechners aufgesteckt wird.
Die Software kontrolliert bei Benutzung, ob der Dongle vorhanden ist und verweigert bei Nicht-Vorhandensein den Dienst oder gibt nur noch eingeschränkte Programmfunktionen frei.

V

Versegelungspeilung
Methode der Schiffsortbestimmung: Man peilt eine Landmarke an, nimmt diese erste Peilung um den gesegelten Weg durch Parallelverschiebung mit und erhält seinen Schiffsort mit dem Schnittpunkt einer zweiten Peilung.

W

Wetterrouting
Optimierung der Routenverlaufsplanung unter Berücksichtigung der Leistungsparameter der Yacht sowie der Wind- und Seegangsvorhersagen.

Windsee
Die durch den Wind in seiner Windrichtung und mit seiner Windstärke verursachten Wellen.

World Sailing (WS)
Weltverband für die Segelsportarten;
bis 2015 International Sailing Federation (ISAF).

Y

Yachting Monthly
Englisches Segelmagazin, erscheint seit 1906.

Yachting New Zealand
Dachverband für den Segelsport in Neuseeland.

Yachtmaster Coastal
Segelschein für den Küstenbereich.

Yachtmaster Offshore
Segelschein für den erweiterten Küstenbereich bis 150 sm von Häfen entfernt.

Yankee
Vorsegel mit hochgeschnittenem Schothorn, vergleichbar mit einer Fock.

Yard
Englisches Längenmaß, entspricht 91 cm.

EINFÜHRUNG

1 https://www.bobbyschenk.de/n004/inwind35.html
2 Dekker, S. (2006): *The Field Guide to Understanding Human Error.* Ashgate Publishing Limited.

01 PATENTHALSEN

3 Maritime New Zealand (2018): *Final Report Platino Accident,* 13 June 2016
4 https://www.maritimenz.govt.nz/recreational/the-basics/going-overseas.asp
5 BSU (2006): Untersuchungsbericht 166/05. Tödlicher Segelunfall an Bord der SY SINFONIE SYLT am 5. Mai 2005 in der Flensburger Förde
6 MAIB (2017): Report on the investigations of two fatal accidents on board the UK registered yacht CV21 122 nm west of Porto, Portugal on 4. September 2015 and mid-Pacific Ocean (39°05.3N, 160°21.5E) on 1. April 2016.

SEGELN, EINE GEFÄHRLICHE FREIZEITBESCHÄFTIGUNG?

7 Schönle, C. (2004): *Unfälle, Verletzungen und Risiken beim Segeln auf Jollen und Yachten.* GRIN Verlag, Open Publishing GmbH ISBN: 9783638303255
8 USGS (2020): Recreational Boating Statistics 2019

02 MENSCH ÜBER BORD

9 BSU (2004): Untersuchungsbericht 122/04. Überbordgehen des Bootsführers von Bord der SY RENI am 31. Mai 2004 in der Mecklenburger Bucht südöstlich von Fehmarn.
10 BSU (2009): Summarischer Untersuchungsbericht. Überbordgehen und Tod von zwei Einhandseglern.
11 MAIB (2012): Report on the investigation of a fatal man overboard from Reflex 38 yacht LION 14.5 miles south of Selsey Bill, West Sussex 18 June 2011

FAKTOR MENSCH: WELCHE RISIKOEINSTELLUNGEN HABE ICH?

12 Federal Aviation Administration: Aeronautical Decision Making, S. 2–5

03 GRUNDSEEN

13 Bureau d'enquête d'accidents à la mer (2019): Rapport d'enquête. Démâtage et homme à la mer à bord du voilier MOMO, homme à la mer sur la vedette SNSM SIEUR DE MONS le 29 novembre 2018, ans la passe sud de l'estuaire de la Gironde.
14 State Marine Accident Investigation Commission (2019): Final Report 112/19. Very Serious Marine Accident SY LILLA W.
15 BSU (2014): Untersuchungsbericht 86/13. Tödlicher Personenunfall vor der Hafeneinfahrt Figuera da Foz/Portugal des Ausbildungsboos SY MERI TUULI am 10. April 2013.
16 Klein, G. (2008): *Naturalistic decision making.* In: Human Factors.

04 RUDERVERLUST

17 Marine Casualty Investigation Board (2006): Report of the investigation into the sinking of the Yacht MEGAWAT.
18 Reason, J., (2000): *Human error models and management.* In: Western Journal of Medicine 176, S. 395
19 https://www.pbo.co.uk/seamanship/how-to-steer-a-yacht-without-a-rudder-jury-steering-methods-tested-25156

FAKTOR MENSCH: I'M SAFE?

20 Dawson, D. u. K. Reid (1997): *Fatigue, Alcohol and Performance Impairment.* In: *Nature,* vol. 388. S. 235.

05 FEUER

21 SMAIC (2016): 76/16. Jacht Zagloiwy SUNRISE.
22 National Transport Safety Board (2018): Marine Accident Brief 18/16. Fire aboard Sailing Vessel BEST REVENGE 5.

FAKTOR MENSCH: IM NOTFALL HANDLUNGSFÄHIG BLEIBEN

23 8. Auflage, ePublication, S. 94ff. Delius Klasing

06 KOLLISION

24 BSU (2006): Untersuchungsbericht 347/05. Kollision der SY ALIADO mit der SY KATTEGAT am 25. Juli 2005 im Fahrwasser Rudkøbing Løb/DK.
25 W9/90 vom 12.12.1990
26 Die BSU zitiert in ihrem Bericht aus Hilgert, Schilling: *Kollisionsverhütung auf See;* Ein Kommentar der Internationalen Kollisionsverhütungsregeln.
27 BEAmer (2015): Rapport d'enquete technique. Abordage entre le motor yacht WHAT ELSE et le cotre PASTAGA à 1 mille dans le nord-ouest de la Pointe à Colombier (île Saint-Barthélemy) le 25 Mai 2015 (1 victime, 2 blessés graves).
28 Australian Transport Safety Board (2009): Marine Occurrence Investigation No. 268. Independent investigation into the collision between the Australian registered yacht ELLA'S PINK LADY and the Hong Kong registered bulk carrier SILVER YANG off Point Lookout, Queensland.
29 Nach Dietrich v. Haeften: *Sportseeschifferschein.* 7. Auflage. S. 133. Erschienen bei Delius Klasing.

AIS UND RADAR

30 BSU (2010): Summarischer Untersuchungsbericht 350/09. Kollision FS SCHLESWIG-HOLSTEIN mit SY MAHDI am 24. August 2009 3 sm nordöstlich des Fährhafens Puttgarden.
31 Australian Government Department of Defence (2008): Automatic Identification System: AIS-A Reception of AIS-B
32 Harati Mokhtari, A. u. A. Wall (2008): *Automatic Identification System (AIS): A Human Factors Approach.*

07 SCHWERE SEE

33 Maritime New Zealand (2021): Loss of the sailing vessel ESSENCE.
34 Marine Casualty Investigation Board: Report of the investigation into an incident off the north coast of Spain involving the Irish registered Yacht LOA ZOUR on the 6th June 2019.

08 KIELVERLUST

35 MAIB (2019): Report No. 13/2019. Report on the investigation of the keel failure and capsize of the Comar Comet 45 Sport yacht TYGER OF LONDON 1 nautical mile south of Punta Rasca, Tenerife on 7 December 2017.
36 MAIB (2015): Report No. 8/2015. Report on the investigation of the loss of the yacht CHEEKI RAFIKI and its four crew int the Atlantic Ocean approximately 720 miles east-south-east of Nova Scotia, Canada on 16 May 2014.
37 maritimeNZ (2008): Accident Report Capsize TIME TO BURN.
MAIB (2007): Report No. 19/2007. Report on the investigation of the keel failure, capsize and loss of one crew member from the Max Fun 35 yacht HOOLIGAN V 10 miles south of Prawle Point on 3 February 2007.

FAKTOR MENSCH: WEGE AUS DER MENTALEN FALLE

38 BSU (2009): Summarischer Untersuchungsbericht. Überbordgehen und Tod von zwei Einhandseglern.
39 Orasanu, J, u. a. (2002): *Cognitive and contextual factors in aviation accidents: Decision errors.* In E. Salas u. G. Klein (Hrsg.). *Applications of naturalistic decision making.* Mahwah, NJ.

09 STRANDUNGEN UND GRUNDBERÜHRUNGEN

40 BSU (2005): Untersuchungsbericht 240/04. Sinken der SY MADAME PELE und Ertrinken von zwei Seglern am 26. August 2004 bei Borkum.
41 BSU (2022): Untersuchungsbericht 276/21. Untergang der SY SILJA.
42 Volvo Ocean Race Independent Report into the Stranding of VESTAS WIND.

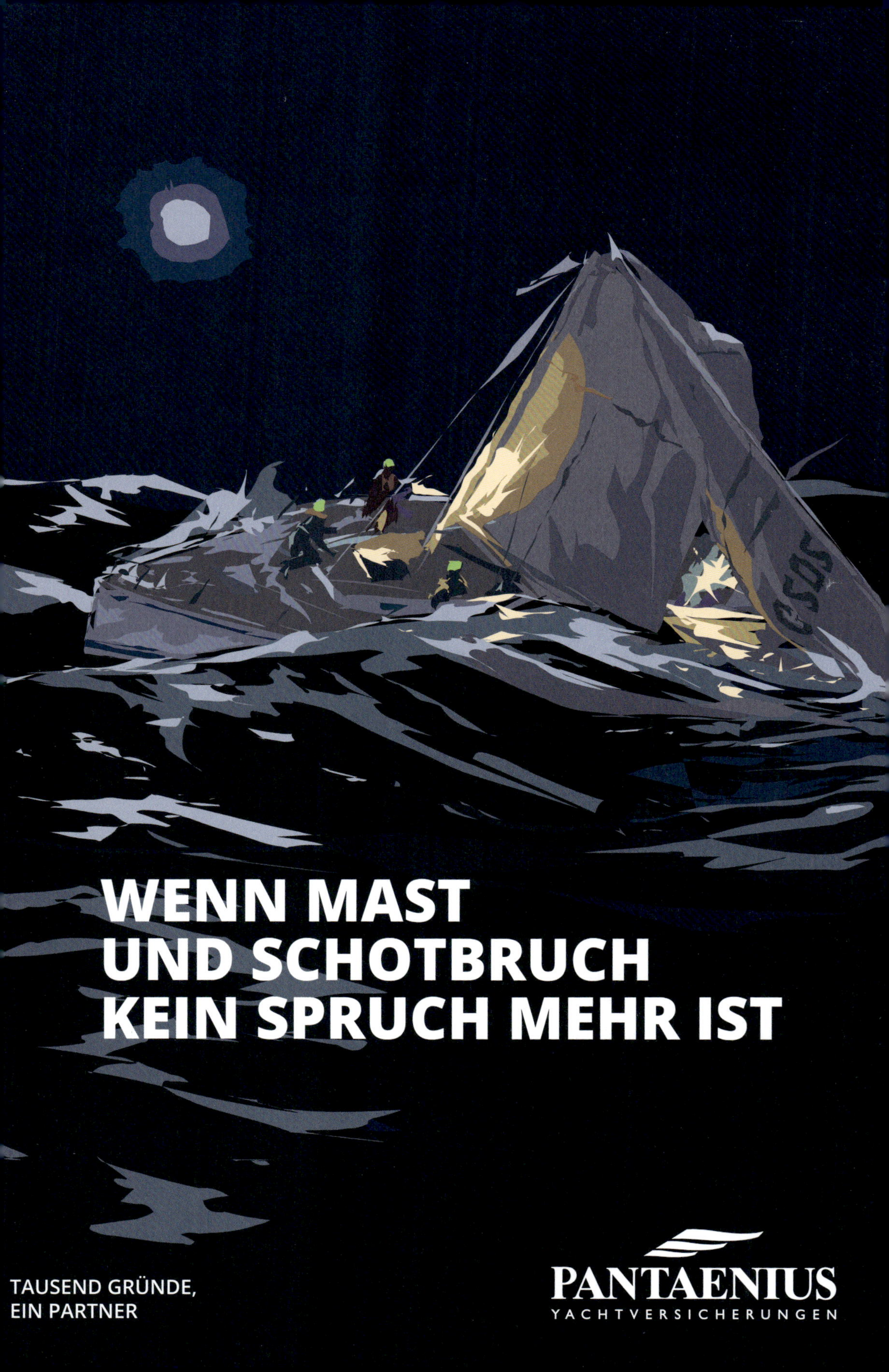

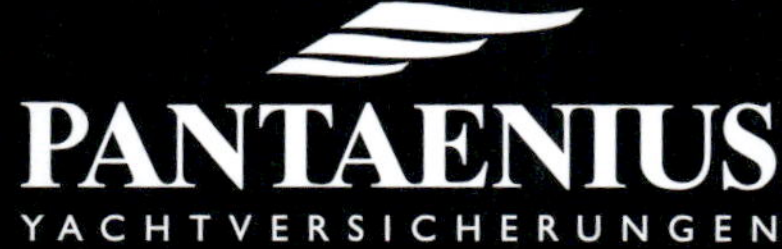
PANTAENIUS
YACHTVERSICHERUNGEN

Der Autor dankt allen aufgeführten Institutionen für die Genehmigungen der Veröffentlichung der Bilder und ihren Mitarbeitenden für ihre zum Teil aufwendige Recherche nach Originaldateien und Quellen.

Bibliografische Information der Deutschen Nationalbibliothek
Die Deutsche Nationalbibliothek verzeichnet diese Publikation in der Deutschen Nationalbibliografie; detaillierte bibliografische Daten sind im Internet über http://dnb.dnb.de abrufbar.

1. Auflage
ISBN 978-3-667- 12762-4

Lektorat: Felix Wagner
Coverfoto: Brant Ward/Polaris/Laif
Innenteilfotos und Illustrationen: Die Fotos und Abbildungen sind, mit Ausnahme der folgenden, vom Autor erstellt worden: S. 21/22: New Zealand Defence Force; S. 29 (2), S. 40: maritimeNZ; S. 49 oben und unten: BSU; S. 52, 54, 69 Mitte, 69 unten, 71 (2): Image courtesy of MAIB; S. 82: BEAmer; S. 87 (3): SMAIC; S. 89: SMAIC; S. 112 oben: MCIB; S. 112 unten: Eddie Mays; S. 117: Alexander Borbely; S. 146: BEAmer; S. 150: Jessica Watson, privat; S. 157 (3): BSU; S. 168: maritimeNZ; S. 169: New Zealand Defence Force; S. 184: Courtesy of MAIB; S. 186: Image courtesy of MAIB; S. 187: Courtesy of MAIB; S. 191: Image courtesy of United States Couast Guard/MAIB; S. 192: links: Image courtesy of MAIB, rechts: Magnus Rassy; S. 207: WSP Emden; S. 209: BSU; S. 222/223: Getty Images/Brian Carlin/Team Vestas Wind/Handout
Karten: Veröffentlichung der Basiskarten mit freundlicher Genehmigung von Esri Deutschland GmbH.
Die Seekarten sind vom Autor auf Grundlage von OpenSeaMap-Daten erstellt worden.
Die Karten im Vor - und Nachsatz basieren auf Daten von: Natural Earth.
Free vector and raster map data @ naturalearthdata.com.
Umschlaggestaltung: Uwe C. Beyer / freihafen.de
Layout und Lithografie: Felix Kempf, www.fx68.de
Druck: Print Consult GmbH, München
Printed in Slovakia 2023

Delius Klasing Verlag GmbH
Siekerwall 21
D - 33602 Bielefeld
Tel.: 0521/559-0
Fax: 0521/559-115
E-Mail: info@delius-klasing.de
www.delius-klasing.de

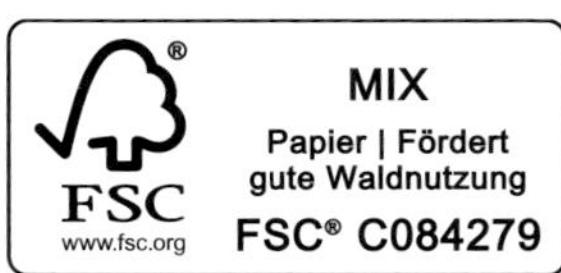